百年经典学术丛刊

戊戌政变记

（外一种）

梁启超 著

上海古籍出版社

图书在版编目(CIP)数据

戊戌政变记 : 外一种 / 梁启超著. -- 上海 : 上海古籍出版社, 2025. 5. --(百年经典学术丛刊).
ISBN 978-7-5732-1552-9

Ⅰ. K256.506

中国国家版本馆 CIP 数据核字第 2025AS9132 号

百年经典学术丛刊

戊戌政变记(外一种)

梁启超　著

上海古籍出版社出版发行

(上海市闵行区号景路 159 弄 1-5 号 A 座 5F　邮政编码 201101)

(1) 网址: www.guji.com.cn

(2) E-mail: guji1@guji.com.cn

(3) 易文网网址: www.ewen.co

浙江临安曙光印务有限公司印刷

开本 890×1240　1/32　印张 7.875　插页 3　字数 196,000

2025 年 5 月第 1 版　2025 年 5 月第 1 次印刷

印数: 1—1,100

ISBN 978-7-5732-1552-9

K·3821　定价: 32.00 元

出版说明

梁启超(1873—1929),字卓如,号任公,又号饮冰室主人。广东新会人。清光绪举人。甲午中日战争后,与其师康有为一起倡导变法维新,积极鼓吹和推进维新运动。1898 年入京参与戊戌变法运动,失败后逃亡日本。初编《清议报》,继编《新民丛报》,一方面坚持立宪保皇,另一方面介绍西方资产阶级社会、政治、经济学说,大力传播新学,对当时知识界产生较大影响。辛亥革命后,出任袁世凯政府司法总长,1916 年则策动蔡锷护国反袁。1918 年赴欧考察。1920 年回国后赴清华任教。其著述丰富,涉及政治、经济、哲学、历史、语言、宗教及文化艺术、文字音韵等,达千余万字,多收录于《饮冰室合集》。

梁启超是戊戌变法的参与者,目睹了变法维新和政变始末。《戊戌政变记》是其论述戊戌变法的文章专集,作者以其亲身经历为基,详叙变法之经过,分析发起及失败原因。该书作于光绪二十四年(1898),为梁启超刚逃亡至日本不久。本书第一次对戊戌维新运动从整体上进行了描述,建立了一个以康有为为领袖和主线的戊戌维新运动宏观叙述体系。这一体系对后来戊戌变法史的学术研究影响深远,一个多世纪以来的中国近代史教材和专著,普遍采用梁启超的记载来描述戊戌变法史,其主要观点也为史学界普遍认同和尊信。

《戊戌政变记》先后有多个版本,不同版本内容亦有相当差异,就单行本而言,主要有八卷本和九卷本两种。据日人狭间直树研究,本书最早登载于《清议报》第 1—10 册,尚未刊载完毕即在此基础上加入其他文章,经若干修改后,编为九卷。后来删去其中的第五卷《政变后记》,对其余八卷亦进行了修改,刊行为八卷本。另外,《新民丛报》社还出版过订正九卷本。最早的八卷本出现在1907年之后,1935年商务印书馆出版的《饮冰室合集》收录的即是这个版本,1953年中国史学会编《中国近代史资料丛刊·戊戌变法》同样收录了八卷本,故此八卷本更为读者所熟悉。关于本书的版本情况,刘凤翰《梁启超〈戊戌政变记〉考异》及狭间直树《梁启超〈戊戌政变记〉成书考》等已有考述,可参阅。此本据《饮冰室合集·专集》第一册改排。

后附《中国四十年来大事记》(又名《李鸿章》)一种,同为梁启超流亡海外时所作。梁氏认为李鸿章为中国独一无二之代表人物,“四十年来中国大事,几无一不与李鸿章有关系”,乃通过李鸿章之个人经历考察中国近四十年来之时局,并对李鸿章作了公允之评价,堪称李鸿章的个人传记。此本据《饮冰室合集·专集》第三册改排,特此说明。

上海古籍出版社

2025年1月

目　　录

戊戌政变记

中国四十年来大事记

(一名李鸿章)

戊戌政变记

第一篇 改革实情

第一章 康有为向用始末

孟子曰:“入则无法家拂士,出则无敌国外患者国恒亡。”信哉言乎?吾国四千余年大梦之唤醒,实自甲午战败割台湾偿二百兆以后始也。我皇上赫然发愤,排群议,冒疑难,以实行变法自强之策,实自失胶州、旅顺、大连湾、威海卫以后始也。自光绪十四年,康有为以布衣伏阙上书。极陈外国相逼,中国危险之状。并发俄人蚕食东方之阴谋,称道日本变法致强之故事,请厘革积弊,修明内政,取法泰西,实行改革。当时举京师之人,咸以康为病狂,大臣阻格,不为代达。康乃归广东开塾讲学,以实学教授弟子,及乙未之役,复至京师。将有所陈,适和议甫就,乃上万言书,力陈变法之不可缓。谓宜乘和议既定,国耻方新之时,下哀痛之诏,作士民之气,则转败为功,重建国基,亦自易易。书中言改革之条理甚详。既上,皇上嘉许,命阁臣钞录副本三分,以一分呈西后,以一分留乾清宫南窗,以备乙览,以一分发各省督抚会议。康有为之初承宸眷,实自此始。时光绪二十一年四月也。

五月,康有为复上书言变法之先后次第,盖前书仅言其条理,未及下手之法也。是时守旧大臣,已有妒嫉康之心,复阻格不为代奏。于时师傅翁同龢,兼直军机,性行忠纯,学问极博。至甲午败后,知西法不能不用,大搜时务书而考求之,见康之书大惊服。时翁与康尚未识面,先是康有为于十四年奏言日人变法自强,将规朝鲜及辽台,及甲午大验,翁同龢乃悔当时不用康有为言,面谢之。后乃就见康商搉治法,康为极陈列国并争、非改革不能立国之理,翁反复询诘,乃益豁然。索康所著之书,自是翁议论专主变法,比前若两人焉。翁者皇上二十年之师傅,最见信用者也。备以康之言达皇上,又日以万国之故,西法之良,启沃皇上。于是皇上毅然有改革之志矣。其年六月,翁与皇上决议拟下诏敕十二道,布维新之令,既而为西后所觉察。乃撤翁毓庆宫行走,而皇上信用之汪鸣銮、长麟等皆褫革,自是变法之议中止。而康亦出都南归,复游历讲学于江南、上海、广东、广西、浙江之间。光绪二十三年十二月,德人占踞胶州之事起,康驰赴北京,上书极陈事变之急,其书曰:

具呈工部主事康有为,为外衅危迫,分割洊至,急宜及时发愤,革旧图新,以少存国祚,呈请代奏事。窃自马江败后,法人据越南,职于此时隐忧时事,妄有条陈,发俄日之谋,指朝鲜之患,以为若不及时图治,数年之后,四邻交逼,不能立国。已而东师大辱,遂有割台赔款之事,于是外国蔑视,海内离心,职忧愤迫切,谬陈大计。及时变法,图保疆圉,妄谓及今为之,犹可补牢。如再徘徊迟疑,苟且度日,因循守旧,坐失时机,则外患内讧,间不容发,迟之期月,事变之患,旦夕可致。后欲悔改,不可收拾,虽有善者,无如之何?危言狂论,冒犯刑诛,荷蒙皇上天地之量,俛采刍荛,下疆臣施行,以图卧薪尝胆之治,职诚感激圣明,续有陈论,格未得达。旋即告归,去国二年,侧望新政。而泄沓如故,坐以待亡,土室抚膺,闭门泣血。顷果有德人强据胶州之事,要索条款,外廷虽不得其详,职从海上来,阅外国报,有革李秉衡索山东铁路、矿务,传闻章高元及知县,已为所掳。德人修造炮台、兵房,进据即墨,并闻德王胞弟亲统兵来。俄日屯买吾米各七百万。日本议院日日会议。万国报馆议论沸腾，咸以分中国为言。若箭在弦，省括即发，海内惊惶，乱民蠢动。职诚不料昔时忧危之论，仓猝遽验于目前，更不料盈廷缄默之风，沉痼更深于昔日。瓜分豆剖，渐露机牙，恐惧回惶，不知死所。用敢万里浮海，再诣阙廷，竭尽愚诚，惟皇上自垂览而采择焉。夫自东师辱后，泰西蔑视，以野蛮待我，以愚顽鄙我，昔视我为半教之国者，今等我于非洲黑奴矣，昔憎我为倨傲自尊者，今则侮我为聋瞽蠢冥矣。按其公法均势保护诸例，只为文明之国，不为野蛮，且谓剪灭无政教之野蛮，为救民水火。故十年前吾幸无事者，泰西专以分非洲为事耳，今非洲剖讫，三年来泰西专以分中国为说，报章论议，公托义声，其分割之图，传遍大地，擘画详明，绝无隐讳。此尚虚声，请言实践，俄、德、法何事而订密约，英、日何事而订深交。土希之役，诸国何以惜兵力而不用，战舰之数，诸国何以竞厚兵而相持，号于众曰保欧洲太平。则其移毒于亚洲可知，文其言曰：保教保商，则其垂涎于地利可想。英国《太晤士报》论德国胶事，处置中国，极其得宜。譬犹地雷四伏，药线交通，一处火燃，四面皆应。胶警乃其借端，德国固其嚆矢耳。二万万膏腴之地，四万万秀淑之民，诸国耽耽，朵颐已久，慢藏诲盗，陈之交衢，主者屡经抢掠，高卧不醒，守者袖手熟视，若病青狂，唾手可得，俯拾即是。如蚁慕膻，闻风并至。失鹿共逐，抚掌欢呼。其始壮夫动其食指，其后老稚亦分杯羹。诸国咸来，并思一脔，昔者安南之役，十年乃有东事，割台之后，两载遂有胶州。中间东三省龙州之铁路，滇粤之矿，土司野人山之边疆尚不计矣。自尔之后，赴机愈急，蓄势益紧，事变之来，日迫一日。教堂遍地，无刻不可启衅，矿产遍地，无处不可要求，骨肉有限，剥削无已，且铁路与人，南北之咽喉已绝，疆臣斥逐，用人之大权亦失。浸假如埃及之管其户部，如土耳其之柄其国政，枢垣总署,彼皆可派其国人,公卿督抚,彼且将制其死命。鞭笞亲贵,奴隶重臣,囚奴士夫,蹂践民庶,甚则如土耳其之幽废国主,如高丽之祸及君后,又甚则如安南之尽取其土地人民,而存其虚号,波兰之宰割均分,而举其国土。马达加斯加以挑水起衅而国灭,安南以争道致命而社墟,蚁穴溃堤,衅不在大。职恐自尔之后,皇上与诸臣,虽欲苟安旦夕,歌舞湖山而不可得矣。且恐皇上与诸臣求为长安布衣而不可得矣。后此数年,中智以下,逆料而知,必无解免,然其他事,职犹可先言之。若变辱非常,则不惟辍简而不忍著诸篇,抑且泣血而不能出诸口,处小朝廷而求活,则胡铨所羞,待焚京邑而忧惶,则董遇所鄙。此则职中夜屑涕,仰天痛哭,而不能已于言者也。夫谓皇上无发愤之心,诸臣无忧国之意,坐以待毙,岂不宜然。然伏观皇上发愤之心,昭于日月,密勿重臣,及六曹九列之贤士大夫,忧国之诚,癯颜黑色。亦且暴著于人,顾日言自强,而弱日甚,日思防乱,而乱日深者何哉?盖南辕而北辙,永无税驾之时,缘木而求鱼,决无得鱼之日,职请质言其病,并粗举治病之方。仲虺之诰曰:兼弱攻昧,取乱侮亡。吾既自居于弱昧,安能禁人之兼攻。吾既日即于乱亡,安能怨人之取侮?不知病所,而方药杂投,不知变症,而旧方犹守,其加危笃固也。职请以仲虺之说明之,欧洲大国,岁入数千万万,练兵数百万,铁船数百艘,新艺新器岁出数千,新法新书岁出数万,农、工、商、兵、士皆专学,妇女童孺,人尽知书。而吾岁入七千万,偿款乃二万万,则财弱。练兵、铁舰无一,则兵弱。无新艺、新器之出,则艺弱。兵不识字,士不知兵,商无学,农无术,则民智弱。人相偷安,士无侠气,则民心弱。以当东西十余新造之强邻,其必不能禁其兼者势也。此仲虺兼弱之说可畏也。大地八十万里,中国有其一;列国五十余,中国居其一。地球之通自明末,轮路之盛自嘉道,皆百年前后之新事,四千年未有之变局也。列国竞进，水涨堤高，比较等差，毫厘难隐。故管子曰：国之存亡，邻国有焉。众治而已独乱，国非其国也，众合而已独孤，国非其国也。顷闻中朝诸臣，狃承平台阁之习，袭簿书期会之常，犹复以尊王攘夷，施之敌国，拘文牵例，以应外人，屡开笑资，为人口实，譬凌寒而衣绨绤，当涉川而策高车，纳侮招尤，莫此为甚。咸同之时，既以昧不知变而屡挫矣，法日之事，又以昧不知变而有今日矣。皇上堂陛尊崇，既与臣民隔绝，恭亲王以藩邸议政，亦与士夫不亲，吾有四万万人民，而执政行权，能通于上者，不过公卿台谏督抚百人而已。自余百僚万数，无由上达，等于无有。而公卿台谏督抚，皆循资格而致，既已裹足未出外国游历，又以贵倨未近通人讲求。至西政新书，多出近岁，诸臣类皆咸同旧学。当时未有，年耄精衰，政事丛杂，未暇更新考求，或竟不知万国情状。其蔽于耳目，狃于旧说，以同自证，以习自安，故贤者心思智虑，无非一统之旧说，愚者骄倨自喜，实便其尸位之私图。有以分裂之说来告者，傲然不信也。有以侵权之谋密闻者，瞢然不察也。语新法之可以兴利，则瞋目而诘难。语变政之可以自强，则掩耳而走避。老吏舞文，称历朝之成法，悚然听之者，盖十而六七矣。迂儒帖括，诩正学之昌言，瞿然从之者又十而八九矣。无一事能究其本原，无一法能穷其利弊，即聋从昧，国皆失目，而各国游历之人，传教之士，察我形胜，测我盈虚，言财政详于度支之司，谈物产精于商局之册，论内政或较深于朝报，陈民隐或更切于奏章。举以相质，动形窘屈，郑昭宋聋，一以免患，一以召祸。况各国竞骛于聪明，而我岸然自安其愚暗。将以求免，不亦难乎？此而望其尽扫旧弊，力行新政，必不可得，积重难返，良有所因，夜行无烛，瞎马临池，今日大患，莫大于昧。故国是未定，士气不昌，外交不亲，内治不举，所闻日孤，有援难恃。其病皆在于此，用是召攻，此仲虺攻昧之说可惧也。自台事后，天下皆知朝廷之不可恃。人无固志,奸宄生心,陈涉辍耕于陇上,石勒倚啸于东门,所在而有,近边尤众,伏莽遍于山泽,教民遍于腹省。今岁广西全州、灌阳、兴安、东兰、那地、泗城,电白已见告矣。匪以教为仇雠,教以匪为口实,各连枝党,发作待时,加以贿赂昏行,暴乱于上,胥役官差,蹙乱于下,乱机遍伏,即无强敌之逼,揭竿斩木,已可忧危。况潢池盗弄之余,彼西人且将藉口兴师,为我定乱。国初戡流贼而定都京邑,俄人逐回匪而占踞伊犁,兵家形势,中外同揆。覆车之辙,可为殷鉴。此仲虺所谓取乱者可惧也。有亡于一举之割裂者,各国之于非洲是也。有亡于屡举之割裂者,俄、德、奥之于波兰是也。有尽夺其政权而一旦亡之者,法之于安南是也。有遍据其海陆形胜之地,而渐次亡之者,英之于印度是也。欧洲数强国,默操成算,纵横寰宇,以取各国。殷鉴具存,覆车可验,当此主忧臣辱之日,职亦何忍为伤心刺耳之谈。顾见举朝上下,相顾嗟呀,咸识沦亡,不待中智,群居叹息,束手待毙。耆老仰屋而咨嗟,少壮出门而狼顾。并至言路结舌,疆臣低首,不惟大异于甲申,亦且迥殊于甲午。无有结缨誓骨,慷慨图存者。生机已尽,暮色惨凄,气象如此,可骇可悯,此真自古所无之事,夫至于公卿士庶,偷生苟活,候为欧洲之奴隶,听其犬羊之封缚。哀莫大于心死,病莫重于痹痨,欲陨之叶,不假于疾风,将萎之华,不劳于触手,先亡已形。此仲虺所谓侮亡之说尤可痛也。然原中朝敢于不畏分割,不惮死亡者,虽出于昧,亦由误于有恃焉。夫欲托庇强邻,藉为救援,亦必我能自立。则掎角成势,彼乃辅车,若我为附枝,则卧榻之侧,岂容鼾睡。齐王建终伤松柏,李后主终坐牵机。且泰西兵事,决胜乃战,一旦败绩,国可破灭。俄、德力均,岂肯为我用兵,或败大局哉?此又中智以下咸知难恃者也。如以泰西分割亚洲,连鸡互忌,气势甚缓,突厥频割大藩,尚延残喘,波斯尽去权利,犹存旧封,中国幅员广袤，从容分割，缓缓支持，可历年所，执政之人，皆已耄老，冀幸一身可免，听其贻祸将来。然突厥之回教，专笃悍强，西人所畏，吾则民教柔脆而枯朽，波斯之国主，纡尊游历西国尽遍，吾虽亲王宰相，闭户而潜修，分局早定，民心已变，瑞典使臣之奔告，各国新报之张皇，亚洲旧国，近数年间，岁有剪灭，近且殆尽，何不取鉴之？祸起旦夕，毕命尽丧，而谓可延年载，老人可免，此又掩耳盗铃，至愚自欺之术也。譬巨室失火，不操水呼救，而幸火未至，入室窃宝，屋烬身焚，同归于尽而已。故职窃谓诸臣即不为忠君爱国计，亦当自为身谋也。皇上远观晋宋，近考突厥，上承宗庙，孝事皇太后。即不为天下计，独不计及宋世谢后签名降表，徽钦移徙五国之事耶？近者诸臣泄泄，言路钳口，且默窥朝旨，一切讳言，及事一来，相与惶恐，至于主辱臣死，虽粉身灰骨，天下去矣，何补于事，不早图内治，而十数王大臣俛首于外交，岂惟束手，徒增耻辱而已。不豫修于平时，一旦临警，张皇而求请，岂能弥缝，徒增赔割而已。故胶警之来，不在今日之难于对付，而在向者之不发愤自强也。势弱至此，岂复能进而折冲，惟有急于退而结网，职不避斧钺，屡有所陈，今日亦不敢言自保，言图存而已。亦不敢言图存，即为偏安之谋，亦须早定规模已耳，殷忧所以启圣，外患所以兴邦。不胜大愿，伏愿皇上因胶警之变，下发愤之诏，先罪己以励人心，次明耻以激士气，集群材咨问以广圣听，求天下上书以通下情，明定国是。与海内更始，自兹国事付国会议行，纡尊降贵，延见臣庶，尽革旧俗，一意维新，大召天下才俊，议筹款变法之方；采择万国律例，定宪法公私之分；大校天下官吏贤否，其疲老不才者，皆令冠带退休；分遣亲王大臣及俊才出洋，其未游历外国者，不得当官任政；统算地产人工，以筹岁计豫算；察阅万国得失，以求进步改良；罢去旧例，以济时宜；大借洋款，以举庶政。若诏旨一下，天下雷动，上气奋跃，海内耸望。然后破资格以励人材,厚俸禄以养廉耻,停捐纳,汰冗员,专职司,以正官制,变科举,广学校,译西书以成人材。悬清秩功牌,以奖新艺新器之能,创农政商学,以为阜财富民之本。改定地方新法,推行保民仁政,若卫生济贫,洁监狱,免酷刑,修道路,设巡捕,整市场,铸钞币,创邮船,徙贫民,开矿学,保民险,重烟税,罢厘征,以铁路为通,以兵船为护。夫如是则庶政尽举,民心知戴。但天下人心离散,当日有恩意慰抚,以团其情,志士之志气劣弱,当激以强健豪侠,以壮其气。然后尽变民兵,令每省三万人,而加之训练,大购铁舰,须沿海数十艘,而习以海战。诏令日下,百举维新,诚意谆恳,明旨峻切,料所有新政诏书,虽未推行,德人闻之,便当退舍。但各国兵机已动,会议已纷,宜急派才望素重,文臣辩士,分游各国,结其议员,自开新报之馆,商保太平之局,散布论议,耸动英、日,职以为用此对付,或可缓兵。然后雷厉风行,力推新政,三月而政体略举,期年而规模有成,海内回首,外国耸听矣。皇上发奋为雄,励精图治,于中国何有焉。论者谓病入膏肓,虽和缓扁鹊不能救,火燃眉睫,虽焦头烂额不为功。天运至此,无可挽回,况普国变法而法人禁之,毕士马克作内政而后立,美国制造铁炮,而英入禁之,华盛顿托荒岛而后成,近者英人有禁止出售机器于我之说,俄、法欲据我海关、铁路、矿务、银行、练兵之权,虽欲变法,虑掣我之肘,职窃以为不然。少康以一成一旅而光复旧物,华盛顿无一民尺土,而保全美国,况以中国二万里之地,四万万之民哉。顾视皇上志愿何如耳,若皇上赫然发愤,虽未能遽转弱而为强,而仓猝可图存于亡。虽未能因败以成功,而俄顷可转乱为治。职犹有三策以待皇上决择焉。夫今日在列大竞争之中,图保自存之策,舍变法外别无他图。此谈经济者异口而同词,亦老于交涉之劳臣所百虑而莫易,顾革故鼎新,事有缓急,因时审势,道备刚柔,其条目之散见者，当世之士能言之。职前岁已条陈之，今不敢泛举，请言其要者。第一策曰：采法俄、日以定国是，愿皇上以俄国大彼得之心为心法，以日本明治之政为政法而已。昔彼得为欧洲所摈，易装游法，变政而遂霸大地；日本为俄美所迫，步武泰西，改弦而雄视东方。此二国者，其始遭削弱与我同，其后底盛强与我异。日本地势近我，政俗同我，成效最速，条理尤详，取而用之，尤易措手。闻皇上垂意外交，披及西学，使臣游记，泰西纂述，并经乙览，不废刍荛。若西人所著之泰西新史揽要，列国变通兴盛记，尤为得要，且于俄、日二主之事，颇有发明，皇上若俛采远人，法此二国，诚令译署进此书，几余披阅。职尚有日本变政之次第，若承垂采，当写进呈，皇上劳精厉意讲之于上，枢译诸大臣各授一册讲之于下。权衡在握，施行自易，起衰振靡，警瞶发聋，其举动非常，更有迥出意外者，风声所播，海内慑耸。职可保外人改视易听，必不敢为无厌之求。盖遇昧者其胆豪，见明者则气怯，且虑我地大人众，一旦自强，则报复更烈，非皇上洞悉敌情，无以折冲樽俎，然非皇上采法俄、日，亦不能为天下雄也。其第二策曰：大集群才而谋变政，六部九卿诸司百执，自有才贤，咸可咨问，若内政之枢垣，外政之译署，司计之户部，司法之刑曹，议论之台谏翰林尤为要剧。宜精选长贰，逐日召见，虚己请求，若者宜革，若者宜革，若者当先，若者当后。谋议既定，次第施行，期年三月，成效必睹。其第三策曰：听任疆臣各自变法。夫直省以朝廷为腹心，朝廷以行省为手足，同治以前督抚权重，外人犹有忌我之心，近岁督抚权轻，外人之藐我益甚。朝廷苟志存通变，宜通饬各省督抚，就该省情形，或通力合作，或专力致精，取用新法，行以实政，目前不妨略异。三年要可大同，宽其文法，严为督厉，守旧而不知变者斥之，习故而不能改者去之。要以三年，期使各省均有新法之练兵数千，新法之税款数万，制造之局数处,五金之矿数区,学校增设若干,道路通治若干,粗定课程,以为条格。如此则百废具举,万象更新,销萌建威,必有所济。我世宗宪皇帝注意督抚,而政举兵强,我文宗显皇帝、穆宗毅皇帝委重督抚,而中兴奏绩,重内轻外之说,帖括陈言,非救时至论也。凡此三策,能行其上,则可以强,能行其中,则犹可以弱,仅行其下,则不至于尽亡,惟皇上择而行之。宗社存亡之机,在于今日,皇上发愤与否,在于此时。若徘徊迟疑,因循守旧,一切不行,则幅员日割,手足俱缚,腹心已封,欲为偏安,无能为计。圈牢羊豕,宰割随时,一旦脔割,亦固其所。职上为君国,下为身家,苦心忧思,虑不能免,明知疏逖,岂敢冒越,但栋折榱坏,同受倾压,心所谓危,急何能择。若皇上少采其言,发奋维新,或可图存,宗社幸甚,天下幸甚。职虽以狂言获罪,虽死之日,犹生之年也。否则沼吴之祸立见,裂晋之事即来,职诚不忍见煤山前事也。瞻望宫阙,忧思愤盈,泪尽血竭,不复有云,冒犯圣听,不胜战栗屏营之至,伏维代奏皇上圣鉴,谨呈。

书上,工部大臣恶其伉直,不为代奏,然京师一时传钞,海上刊刻,诸大臣士人共见之,莫不嗟悚,有给事中高燮曾者,见其书叹其忠,乃抗疏荐之,请皇上召见。皇上将如所请,恭亲王进谏曰:“本朝成例,非四品以上官不能召见。今康有为乃小臣,皇上若欲有所询问,命大臣传语可也。”皇上不得已,正月初三日遂命王大臣延康有为于总署,询问天下大计变法之宜,并令如有所见,及有著述论政治者,可由总署进呈。于是其书卒得达,皇上览之,肃然动容,指篇中求为长安布衣而不可得,及不忍见煤山前事等语,而语军机大臣曰:“非忠肝义胆、不顾死生之人,安敢以此直言陈于朕前乎?”叹息者久之。康之此书,以去年十一月上于工部,至今年五月始得达御览。皇上乃命总署诸臣,自后康有为如有条陈，即日呈递，无许阻格，并宣取康所著《日本变政考》、《俄皇大彼得传》等书。而翁同龢复面荐于上，谓康有为之才，过臣百倍，请皇上举国以听，自此倾心向用矣。上命康有为具折上言，正月初八日康有为上疏统筹全局。其疏曰：

工部主事臣康有为跪奏，为国势危迫，分割洊至，请及时变法，定国是而筹大计。恭折仰祈圣鉴事，窃顷者德人割据胶州，俄人窃伺旅、大，诸国环伺，岌岌待亡。自甲午和议成后，臣累上书，极陈时危，力请变法，格未得达，旋即告归，土室抚膺，闭门泣血，未及三年，遂有兹变。臣万里浮海，再诣阙廷，荷蒙皇上不弃刍荛，特命总理各国事务王大臣传询，问以大计，复命具折上陈，并宣取臣所著《日本变政考》、《俄大彼得变政考》进呈御览。此盖历朝未有之异数，而大圣人采及葑菲之盛德也。臣愚何人，受此殊遇，遭际时艰，敢不竭尽其愚，以备采择。臣闻方今大地守旧之国，未有不分割危亡者也。有次第胁割其土地人民而亡之者，波兰是也。有尽取其利权一举而亡之者，缅甸是也。有尽亡其土地人民而存其虚号者，安南是也。有收其利权而后亡之者，印度是也。有握其利权而徐分割而亡之者，土耳其、埃及是也。我今无士、无兵、无饷、无船、无械，虽名为国，而土地、铁路、轮船、商务、银行，惟敌之命，听容取求，虽无亡之形而有亡之实矣。后此之变，臣不忍言。观大地诸国，皆以变法而强，守旧而亡。然则守旧开新之效，已断可睹矣。以皇上之明，观万国之势，能变则存，不变则亡；全变则强，小变仍亡。皇上与诸臣审知其病之所源，则救病之方，即在是矣。夫方今之病，在笃守旧法，而不知变，处列国竞争之世，而行一统垂裳之法。此如已夏而衣重裘，涉水而乘高车，未有不病暍而沦胥者也。《大学》言日新又新，《孟子》称新子之国，《论语》孝子毋改父道，不过三年,然则三年之后,必改可知。夫物新则壮,旧则老,新则鲜,旧则腐,新则活,旧则板,新则通,旧则滞,物之理也。法既积久,弊必丛生。故无百年不变之法,况今兹之法,皆汉唐元明之弊政,何尝为祖宗之法度哉?又皆为胥吏舞文作弊之巢穴,何尝有丝毫祖宗之初意哉?今托于祖宗之法,固已诬祖宗矣。且法者所以守地者也,今祖宗之地既不守,何有于祖宗之法乎?夫使能守祖宗之法,而不能守祖宗之地,与稍变祖宗之法,而能守祖宗之地,孰得孰失,孰重孰轻,殆不待辨矣。虽然,欲变法矣,而国是未定,众论不一,何从而能舍旧图新哉?夫国之有是,犹船之有舵,方之有针,所以决一国之趋向,而定天下之从违者也。若针之子午未定,舵之东西游移,则徘徊莫适,伥伥何之?行者不知所从,居者不知所往,放乎中流,而莫知所休,指乎南北,而莫知所极,以此而驾横海之大航,破滔天之巨浪,而适遭风沙大雾之交加,安有不沉溺者哉?今朝廷非不稍变法矣。然皇上行之,丙大臣挠之,才士言之,而群僚攻之,不以为用夷变夏,则以为变乱祖制,谣谤并起,水火相攻,以此而求变法之有效,犹却行而求及前也,必不可得矣。皇上既审时势之不能不变,知旧法之不能不除,臣请皇上断自圣心,先定国是而已。国是既定矣,然下手之方,其本末轻重刚柔缓急不同,其规模条理纲领节目大异,稍有乖误,亦无成功。臣愚尝斟酌古今,考求中外,唐虞三代之法度至美,但上古与今既远,臣愿皇上日读《孟子》,师其爱民之心,汉、唐、宋、明之沿革可采,但列国与统一迥异,臣愿皇上上考管子,师其经国之意。若夫美、法民政,英、德共和,地远俗殊,变久迹绝,臣故请皇上以俄大彼得之心为心法,以日本明治之政为政法也,然求其时地不远,教俗略同,成效已彰,推移即是。若名书佳画,黑迹尚存,而易于临摹。如宫室衣裳,裁量恰符,而立可铺设,则莫如取鉴于日本之维新矣。日本之始也,其守旧攘夷与我同，其幕府封建与我异，其国君守府，变法更难，然而成功甚速者，则以变法之始，趋向之方针定，措施之条理得也。考其维新之始，百度甚多，惟要义有三：一曰大誓群臣以定国是；二曰立对策所以征贤才；三曰开制度局而定宪法。其誓文在决万几于公论，采万国之良法，协国民之同心，无分种族，一上下之议论，无论藩庶，令群臣咸誓言上表，革面相从，于是国是定，而议论一矣。召天下之征士、贡士，咸上书于对策所，五日一见，称旨者擢用，于是下情通而群才进矣。开制度局于宫中，选公卿、诸侯、大夫及草茅才士二十人充总裁，议定参预之任，商榷新政，草定宪法，于是谋议详而章程密矣。日本之强，效原于此。皇上若决定变法，请先举三者，大集群臣于天坛、太庙，或御乾清门，诏定国是。躬申誓戒，除旧布新，与民更始，令群臣具名上表，咸革旧习，黾勉维新。否则自陈免官，以激厉众志，一定舆论。设上书所于午门，日轮派御史二人监收，许天下士民皆得上书，其群僚言事，咸许自达，无得由堂官代递，以致阻挠，其有称旨者，召见察问，量才擢用，则下情咸通，群才辐辏矣。设制度局于内廷，选天下通才十数人，入直其中，王公卿士，仪皆平等，略如圣祖设南书房，世宗设军机处例。皇上每日亲临商榷，何者宜增，何者宜改，何者当存，何者当删，损益庶政，重草章程，然后敷布施行，乃不谬紊。近泰西政论，皆言三权，有议政之官，有行政之官，有司法之官，三权立，然后政体备。以我朝论之，皇上则为元首，百体所从，军机号为政府，出纳王命，然跪对顷刻，未能谋议，但为喉舌之司，未当论思之寄。若部寺督抚，仅为行政之官，譬于手足，但供奔持，岂预谋议，且部臣以守例为职，而以新政与之议，事既违例，必反驳而已，安有以手足而参谋猷哉？近者新政多下总署，总署但任外交，岂能兼营？况员多年老，或兼数差，共议新政，取决俄顷，欲其详美，势必不能。若御史为耳目之官，刑曹当司法之寄，百官皆备，而独无左右谋议之人，专任论思之寄，然而新政之行否，实关军国之安危。而言者妄请施行，主者不知别择，无专司为之讨论，无宪法为之著明，浪付有司，听其抑扬，恶之者驳诘而不行，决之者仓卒而不尽，依违者狐疑而莫定，从之者条画而不详。是犹范人之形，有头目手足口舌身体，而独无心思，必至冥行擿埴，颠倒狂瞀而后已，以此而求新政之能行，岂可得哉？故制度局之设，尤为变法之原也。然今之部寺，率皆守旧之官，骤予改革，势难实行，既立制度局总其纲，宜立十二局分其事。一曰法律局，外人来者自治其民，不与我平等之权利，实为非常之国耻，彼以我刑律太重，而法规不同故也。今宜采罗马及英、美、德、法、日本之律，重定施行，不能骤行内地，亦当先行于通商各口，其民法、民律、商法、市则、舶则、讼律、军律、国际公法，西人皆极详明。既不能闭关绝市，则通商交际，势不能不概予通行，然既无律法，吏民无所率从，必致更滋百弊，且各种新法，皆我所夙无，而事势所宜，可补我所未备，故宜有专司，采定各律，以定率从。二曰度支局，我国地比欧洲，人数倍之，然患贫实甚，所入乃下等于智利、希腊小国，无理财之政故也。西人新法纸币、银行、印税、证券、讼纸、信纸、烟酒税、矿产、山林、公债，皆致万万，多我所无，宜开新局专任之。三曰学校局，自京师立大学，各省立中学，各府县立小学，及专门各学，若海陆医学、律学、师范学，编译西书，分定课级，非礼部所能办，宜立局而责成焉。四曰农局，举国之农田、山林、水产、畜牧，料量其土宜，讲求其进步改良焉。五曰工局，司举国之制造机器美术，特许其新制而鼓励之。其船舶市场新造之桥梁、堤岸、道路咸属焉。六曰商局，举国之商务、商学、商会、商情、商货、商律专任讲求激厉之。七曰铁路局，举国之应修铁路，绘图定例权限咸属焉。八曰邮政局，举国皆行邮政以通信，命各省府县乡咸立分局，并电线属焉。九曰矿务局，举国之矿产、矿税、矿学属焉。十曰游会局，凡举国各政会、学会、教会、游历游学各国会，司其政律而鼓舞之。十一曰陆军局，选编国民为兵，而司其教练。十二曰海军局，治铁舰、练军之事。十二局设，庶政可得而举矣。然国政之立，皆以为民，民政不举，等于具文而已。夫地方之治，皆起于民，而自县令之下，仅一二簿尉杂流，未尝托以民治，县令任重而选贱，俸薄而官卑，自治狱催科外，余皆置之度外。其上乃有藩臬道府之辖，经累四重，乃至督抚，而后达于上。藩臬道府，拱手无事，皆为冗员，徒增文书费厚禄而已，一省事权，皆在督抚。然必久累资劳乃至此位，地大事繁，年老精衰，旧制且望而生畏，望其讲求新政而举行之，必不可得。向者学堂农商之诏累下矣，而各直省多以空文塞责，亦可见矣。日本以知县上隶于国，汉制百郡，以太守上达天子。我地大不能同日本，宜用汉制。每道设一民政局，妙选通才督办其事，用南书房及学政例，自一品至七品京朝官皆可为之，准其专折奏事，体制与督抚平等，用出使例，听其自辟参赞随员，俾其指臂，收得人之助，其本道有才者，即可特授，否则开缺另候简用，即以道缺给之。先拨厘税，俾其创办新政，每县设民政分局，督办派员会同地方绅士治之，除刑狱、赋税，暂时仍归知县外，凡地图、户口、道路、山林、学校、农工、商务、卫生、警捕，皆次第举行。三月而备其规模，一年而责其成效，如此则内外并举，臂指灵通，宪章草定，奉行有准，然后变法可成，新政有效也。若夫广遣亲王大臣游历以通外情，大译西书，游学外国，以得新学，厚俸禄以养廉耻，变通科举以育人材，皆宜先行者。犹虑强邻四逼，不能容我从容图治也，且我民穷国匮，新政何以举行？闻日本之变法也，先行纸币，立银行，财泉通流，遂以足维新之用。今宜大筹数万万之款，立局以造纸币，各省分设银行，用印度田税之法，仿各国印花之税。我地大物博,可增十倍,然后郡县遍立各种学堂,沿海急设武备学院,大购铁舰五十艘,急练民兵百万,则气象丕变,维新有图。虽不敢望自强,亦庶几可以自保。臣愚夙夜忧国,统筹大局,思之至详,其能举而行之,惟皇上之明,其不能举而行之,惟诸臣之罪。时阽国危,谨竭愚诚,伏乞皇上圣鉴,谨呈。

书既上,命总理衙门王大臣会议,并进呈所著《日本变政考》、《俄彼得变政考》,并进英人李提摩太所译《泰西新史揽要》、《列国变通兴盛记》,及《列国岁计政要》诸书,上置御案,日加披览,于万国之故更明,变法之志更决。日读康书,知之更深,于时皇上久欲召见康有为,而为恭亲王所抑,不能行其志,及四月恭亲王薨,翁同龢谋于上决计变法,开制度局而议其宜,选康有为任之。乃于四月二十三日,下诏定国是,二十五日下诏命康有为预备召见,二十八日遂召见于颐和园之仁寿殿,历时至九刻钟之久,向来召见臣僚,所未有也。康所陈奏甚多,皇上曰国事全误于守旧诸臣之手,朕岂不知,但朕之权不能去之,且盈廷皆是,势难尽去,当奈之何?康曰:请皇上勿去旧衙门,而惟增置新衙门,勿黜革旧大臣,而惟渐擢小臣,多召见才俊志士,不必加其官,而惟委以差事,赏以卿衔,许其专折奏事足矣。彼大臣向来本无事可办,今但仍其旧,听其尊位重禄,而新政之事,别责之于小臣。则彼守旧大臣,既无办事之劳,复无失位之惧,则怨谤自息矣。即皇上果有黜陟之全权,而待此辈之大臣,亦只当如日本待藩侯故事,设为华族立五等之爵以处之,厚禄以养之而已,不必尽去之也。上然其言,此为康有为始觐皇上之事,实改革之起点。而西后与荣禄已早定密谋,于前一日下诏,定天津阅兵之举,驱逐翁同龢,而命荣禄为北洋大臣,总统三军,二品以上大臣,咸具折诣后前谢恩。政变之事,亦伏于是矣。

召见后,皇上命其在总理衙门章京上行走,并许其专折奏事,于是五月初一日康复上一疏曰：

奏为敬谢天恩，并统筹全局。恭折仰祈圣鉴事，窃臣岭海下士，才识暗愚，以时事艰难，屡次上书，冒渎天听，荷蒙皇上天地之量，采及刍荛，顷乃蒙过听虚声，特予召见。垂问殷勤，至过时许，容其愚狂，宽其礼数，复令有所条陈，准其专折递奏。殊恩异数，皆非小臣所当被蒙。又蒙圣恩令在总理衙门章京上行走。隆天重地，稠叠有加，臣俯念时艰，仰感知遇，只竭驽钝，图报涓埃。顷仰承圣训，以国家之败，归罪守旧诸人，臣妄陈大计，皆承俞允，仰见圣明天纵，求治若渴，洞万国之故，审时变之宜，此真中国之福也，四万万臣民之幸也。臣愚但有喜舞欣蹈，咏歌圣德，然皇上询访之盛意，臣何敢知而不言，臣今所欲陈者，曰统筹全局，以图变法，御门誓众，以定国是，开局亲临，以定制度三者而已。方今累经外患之来，天下亦知旧法之敝，思变计图存矣。然变其甲不变其乙，举其一而遗其二，枝枝节节而为之，逐末偏端而举之，无其本原，失其辅佐，牵连并败，必至无功。夫物之为体，合多质点而后成，室之可居，合多土木而后备，体不备谓之不成人，政不备亦为不成国。故臣以谓不变则已，若决欲变法，势当全变，如匠人筑室，千门万户，必绘图画，则先定雏形，而后鸠工庀材，乃行兴筑，若全局未定，图绘全无，听甲言而为杗为桷，尺寸不知，又听乙言，而肯构肯堂，木石未备，砖瓦乱构，工匠杂陈，及其全局合龙，必致乖忤凿枘。而风雨骤至，庇托仍无。若夫缝人裁衣，必量全体之度，庖人调味，必酌酱齑之宜。若妄施刀剪，势必颠倒裳衣，乱下盐梅，以至难供刀匕。薄物犹尔，况于举万里之国而治之哉，故臣请变法，不欲言某事宜举，某事宜行者，恐虽诏行，难收成效，必至与总督署、使馆、海军、船厂、电线、铁路、矿务、制造厂、同文馆同为守旧者藉口攻挠而已。

故今欲变法,请皇上统筹全局,商定政体,自百司庶政,用人外交,并草具纲领条目。然后涣汗大号,乃与施行,本末并举,首尾无缺,治具毕张,乃收成效。臣所请统筹全局此也。顷月胶旅既割,内地权利尽失,危亡逼迫,若火燎原。皇上审时变法,发愤图存,特下诏书,明定国是。苦心明断,天下共知,而诸臣惑于旧俗,谣谤纷纭,或庸人自知摈斥于维新,恐富贵之难保,或佥人思媚于权贵,造疑谤而诋諆,交章飞文,变乱黑白,诬攻新政。贝锦如织,流言惑听,害过流贼,或老耄旧学,自托清流,挟用夷变夏之言,持变乱祖制之说,劫民乱听,众志茫惶,藐王言如弁髦,视纶音如草莽。臣惟三代大举,亦复胥动浮言,盘庚迁殷,屡烦誓诰,戒以黜心从一,责其绝秽自臭,警以祖父断弃,严以劓殄无遗,盖誓者经义所重,亦西国通行。昔圣祖高宗时,频有御门之典。臣伏乞皇上诹日斋戒,特御乾清门,大集群臣,相与敕誓,布诰天下,与民更始,咸令具名上表,尽革旧习,黾勉维新,其有不率,予之休免。其有造谣兴谤,不奉新政者,上用盘庚劓灭之刑,旁采泰西谣谤之律,明罚敕法,刑兹无赦。庶几浮言可靖,众志乃一,国是既定,而大势咸趋,臣所请御门誓众者此也。今天下言变者,曰铁路,曰矿务,曰学堂,曰商务,非不然也,然若是者,变事而已,非变法也。变一事者,微特偏端不举,即使能举,亦于救国之大体无成。非皇上发愤自强之意也,周公思兼三王,孔子损益四代,乃为变法,臣所请者,规模如何而起,条理如何而详,纲领如何而举,节目如何而备,宪法如何而定,章程如何而周,损益古今之宜,斟酌中外之善,若者宜革,若者宜增,若者宜删,若者宜改,全体商搉,重为草定。兹事体大,关国安危,举措偶乖,必至龃龉,此非特开专司以妙选通才,不足以商鸿业而定巨典。今欲行新政,但听人言,下之部议,尤重者或交总署枢臣会议,然大臣皆老耄守旧之人,枢垣总署,皆兼差殷忙之候,求其议政详善,必不可得也。臣前请用日本例开制度局于内廷，选天下通才任之，皇上睹临，日共商榷，其有变法之折，并下制度局商议，拟旨施行，然后挈领振裘，目张纲举，新政可见，自强有效。臣所请开制度局者此也。虽然，以皇上之明，岂不知筹全局而全变哉，其有不能者，或势有所限也，然人主有雷霆万钧之力，所施无不披靡。就皇上所有之权，行方今可为之事，举本握要，则亦可一转移间而天下移风，振作人心矣。国势危迫，不能需时，及今为之，已迟不及事，惟皇上乾纲独揽，速断圣心，以救中国，天下幸甚。臣愚忧国，敢冒死竭拳拳，伏乞皇上圣鉴，谨奏。

时国是之诏既下，维新之议已决，而大臣等有所挟持，腹诽特甚。康有为正月所上请开制度局及增置十二局之疏，交总署议复者，至五月犹未复，皇上震怒，促其即复，至是复上，尽行驳斥。皇上召张荫桓切责之，谓汝等尽驳康某之奏，汝等欲一事不办乎？张叩头俯伏曰：此事重大，非臣数人所能决，请再派枢臣会议。皇上乃命军机大臣会议，复驳斥，皇上复亲书朱谕责之，发令再议，至六月始议上，然不过择其细端末节准行而已，余仍驳斥。皇上无如之何，盖皇上因西后之恶康，故欲借廷臣之议以行之，所以屡次发议也。而廷臣亦知皇上之无权，故敢于屡次驳斥也。

先是康未召见以前，于三月时开保国会于京师。士大夫集者数百人，御史潘庆澜、黄桂鋆、李盛铎屡疏劾之，既召见以后，礼部尚书许应骙、御史文悌，复疏劾之。皇上不为动，而许文二人，反因此获罪焉。自是忌者益甚，谣谤纷纭，其诬辞不堪入耳矣。

西后与大臣忌康既甚，皇上深知之，不敢多召见，有所询问，惟命总署大臣传旨，康则具折陈奏而已。而康有为所以启沃圣心，毗赞维新者，则尤在著书进呈之一事。盖康既呈所著书，皇上览观，怳然于变法之条理次序，及召见时，皇上亲命将所编辑欧洲列国变革各书进呈，以资采择,康以所辑《英国变政记》、《普国作内政寄军令考》等书进呈,又辑十年来列国统计比较表,又辑列国官制比较、宪法比较进呈,皆加以案语,引证本国之事,斟酌损益,其言深切,皇上深纳之。既乃辑《法兰西革命记》、《波兰灭亡记》等书,极言守旧不变,压制其民,必至亡国,其言哀痛迫切,上大为感动,故改革之行,加勇决焉。康所陈改革,大纲节目,多详于著书之中,外人不知之,故咸窃窃焉疑削康之出入宫禁,私与皇上密谋也。上览奏甚速,一册甫上,旋即追问,明旨数四,皆命枢臣廖寿恒传之。

六月,大学士孙家鼐上疏请派康督办上海官报,盖军机大臣授意欲出康使居外,以剪皇上之羽翼也。皇上下诏命康办报,而又令其将所著各书进呈完毕,然后出京,盖避嫌疑而欲保全之也。

至七月特擢杨锐、林旭、刘光第、谭嗣同四人为四品卿,参预新政。盖因杨锐、刘光第皆保国会会员,且由陈宝箴奏荐。林旭则康之弟子,而谭嗣同为康所最亲信之人也。皇上因西后及大臣疑忌,不敢用康,而特擢此四人,其用心之苦,有非外人所能知者。自此皇上有所询问于康,则命四卿传旨,康有所陈奏,亦由四卿密陈,不复由总署大臣矣。

七月二十三四日之间,有湖南守旧党举人曾廉,上书请杀康有为、梁启超,摘梁在《时务报》论说及湖南时务学堂讲义中之言民权自由者,指为大逆不道,条列而上之,皇上非惟不加罪二人,犹恐西后见之,乃命谭嗣同将其原折按条驳斥,然后以呈西后。盖所以保全之者无所不至矣,然是时变象已成,未及数日,即有诏命康速出上海,而两次密诏亦相随而下矣。

第二章　新政诏书恭跋

皇上虽上制于西后,下壅于大臣,不能有其权,不能行其志,然自四月二十三日以来，三月之间，所行新政，涣汗大号，实有足惊者，虽古之号称哲王英君，在位数十年者，其可纪之政迹，尚不能及其一二也。我国凡百政务，皆以诏书为凭，而诏书又分两种：一为明谕，下之于内阁，刊之于邸报，臣民共见者也；一为廷寄（亦名交片），下之于军机处，不刊于邸报，民不能共见者也。今特取邸报之明谕有关新政者，揭载于下，逐条加以跋语，而廷寄犹未能备载焉。虽然，观于此而我皇上之英明仁厚勇决，亦可以略窥一斑矣。

四月二十三日上谕　数年以来，中外臣工，讲求时务，多主变法自强，迩者诏书数下，如开特科，汰冗兵，改武科制度，立大小学堂，皆经再三审定，筹之至熟，甫议施行。惟是风气尚未大开，论说莫衷一是，或托于老成忧国，以为旧章必应墨守，新法必当摈除，众喙哓哓，空言无补。试问今日时局如此，国势如此，若仍以不练之兵，有限之饷，士无实学，工无良师，强弱相形，贫富悬绝，岂真能制梃以挞坚甲利兵乎？朕惟国是不定，则号令不行。极其流弊，必至门户纷争，互相水火，徒蹈宋明积习，于时政毫无补益，即以中国大经大法而论，五帝三王，不相沿袭，譬之冬裘夏葛，势不两存。用特明白宣示，嗣后中外大小臣工，自王公以及士庶，各宜努力向上，发愤为雄，以圣贤义理之学植其根本，又须博采西学之切于时务者，实力讲求，以救空疏迂谬之弊，专心致志，精益求精，毋徒袭其皮毛，毋竞腾其口说，总期化无用为有用，以成通经济变之才。京师大学堂为各行省之倡，尤应首先举办，着军机大臣总理各国事务王大臣，会同妥速议奏，所有翰林院编检各部院司员、大门侍卫，候补候选道府州县以下，及大员子弟，八旗世职，各省武职后裔，其愿入学堂者，均准入学肄习，以期人材辈出，共济时艰，不得敷衍因循，徇私援引，致负朝廷谆谆诰诫之至意，将此通谕知之。钦此。

谨案：我国迫于外侮，当变法者，盖六十余年矣。然此六十余年中,可分为四界。自道光二十年割香港,通五口,魏源著《海国图志》,倡师夷长技以制夷之说,林则徐乃创译西报,实为变法之萌芽。然此后二十年余年,叠经大患,国中一切守旧,实无毫厘变法之说也,是为第一界。同治初年,创钜痛深,曾国藩曾借洋将,渐知西人之长,创制造局以制器译书,设方言馆,创招商局,派出洋学生,文祥亦稍知时局,用客卿美人蒲安臣为大使,遍交泰西各国,变法之事,于是筚路开山矣。当时又议选翰林部曹,入同文馆学西文。而倭仁以理学重名为宰相,以死争之,败此大举,且举国守攘夷之说。郭嵩焘以通才奉使,深明时局,归而昌言,为朝士所攻,卒罢去。至于光绪甲申,又二十年,朝士皆耻言西学,有谈者诋为汉奸,不齿士类。盖西法萌芽,而俗尚深恶,是为第二界。马江败后,识者渐知西法之不能尽拒,谈洋务者亦不以为深耻,然大臣未解,恶者尚多,议开铁路,犹多方摈斥,盖制造局译出之书,三十余年,而销售仅一万三千本。京师书肆尚无地球图,其讲求之寡可想矣。盖渐知西学,而莫肯讲求,是为第三界。然尽此六十年中,朝士即有言西法者,不过称其船坚炮利制造精奇而已,所采用者,不过炮械军兵而已。无人知有学者,更无人知有政者。自甲午东事败后,朝野乃知旧法之不足恃,于是言变法者乃纷纷,枢臣翁同龢,首先讲求,辅导皇上,决意变法。皇上圣明,日明外事,乙未五月翁同龢拟旨十二道,欲大行变法之事,以恭邸未协而止。然朝士纷纷言新法,渐知学堂为变法之本。而皇上频催办铁路、矿务、学堂之事,未几西后复收大权。皇上几被废,新政遂止。然而强学会《时务报》大呼于天下,天下人士咸知变法,风气大开矣,是为第四界。然明于下而未行于上,新旧相争,大臣多不以为然,以未定国是故也。标准未着,人心不一,趋向未定,虽云变法,仍是守旧而已。及经胶州之变,朝廷益震动,康有为于正月上书请变法宜先定国是,下总署议，上再催而未复。旅顺大连之事继起，皇上圣明，益明中外之故。知不变法不能立国，而恭王屡谏，谓祖宗之法不可变，上曰："今祖宗之地不保，何有于法乎？"因使庆王告西后曰："朕不能为亡国之君。若不予我以权，宁逊位而已。"西后虽愤甚，然因别有所图，始听皇上之所为，乃使庆王复于上曰：皇上欲办事，太后不阻也。至是恭亲王适薨，翁同龢辅政，锐志改革，御史杨深秀，侍读学士徐致靖，相继上书，请定国是。上既决心，乃白西后，召军机全堂下此诏书。宣示天下，斥墨守旧章之非，著托于老成之谬，定水火门户之争，明夏葛冬裘之尚，以变法为号令之宗旨，以西学为臣民之讲求，著为国是，以定众向，然后变法之事乃决，人心乃一，趋向乃定，自是天下向风，上自朝廷，下至人士，纷纷言变法。盖为四千年拨旧开新之大举，圣谟洋洋，一切维新，基于此诏，新政之行，开于此日。

又按：大学堂之诏，三年前既下之矣。至是乃决行之，特令翰林部曹、侍卫道府、州县大臣子弟、武职咸入学，其规模亦广大矣。

四月二十五日上谕　翰林院侍读学士徐致靖，奏保举通达时务人材一折，工部主事康有为、刑部主事张元济，着于本月二十八日预备召见。湖南盐法长宝道黄遵宪，江苏候补知府谭嗣同，着该督抚送部引见，广东举人梁启超，着总理各国事务衙门查看具奏。钦此。

谨案：国朝成例，四品以上乃能召见。召见小臣，自咸丰后四十余年未有之异数也。启超以布衣召见，尤为本朝数百年所未见，皇上之求才若渴，不拘成格如此，同日有御史黄均隆参劾黄遵宪、谭嗣同及启超，两疏并上，皇上于劾者置之不问，于荐者明发谕旨，其用人不惑又如此。

四月二十七日朱谕　协办大学士户部尚书翁同龢，近来办事多未允协，以致众谕不服，屡经有人参奏，且每于召对时咨询事件，任意可否,喜怒见于词色,渐露揽权狂悖情状,断难胜枢机之任,本应查明究办,予以重惩,姑念其在毓庆宫行走多年,不忍遽加发谴,着即开缺回籍,以示保全。钦此。

同日上谕　自后在廷臣工,仰蒙皇太后赏赐,及补授文武一品满汉侍郎,均著于具折后,恭诣皇太后前谢恩,各省将军都统提督等官,亦著一体具折奏谢。钦此。

同日上谕　王文韶著迅即来京陛见,直隶总督着荣禄暂行署理。钦此。

谨案:国是之诏甫下,听皇上办事之命甫行,而上之师傅亲臣在枢垣者即已见逐。太后既归政,例不见臣工,不别具折,至是忽令二品以上大臣谢恩陛见,并令外官具折,盖训政之事,已发于是。荣禄为西后第一亲信之臣,恭亲王既薨,不入枢垣辅政,而反出督直隶者。盖以统北洋三军,预发天津阅兵之诏,以谋行废立之事也。康有为等召见,尚在二十八日。一切新政之行,皆在二十八日以后,而二十七日翁同龢见逐,荣禄督师,西后见大臣,篡废之谋已伏。内之则军机大臣中礼亲王为荣之姻家,刚毅为荣之羽翼,外之则北洋三军董福祥、聂士成、袁世凯为荣之腹心,一切布置已定,大权在手。故荣禄至直隶任,沥陈地方办事情形之折,上于西后,而不上于皇上。盖隐谋久定,故敢藐视君上如此,此实幽废皇上诛捕帝党之先声,而案源不在八月六日,而在四月二十七日也。外人不谙朝事,或疑因维新之急激,遂以致败。由未知废立之局早定,西后荣禄,预布网罗,听其跳跃,专待天津阅兵以行大事耳。皇上自知之,而冀挽回大局于一二,且冀收人才以救危机。康有为亦明知之,以中国危亡,圣主危险,入天罗地网而思救之。盖皆有万难之苦衷,苟未深知西后荣禄之密谋,不能论维新成败之大局也。

五月初二日上谕　御史宋伯鲁、杨深秀奏礼臣守旧迂谬阻挠新政一折，着许应骙按照所参各节，明白回奏。钦此。

谨案：今年正月上谕举行经济特科之外，更举经济常科，试时务策论，及政治、法律、财政、外交、物理各专门之学，实为非常之举，以开民智而救八股愚民之害者也。其试科章程，交礼部议，许应骙为礼部尚书，乃欲将经济科归并于八股，士论大哗，杨深秀、宋伯鲁开新志士之眉目也，不畏强御，合词劾之，皇上深恶其阻挠，即欲黜之，刚毅为之代求。故仅使回奏，后卒因其抑遏王照之奏，而黜礼部全堂，实由深恶许应骙也。然自此上位遂不保，呜呼！以天子之权，而不能去一尚书，可胜慨哉。

初五日上谕 我朝沿宋明旧制，以四书文取士。康熙年间，曾经停止八股，考试策论，未久旋复旧制，一时文运昌明，儒生稽古穷经，类能推究本原，阐明义理。制科所得，实不乏通经致用之才。乃近来风尚日漓，文体日敝，试场献艺，大都循题敷衍，于经义罕有发明，而浅陋空疏者，每获滥竽充选，若不因时通变，何以励实学而拔真才，著自下科为始，乡会试及生童岁科各试，向用四书文者，一律改试策论，其如何分场命题考试，一切详细章程，该部即妥议具奏。此次特降谕旨，实因时文积弊太深，不得不改弦更张，以破拘墟之习，至于士子为学，自当以四子六经为根柢。策论与制艺殊流同源，仍不外通经史以达时务，总期体用兼备，人皆勉为通儒，毋得竞逞辩博，复蹈空言，致负朝廷破格求才至意。钦此。

谨案：经义试士始于王安石，而明初定为八股体式，尊其体曰代孔孟立言，严其格曰清真雅正，禁不得用秦汉以后之书，不得言秦汉以后之事，于是士人皆束书不观，争事帖括，至有通籍高第，而不知汉祖唐宗为何物者，更无论地球各国矣。然而此辈循资按格，即可以致大位作公卿，老寿者即可为宰相矣，小者亦秉文衡充山长为长吏矣。以国事民事托于此辈之手，欲其不亡，岂可得乎？况士也者,又农工商贾妇孺之所瞻仰而则效者也,士既如是,则举国之民从而化之,民之愚国之弱皆由于此,昔人谓八股之害甚于焚书坑儒,实非过激之言也。故深知中国实情者,莫不谓八股为致弱之根原,盖学问立国之基础,而八股者乃率天下之人使不学者也。近日有志之士,谓八股与中国不两立,岂不然哉。康有为及御史杨深秀,于三月时曾上书请废之,为许应骙所驳,遂不行。四月初旬梁启超复联合举人百余人连署上书请废之,格不达。至康有为、张元济召见,皆力陈其害,康至谓辽台之割,二百兆之偿,琉球、安南、缅甸之弃,轮船、铁路、矿务、商务之输与人,国之弱民之贫,皆由八股害之,皇上喟然曰:"西人皆日为有用之学,我民独日为无用之学。"康即请曰:"皇上知其无用,能废之乎?"上曰:"可也。"于是康退朝告宋伯鲁使抗疏再言之,康亦自上一书。疏即上,上命军机大臣立拟此旨,刚毅谓此乃祖制,不可轻废,请下部议。上曰:"部臣据旧例以议新政,惟有驳之而已,吾意已决,何议为?"诏遂下,于是海内有志之士,读诏书皆酌酒相庆,以为去千年愚民之弊,为维新第一大事也。八股既废,数月以来,天下移风,数千万之士人,皆不得不舍其兔园册子、帖括讲章,而争讲万国之故,及各种新学,争阅地图,争讲译出之西书。昔之梦梦然不知有大地,以中国为世界上独一无二之国者,今则忽然开目,憬然知中国以外,尚有如许多国,而顽陋倨傲之意见,可以顿释矣。虽仅数月,八股旋复,而耳目既开,民智骤进,自有不甘于谬陋者,旧藩顿决,泉涌涛奔,非复如昔日之可以擒闭抑遏矣。故此数月废八股之效,其于他日黄种之存亡,实大有关系也。然愚陋守旧之徒,骤失所业,恨康有为特甚。至有欲聚而殴之者,自是谣诼大兴,亦遍于天下。

又按:世之论者,多以为此次政变由急激所招,夫所谓急激者,殆谓不顺人情,故召怨谤也。然怨谤之起,莫甚于废八股一事,然世之论者将畏谤而不废八股乎？不废八股，可以为治乎？吾欲问之。

初八日上谕　兹当整饬庶务之际，部院各衙门承办事件，首戒因循，前因京师大学堂为各行省之倡，特降谕旨，令军机大臣总理各国事务王大臣会同议奏，即著迅速复奏，毋再迟延。其各部院衙门，于奉旨交议事件，务当督饬司员，克期议复，倘再仍前玩愒，并不依限复奏，定即从严惩治不贷。钦此。

谨案：我国向来一统，以高卧无事为治。故设官分职，互相钤制，一职而有数人，一人而兼数职，遂相牵相诿，至无一事能办者，大学堂自乙未年下诏开办，至今三年，四烦上谕矣。而大臣犹视同无物，若非皇上之雷厉风行，谆谆催问，必将再延三年，尚无一字矣。而外人犹訾上之急激，局外人岂知局中之苦哉。

十五日上谕　军机大臣会同总理各国事务衙门王大臣奏遵旨筹办京师大学堂，并拟详细章程缮单呈览一折，京师大学堂为各行省之倡，必须规模闳远，始足以隆观听而育人才。现据该王大臣，详拟章程，参用泰西学规，纲举目张，尚属周备，即著照所议办理，派孙家鼐管理大学堂事务。办事各员，由该大臣慎选分派。至总教习综司功课，尤须选择学该中外之士，奏请简派，其分教习各员，亦一体精选，中西并用，所需兴办经费，及常年用款，著户部分别筹拨，所有原设官书局，及新设之译书局，均著并入大学堂，由管学大臣督率办理。此次设立大学堂，为广育人材，讲求时务起见，该教习等，按照奏定课程，认真训迪，日起有功，用副朝廷振兴实学至意。钦此。

谨案：自甲午以前，我国士大夫言西法者，以为西人之长，不过在船坚炮利，机器精奇，故学之者亦不过炮械船舰而已。此实我国致败之由也。乙未和议成后，士夫渐知泰西之强，由于学术，颇有上书言之者，而刑部侍郎李端棻之奏，最为深切详明，得旨允行，而恭亲王、刚毅等,谓可以缓办,诸臣和之。故虽奉明诏,而束高阁者三年矣。皇上既毅然定国是,决行改革,深知现时人才未足为变法之用,故首注意学校,三令五申,诸大臣奉严旨,令速拟章程,咸仓皇不知所出。盖中国向未有学校之举,无成案可稽也。当时军机大臣及总署大臣,咸饬人来属梁启超代草,梁乃略取日本学规,参以本国情形,草定规则八十余条。至是上之,皇上俞允,而学校之举乃粗定。即此一事,下之志士之发论,上之盈廷之抗议,凡历三年,犹烦圣主屡次敦迫,仅乃有成。其难如此,然其后犹以办理非人,成效难睹,盖变法而不全变,有法无人之弊也。

同日上谕 举人梁启超着赏给六品衔,办理译书局事务。钦此。

谨案:中国之弱,由于民愚也。民之愚由于不读万国之书,不知万国之事也。欲救其敝,当有二端:一曰开学校以习西文,二曰将西书译成汉字,二者不可偏废也。然学校仅能教童幼之人,若年已长成,多难就学。而童幼脑智未启,学力尚浅,故其通达事理,能受学力,又每不如长成之人,且主持现今之国论者,在长成人而不在童幼人也。故欲实行改革,必使天下年齿方壮志气远大之人,多读西书通西学而后可,故译书实为改革第一急务也。中国旧有译出之书,详于医学、兵学,而其他甚少,若政治、财政、法律等书,则几绝无焉,且亦皆数十年前之旧本,西人悉已吐弃者,故不能启发才智,转移士论也。康有为于光绪二十一年开强学会于上海,倡译日本书之论。盖以日本与我同文,译之较易也。后强学会被禁,事遂中止,康复说张之洞筹款办之,张许诺而卒不办,至是御史杨深秀上书言译书之要,梁启超以是日召见,上命进呈所著《变法通议》,大加奖厉,遂有是命。

十六日上谕 总理各国事务衙门奏议复御史曾宗彦奏请振兴农学一折,农务为富国根本,亟宜振兴,各省可耕之土,未尽地力者尚多,著各督抚督饬各该地方官劝谕绅民，兼采中西各法，切实兴办，不准空言搪塞。须知讲求农政，本古人劳农劝相之意，是在地方官随时维持保护，实力奉行，如果办有成效，准该督抚奏请奖叙。上海近日创设农学会，颇开风气，著刘坤一查明该学章程，咨送总理各国事务衙门查核颁行，其外洋农务诸书，并著各省学堂广为编译，以资肄习。钦此。

谨案：中国向来言西法者知有兵耳，而皇上注意富民，整饬农业，采及西法，可谓知本。结会、集社向为国禁，康有为前后开强学会、保国会，及湖南志士所开南学会，皆被参劾，上悉不问，强学会虽封禁，旋改为官报局，于是各省学会极盛，更仆难数，农学会梁启超与诸同志共创之于上海者也，至是乃采章颁行，破旧例愚民抑遏之风，开维新聚众讲求之业，以智民而利国，岂汉唐宋明之主，专务遏制其民者所能比哉？

五月十七日上谕　自古政治之道，必以开物成务为先，近来各国通商，工艺繁兴，风气日辟，中国地大物博，聪明才力，不乏杰出之英，只以囿于旧习，未能自出新奇，现在振兴庶务，富强至计，首在鼓励人才。各省士民，著有新书，及创行新法，制成新器，果系堪资实用者，允宜悬赏以为之劝。或量其材能，试以实职，或锡之章服，表以殊荣。所制之器，颁给执照，酌定年限，准其专利售卖。其有能独力创建学堂，开辟地利，兴造枪炮各厂，有裨于经国远猷殖民大计，并著照军功之例，给予特赏，以昭激励。其如何详定章程之处，著总理各国事务衙门即行妥议具奏。钦此。

谨案：欧西当四五百年前，守旧愚弱甚矣。自创学级之赏，定专许之例，悬重赏，立高科，鼓励士民，以创新法制新器寻新地，于是新洲发见，新学大昌，新器大行，士民益智，国势益强，其本皆由于此。康有为既请废八股，以去窒塞灵明之具，复上此折以开穷理制器之风，皇上深知民智之当开，立即施行。悬破格之赏，予清要之官,立专卖特许之条,俾国中士民,移其向者作八股之聪明才力,为讲求实学之用。盖所以鼓励之者得其本矣,中国人之聪明,本不让欧西,特千年以来,君上务以愚民为术,抑遏既久,故日即于固陋耳。苟能导之,则公输子之飞鸢,偃师之制人,张衡之地动仪,诸葛之木牛流马,祖暅之轮船,宇文恺之行城,元顺帝之自鸣钟,张骞之凿空西域,甘英之通大秦,郭守敬之创大统历测吉州谦州,必有纷纷出者,百十年后,才智心思之辟,万亿新器、新书、新法、新政之由,岂可量哉?则皆自我皇上此诏开之矣。

二十一日上谕 前据顺天府尹胡燏棻奏请精练陆军并神机营改用新法操演,出使大臣伍廷芳奏京营绿营参用西法各折片,先后谕令军机大臣会同神机营王大臣、八旗都统妥议,兹据该王大臣等会同议奏,改练洋操为练兵要著,各省绿营练勇,迭经谕令认真裁并,一律挑练,著该将军督抚归入前次户部、兵部议复,御史曾宗彦请改操折内,一并迅速筹议,切实具奏。神机营业经挑选马步官兵一万人,勤加训练,即著汰弱留强,实力讲求,务成劲旅。八旗满洲蒙古汉军骁骑营、两翼前锋护军营,均著以五成改习洋枪,五成改习洋机抬枪,著派弈劻、色楞额、永隆管理八旗骁骑营,崇礼、载卓、苏鲁岱管理两翼前锋护军营,弈劻向来办事认真,熟谙武备,务须会同简派各员,并督同各旗营专操大臣,按照泰西兵制,更定新章,认真操演,其八旗汉军、炮营、藤牌营,著一并改用新法,挑练精壮,如式演练,以成有用之兵。更使日起有功,何惜宽筹饷项,各直省将军督抚及该管王大臣等,务当振刷精神,屏除积习,毋得始勤终怠,至一切阵法器械营制饷章,及挑选将弁教习各节,著按照胡燏棻等所奏,议定切实办法,奏明办理,用副朝廷整军经武至意,将此通谕知之。钦此。

谨查中国之兵向为防盗贼而设,故极劣弱,皇上刻意革新,故亟采廷议而改章也。

二十二日上谕　前经降旨开办京师大学堂，肄业者由小学、中学以次而升必有成效可观。惟各省中学、小学尚未一律开办，总计各直省省会及府厅州县无不各有书院，著各该督抚督饬地方官，各将所属书院坐落处所，经费数目，限两个月详查具奏。即将各省府厅州县现有之大小书院，一律改为兼习中学、西学之学校，至于学校等级，自应以省会之大书院为高等学，郡城之书院为中等学，州县之书院为小学，皆颁给京师大学堂章程，令其仿照办理，其地方自行捐办之义学社学等，亦令一律中西兼习，以广造就。至各书院需用经费，如上海电报局招商局，及广东闱姓规，闻颇有溢款，此外陋规滥费，当亦不少，著该督抚尽数提作各学堂经费。各省绅民如能捐建学堂，或广为劝募，准各督抚按照筹捐数目，酌量奏请给奖，其有独力措捐钜款者，朕必予以破格之赏。所有中学、小学应读之书，仍遵前谕由官设书局编译中外西书，颁发遵行，至于民间祠庙，其有不在祀典者，即著由地方官晓谕民间，一律改为学堂，以节糜费而隆教育。似此实力振兴，庶几风气遍开，人无不学，学无不实，用副朝廷爱养成材至意，将此通谕知之。钦此。

谨案：此次改革，百度未遑，而首注意于教育者。盖中国今日之大患，苦于人材不足，而人材所以不足，由学校不兴也。京师既设大学堂矣，而无中学、小学、师范学、乡学，则所成就无几也。故康有为上疏言之，而皇上立采之，中国淫祠之风最盛，而僧侣、庙社之产业最富，向之言教育者，苦经费之难筹，今但移此款以用之，自恢恢有余矣。政变以后，下诏废各省学校，然民间私立者尚纷纷，亦由民智已开，不可抑遏，则此诏之功也。

同日奉上谕　各国传教载在条约，迭经谕令各该督抚妥为保护，以期民教相安。乃本年四川江北厅等处教案未了，广西永安州复有杀毙教民之事，湖北沙市亦有因案牵连之事，总由地方官不能仰体朝廷谆谆告诫之意，遇有民教交涉案件，非漫不经心，即意存歧视，畛域未化，斯嫌隙易生,无怪教案之层见迭出也。用是特加申谕,各直省大吏,凡有教堂州县,务当谆饬地方官实力保护,平日如有教士谒见,不得有意拒绝。使彼此诚信相孚,从教之人,自不致藉端生事,一面开导百姓,毋以薄物细故,轻启衅端。即使事出仓猝,该管官吏果能持平办理,亦何难消患未萌,是在各该将军督抚严饬所属,随时妥慎筹办,从前未结之案,即著迅速了结。此后不准再有教案;倘仍防范不力,除将该地方官照总理各国事务衙门奏定新章从严惩办外,该将军督抚责无旁贷,亦必执法从事。勿谓言之不预也,将此通谕知之。钦此。

谨案:中国交涉最危险而无凭之事,莫若教案矣。二十年来层见叠出,偿款认罪,无岁无之,其甚者,则如胶州之役,以两教师之命,而失百方里之地,教堂满地,无处不可起衅。故教案者实割地之药线也,教案之起,虽由暴徒藉端生事,亦缘朝廷及长官有仇视外人之心。故奸民乃因而乘之,观于皇上改革以来,三月间未闻有一教案。沙市及四川余蛮子皆在改革以前之事。及政变之第四日,而北京暴徒即起,两月以来,杀宣教师之案已五六见矣,可见民间举动实视朝廷之意向为转移也。

二十三日上谕 总理各国事务衙门会同礼部奏遵议经济特科章程开单呈览一折,所拟章程六条,尚属详备,即著照所请行。经济特科,原期振兴士气,亟应认真选举,以广登进而励人才,著三品以上京官,及各省督抚学政,各举所知,限于三个月内迅速咨送总理各国事务衙门,会同礼部奏请考试,一俟咨送人数,足敷考选,即可随时奏请,定期举行,不必俟各省汇齐再行请旨,用副朝廷侧席求贤至意,该衙门知道。单并发,将此通谕知之。钦此。

谨案:常科以八股楷法取士,但使能作八股能作工楷,虽一书不读,亦可入翰林,登显秩,积资以致公卿督抚,下之亦为道府试差,退之亦为山长贵绅,故天下咸趋向焉,相率于不读书不讲时务,人才愚陋，实由于此。自康熙、乾隆两次举行特科，得人为盛，咸丰元年张庚请举之，同治元年薛福成请举之，皆不行。自胶州之变，枢臣翁同龢抚膺太息，谓当此时变，不能不破格求才。贵州学政严修，适抗疏请举特科，得旨允行，当时八股未废，得此亦足稍新耳目，盖实新政最初之起点也。乃诏下数月，而大臣迁延观望，不肯荐人，盖意欲阻挠也。至是学士徐致靖、御史宋伯鲁上书言之。再下诏催迫，而湖广总督张之洞、仓场侍郎李端棻，首举十数人，自是举者纷起，才智之士渐进矣。

二十八日上谕　裁空粮，节饷需，为方今救弊之要图。前经谕令各省体察情形，妥速具奏，现据该将军督抚先后奏陈，或裁制兵，或裁防勇，或裁练军，或称业经裁并，无可再裁。当经详加披阅，各省情形虽属不同，但法敝则亟宜变通，财匮则尤资补救。其已裁者即著照拟定章程，妥切办理，其未裁者，仍著再行切实酌核。总期裁一名空粮，即节一分虚糜，空粮裁尽，饷项自舒。无论水陆各军，一律挑留精壮，勤加训练，俾成劲旅，并著遵照前降谕旨，力行保甲，诘奸禁暴，相辅而行，再能整顿厘金，严杜中饱，富国强兵之计，无有亟于此者。当兹时事多艰，朕宵旰焦劳，力图振作，每待臣下以诚，而竟不以诚相应，各该疆臣身膺重寄，具有天良，何至诰诫谆谆，仍复掩饰支吾，苟且塞责耶？经此次谆谕之后，倘再有仍前敷衍，不肯实力奉行，经朕查出，或别经发觉，试问各该大臣能当此重咎否也。将此通谕知之。钦此。

谨案：我国绿营兵之无用，人人知之矣。自甲午以后，论时务者多请裁撤，翁同龢主之尤力，而恭邸未尽以为然。故乙未年仅裁十分之三，至是皇上尤谆谆言之，惟裁兵之责在督抚，而督抚用舍之，权在西后，督抚知上之无权，故无所畏。诏旨频下，玩视如故，诏中谓朕待臣下以诚，而竟不以诚相应，搪饰支吾，苟且塞责，皆各督抚实在情形也。裁兵一事如此，他事亦无不如此。局中可愤可痛之情形,非局外所能知也。苟非如此,则此数月之改革,其成就岂止此哉?

二十九日上谕 孙家鼐敬陈管见一折,据称原任詹事府中允冯桂芬《校邠庐抗议》一书,最为精密,著即印刷一千部,颁发各衙门悉心核看,逐条签出,各注简明论说,分别可行不可行,限十日咨送军机处,汇核进呈,以备采择。钦此。

谨案:《校邠庐抗议》一书,虽于开新条理未尽周备,而于除旧弊之法,言之甚详,亦我国政论之稍佳者也。皇上命群臣签注之,盖借此以验臣下之才识何如,并博采众论之意也。

六月初一日上谕 张之洞、陈宝箴奏请饬妥议科举章程并酌改考试诗赋小楷之法一折,乡会试改试策论,前据礼部详拟分场命题各章程,已依议行。兹据该督等奏称宜合科举经济学堂为一事,求才不厌多门,而学术仍归一是,拟为先博后约,随场去取之法,将三场先后之序互易等语,朕详加披阅,所奏各节,剀切周详,颇中肯綮,著照所拟乡会试仍定为三场。第一场试中国史事、国朝政治论五道;第二场试时务策五道,专问五洲各国之政专门之艺;第三场试四书义两篇,五经义一篇。首场按中额十倍录取,二场三倍录取,取者始准试次场。每场发榜一次,三场完毕。如额取中,其学政岁科两考生童,亦以此例推之。先试经古一场,专以史论、时务策命题,正场试以四书义经义各一篇,礼部即通行各省,一体遵照,朝廷于科举一事,斟酌至再,不厌求详。典试诸臣,当仰体此意,精心衡校,以期遴选真才,至词章楷法,虽馆阁撰拟应奉文字未可尽废。如需用此项人员,自当先期特降谕旨考试,偶一举行,不为常例。嗣后一切考试,均以讲求实学实政为主,不得凭楷法之优劣为高下,以励硕学而黜浮华,其未尽事宜,仍著该部随时妥酌具奏。钦此。

谨案:以科举取士,必不能得人才也。故不惟八股当废,即科举亦当全废，而一切学级，悉自学校出，此乃正理也。然此次不即尔者，盖使数百万之老举人、老秀才，一日尽失其登进之路，恐未免伤于急激，且学校生徒之成就，亦当期之于数年以后。故此数年中借策论科举为引渡，此亦不得已之办法也。此上谕中谓合科举学堂为一事，即此意也。我朝自乾隆以后，专以楷法取士。自举人之复试，进士之殿试朝考，翰林之大考，以及考试差考御史、考中书、考荫生、考教习、考优贡拔贡，乃至考军机章京，考总理衙门章京，莫不惟楷法是重。苟楷法不工，虽自贾董之学，管乐之才，亦必见摈，其工者则虽一书不读，一事不知，亦可以致高位，持国柄，故楷法之汨没人才，尤甚于八股焉。盖八股之考试，通籍以后，即可不用，而楷法之考试，当官者所日夕而陷溺也。皇上一切扫除而更张之，然后举国之士民，得以有用之精神，治有用之学矣。

初八日上谕　孙家鼐奏遵议上海《时务报》改为官报一折，报馆之设，所以宣国是而达民情，必应官为倡办，该大臣所拟章程三条，似尚周妥，著照所请，将《时务报》改为官报，派康有为督办其事。所出之报，随时进呈。其天津、上海、湖北、广东等处报馆，凡有报章，著该督抚咨送都察院及大学堂各一分。择其有关时务者，由大学堂一律呈览，至各报体例，自应以胪陈利弊，开扩见闻为主，中外时事，均许据实昌言，不必意存忌讳，用副朝廷明目达聪，勤求治理之至意，所筹官报经费，即依议行。钦此。

谨案：专制之国家，最恶报馆，此不独中国惟然，而中国尤甚者也。往者各省报馆，多禁发刊，故各报皆藉西人为护符，而报章亦罕有佳者，乙未和议成后，康有为、黄遵宪等开强学会，刊《强学报》，旋被封禁。丙申间黄遵宪、梁启超、汪康年等，乃续开《时务报》于上海，大声疾呼，读者颇为感动，士论一变。至今年六月，皇上命取《时务报》呈览，至是特设官报，派通才督办，盖洞知各国民智之开,皆由报馆,故于维新之始,首注意于是也。至于各处报章,悉令进呈,并命胪陈利弊,据实昌言,毋存忌讳,虽古圣之悬鞀设铎,岂能比之哉?虽泰西立宪政治之国,亦不过是也。

十一日上谕 李端棻奏各省学堂请特派绅士督办等语,现在京师大学堂,业经专派管学大臣克日兴办,各省中学堂、小学堂,亦当一律设立,以为培养人才之本。惟事属创始,首贵得人,著各直省督抚就各省在籍绅士选择品学兼优能符众望之人,派令管理各该处学堂一切事宜。随时禀承督抚认真经理,该督抚慎选有人,即著奏明派充,以专责成,而收实效。钦此。

谨案:我国以资格用人,直省地方长官,类皆庸老冗阘,不通外事。且定例本省之人不能任本省官,以数千里外之人,治数千里外之事,其必不能周备明矣。皇上改革之始,尤注意于教育制度,故各省州县遍设学堂之诏屡颁。此诏命以各省在籍绅士督办,实为地方自治之权舆。盖将以学校一事为起点,推而及于他事也。

同日上谕 李端棻奏请删改则例等语,各衙门咸有例案,勒为成书,颛若画一,不特易于遵守,兼可杜吏胥任意准驳之弊,法至善也。乃阅时既久,各衙门例案太烦,堂司各官不能尽记,吏胥因缘为奸,舞文弄法,无所不至。时或舍例引案,尤多牵混附会,无论或准或驳,皆恃例案为藏身之固。是非大加删订,使之归于简易不可,著各部院堂官督饬司员,各将该衙门旧例,细心细释。其有语涉两歧,易滋弊混,或貌似详细,揆之情理,实多窒碍者,概行删去,另定简明则例,奏准施行。尤不得藉口无例可援,滥引成案,致启弊端。如有事属创办,不能以成例相绳者,准该衙门随时据实声明,请旨办理。仍按衙门烦简,立定限期,督饬司员,迅速办竣具奏。将此通谕知之。钦此。

谨案:变法必须从本原变起。斟酌中外,草定法令,勒定各衙门治事详细规则,此本原中之本原也。康有为曾屡上折,请开制度局，将大征天下之贤才，广罗万国之宪法，参以本邦之情形，大加审定，兴利除害，使之颟若划一，有条不紊然后见之施行。然以皇上无权不能行也。又以异邦人之在中国者，得有治外法权不受政府之管。损辱国体，莫此为甚。而我邦刑律太苛，不近情理，势难强人就我，故拟采欧洲之制。先更律法，以为他日条约更正张本。至是李端棻言之，故有删改则例之谕。盖制于西后，未敢开局大修法制，先借是为嚆矢耳。

十九日上谕　英美日本各埠侨寓华民众多，群居错处，不乏可造之才，亟应设立学堂，兼肄中西文字，以广教育。着出使大臣等体查情形，妥为劝办，议定章程详晰复奏。钦此。

谨案：我国寄留外邦之民，五百余万，可当泰西一小国矣。其人多怀忠义知爱国之理过于内地，惜教育不兴，成就遂少。于时皇上从善如流，尤注意教育，故有此命。可谓规模宏远矣。

二十三日上谕　目今时局艰难，欲求自强之策，不得不舍旧图新。前因中外臣工，半多墨守旧章，曾经剀切晓谕，勖以讲求时务，勿蹈宋明积习。谆谆训诫，不啻三令五申，惟是朝廷用意之所在。大小臣工，恐未尽深悉，现在应办一切要务，造端宏大，条目繁多，不得不采集众长，折衷一是。遇有交议事件，内外诸臣，务当周谘博访，详细讨论，毋缘饰经术，附会古义，毋胶执成见，隐便身图。傥面从心违，希冀敷衍塞责，致令朝廷实事求是之意，失其本指，甚非朕所望于诸臣也。总之无动为大，病在痿痹，积弊太深，诸臣所宜力戒。即如陈宝箴自简任湖南巡抚以来，锐意整顿，即不免指摘纷乘。此等悠悠之口，属在搢绅，倘亦随声附和，则是有意阻挠，不顾大局，必当予以严惩，断难宽贷。至于襄理庶务，需才甚多。上年曾有考试各部院司员之谕，著各该堂官认真考察。果系有用之材，即当据实胪陈，候朕录用。如或阘茸不职，亦当立予参劾，毋令滥竽。当此时事孔棘，朕毖后惩前，深维穷变通久之义，则创办一切,实具万不得已之苦衷,用再明白申谕。尔诸臣其各精白乃心,力除壅蔽,上下以一诚相感,庶国是以定,而治理蒸蒸日上,朕有厚望焉。钦此。

谨案:我国此次改革,以湖南为先导,是时虽新政屡下,然因皇上无权,不敢多所兴举。然守旧诸臣,已腹诽色怒,群聚谤议,斯时湖南守旧党力与新政为难,先后参劾巡抚陈宝箴,学政江标、徐仁铸,按察使黄遵宪,学校教习梁启超,绅士谭嗣同、熊希龄等,妄造谣言,不可听闻。至是皇上下诏褒奖陈宝箴,而切责顽固党,自此浮议乃稍息,然任事之难,亦可想见矣。非身入其中者,不知甘苦也。

同日上谕 中国创建水师,历有年所,惟是制胜之道,首在得人,欲求堪任将领之才,必以学问为根本。应如何增设学额,添制练船,讲求驾驶,谙习风涛,以备异日增购战船,可期统带得力,著南北洋大臣沿海各将军督抚一体实力筹办,妥议具奏。至铁路矿务,为目今切要之图,造端伊始,亟应设立学堂,预备人材,方可冀收实效,所有各处铁路扼要之区,及开矿省分,应行增设学堂,切实举办之处,著王文韶、张荫桓悉心筹议,奏明办理。钦此。

谨案:皇上以为改革之事,全赖人才,故首注意教育,凡水师、铁路、矿务,各设专门学堂,此本原之道也。

二十九日上谕 总理各国事务衙门代奏工部主事康有为条陈请兴农殖民以富国本一折,训农通商,为立国大端。前迭谕各省整顿农务、工务、商务,以冀开辟利源。各处办理如何,现尚未据奏报,万宝之原,均出于地。地利日辟,则物产日阜,即商务亦可日渐扩充,是训农又为通商惠工之本。中国向本重农,惟向无专董其事者,非大为倡导,不足以鼓舞振兴,著即于京师设立农工商总局。派直隶霸昌道端方,直隶候补道徐建寅、吴懋鼎为督理,端方著开去霸昌道缺,同徐建寅、吴懋鼎,均着赏给三品卿衔。一切事件，准其随时具奏，其各省府州县，皆立农务学堂，广开农会，刊农报，讲农器，由绅富之有田业者试办，以为之率。其工学商学各事宜，亦著一体认真举办，统归督理农工商总局端方等随时考查。各直省即由该督抚设立分局，选派通达时务公正廉明之绅士二三员，总司其事，所有各局开办日期，及派出办理之员，并著先行电奏。此事创办之始，必须官民一气，实力实心，方可渐收实效，端方等及各该督抚等，务当仰体朝廷率作兴事之意，考取新法，精益求精，庶几农业兴而生殖日繁，商业盛而流通益广，悉以植富强之基，朕实有厚望焉。钦此。

谨案：各国皆有农商部，而我国独无之，今此次乃创立农商部之始，皇上留心内治，特重民政，故首举之。

七月初十日上谕　孙家鼐奏举人梁起超请设立编译学堂，准予学生出身，并书籍报纸，恳免纳税，据呈代奏一折，该举人办理译书局事务，拟就上海设立学堂，自为培养译才起见，如果学业有成，考验属实，准其作为学生出身，至书籍报纸，一律免税，均著照请行，该衙门知道。钦此。

谨案：我国科举，向皆由学政考试，乃得出身，学校生徒，向无学级，故不足以鼓厉人才，梁启超以微员所开之学校，而请学生之出身，实为四千年之创举，非皇上之圣明刚决，采择新法，岂能许之哉？

同日上谕　近来朝廷整顿庶务，如学堂、商务、铁路、矿务，一切新政，迭经谕令各将军督抚切实筹办，并令将办理情形先行具奏。该将军督抚等，自应仰体朝廷孜孜求治至意，内外一心，迅速办理，方为不负委任。乃各省积习相沿，因循玩懈，虽经严旨敦迫，犹复意存观望，即如刘坤一、谭锺麟，总督两江、两广地方，于本年五六月间，谕令筹办之事，并无一字复奏。迨经电旨催问，刘坤一则藉口部文未到，一电塞责，谭锺麟且并电旨未复,置若罔闻。该督等皆受恩深重,久膺疆寄之人,泄沓如此,朕复何望,倘再藉词宕延,定必予以惩处。直隶距京咫尺,荣禄于奉旨交办各件,尤当上紧赶办,陆续奏陈,其余各省督抚,亦当振刷精神,一体从速筹办,毋得迟玩,致干咎戾。钦此。

谨案:自四月以来,明诏累下,举行新政,责成督抚,而除湖南巡抚陈宝箴外,寡有能奉行诏书者,上虽谆谕至于三令五申,仍复藐为具文。此先帝时之所无,观历朝圣训可见也。然上虽盛怒,数四严责,终不能去一人,或惩一人者,以督抚皆西后所用,皇上无用舍之权,故督抚皆藐视之,而不奉维新之令也。由是以观,自光绪纪元二十四年中,一切用人行政,于皇上无预可见矣。凡割地赔款,输与利权之事,于皇上无预可见矣。凡贪风陋政,于皇上无预可见矣。自今年四月下诏定国是以来,始为皇上之政,然大举之事,若开制度局派新政使等事,皆不能行,欲去守旧衰谬之臣,不能去,欲用开新通达之才,不能用,则此三月之中,虽圣政维新,然能行皇上之意,以成新政之规模条理者,盖千万而不得一可见矣。若令上有全权,用人行政,岂其若是?此谕虽明责谭刘,实则深恶荣禄,而宣其罪,责其奉旨交办之件,而置之不顾,并不奏陈,荣禄之目无皇上,等诸儿戏,视王言如土苴刍狗,束阁不顾明矣。上深怒而不敢显词责之,上则牵谭刘而云直隶距京师咫足,下则引各督抚而云迟玩干咎,盖皆为荣禄说法也。不恶而严,溢于意表,荣禄于是畏皇上英明,恐不自保矣。先是荣禄出督抚直隶,沥陈地方办事情形,上折于西后,而不上折于皇上,皇上有电旨申饬之,已而荣禄保荐三十余人,皇上无一召见,无一拔用者。皇上于四五品小臣所荐,犹赐召见,而于荣禄独尔者,盖深恶其平日之跋扈也。至明发此谕,荣禄自知不保,而篡废之事益亟矣,此谕于改革困难情形,及政变原因,甚有关系,不可忽诸。

十二日上逾　御史王培佑奏变法自强，当除蒙蔽锢习一折，现因时事多艰，朝廷振兴庶务，力图自强，尤赖枢廷及各部院大臣，共笃棐忱，竭力匡赞，以期挽救颓风，庶事可渐臻治理。乃诸臣中恪共官守者，固亦有人，而狃于积习不知振作者，尤难悉数。即如部院官本应常川进署，不得无故请假，议奏事件不准延搁逾限，皆经再三训诫，而犹阳奉阴违。似此朦蔽因循，国事何所倚赖，用特重加申儆，凡在廷大小臣工，务当洗心革面，力任其艰，于应办各事，明定限期，不准稍涉迟玩。倘仍畏难苟且，自便身图，经朕觉察，定必严加惩处，毋谓宽典可屡邀也。钦此。

谨案：数月以来，新政之诏多矣，督责大臣之旨多矣，乃日日降旨严催而诸臣藐然，日云必加严惩，而未闻一惩。盖上无权既久，大臣所共闻知，彼等有深宫之简畀，有宦寺之奥援，岂畏此守府之君，空文之诏哉？盖吕武擅政，皇上无权久矣，坐视割祖宗之地，则不甘为亡国之君，发愤为变法之谋。则无奈此牝朝之臣，虽复诏书络绎，奈之何哉？呜呼！有此圣主，而不能救天下，变法不成，终日呼号，终至幽废。呜呼！古今人主，岂有若我皇上之不幸者乎？

十三日上谕　少詹事王锡蕃奏请饬各省设立商会，于上海设总商会等语，现在讲求商务，业于京师设立农工商总局，并谕令刘坤一、张之洞先就上海、汉口试办商务局，拟定办法奏闻，现尚未据奏到，商会即商务之一端，着刘坤一等归案，迅速妥筹具奏。其沿江沿海商贾辐辏之区，应由各该督抚一体查明办理，所有一切开办事宜，并著总理各国事务王大臣咨商各督抚详订章程，妥为筹办。钦此。

谨案：商会商局一事，康有为已经奏请，即发交张之洞、刘坤一试办者也。未据奏到，藉臣下之言再催，张之洞亦藐视皇上。而媚事牝朝，凡各新政，皆弁髦之，可见皇上之无权也。

十四日上谕　国子监奏候补学正学录黄赞枢条陈时事据呈代奏一

折,据称民生旧蹙,宜厚生计,蠹吏横征,宜严考查等语,朝廷整饬庶务,无日不以吏治民生为念,重农之外,桑麻丝茶等项,均为民间大利所在。全在官为董劝,庶几各治其业,成效可睹。著各直省督抚,督饬地方官,各就物土所宜,悉心劝办以濬利源,亲民之官,莫如牧令,近来仕途冗杂,非严加考查,不足以别贪廉,钱粮之浮收,胥吏之肆扰,种种殃民之事。该管上司果能悉心考核,即不肖官吏,亦断不至无所忌惮,著各督抚凛遵六月十五日谕旨,于所属州县认真查核,毋令贤否混淆,仍着随时秉公举劾,以资惩劝,吏治清则民生自裕。此即封疆大吏之责,无负朕再三申诫焉。钦此。

谨案:又以农事吏事责督抚,而无如虽十令百申,彼终藐视不率,不能严惩,徒行空文,如皇上之无权何。至是皇上之恨大臣已极,相迫而来,不能不盛怒而去之矣。

同日上谕 国家设官分职,各有专司,京外大小各官,旧制相沿,不无冗滥,近日臣工条奏,多以裁汰冗员为言,虽未必尽可准行,而参酌情形,实亦有亟当改革者。朕维授事命官,不外综核名实,现当开制百度,事务繁多,度支岁入有常,岂能徒供无用之冗费,以致碍当务之急需。如詹事府本属闲曹,无事可办,其通政司、光禄寺、鸿胪寺、太常寺、太仆寺、大理寺等衙门,事务甚简,半属有名无实,均著即行裁撤,归并内阁及礼兵刑等部办理,又外省如直隶、甘肃、四川等省,皆系以总督兼管巡抚事,惟湖北、广东、云南三省督抚同城,原未画一,现在东河在山东境内者,已隶山东巡抚管理,只河南河工,由河督专办,今昔情形,确有不同。所有督抚同城之湖北、广东、云南三省巡抚,并东河总督,著一并裁撤。其湖北、广东、云南三省,均著以总督兼管巡抚事,东河总督应办事宜,即著归并河南巡抚兼办。至各省漕运,多由海道,河运已属无多,应征漕粮。亦多改折,淮盐所行省分,亦各分设督销,其各省不办运务之粮道,向无盐场,仅管疏销之盐道,亦均著裁缺,归各藩司巡守道兼理。

此外如各省同通佐贰等官，有但兼水利盐捕，并无地方之责者，均属闲冗，即著奏明裁汰。除应裁之京外各官，本日已降谕旨，暨裁缺之巡抚河督京卿等员，听候另行录用外，其余京外尚有应裁文武各缺，及一切裁减归并各事宜，著大学士六部及各直省督抚，分别详议筹办，仍将筹议情形，迅速具奏。内外诸臣，即行遵照切实办理，不准藉口体制攸关，多方阻格，并不得以无可再裁，敷衍了事。至各省设立办公局所，名目繁多，无非为位置闲员地步，薪水难支，虚糜不可胜计，迭经谕令裁并，乃竟置若罔闻。或仅听委员劣幕舞文，一奏塞责，殊堪痛恨，著各督抚凛遵前旨，将现有各局所中冗员，一律裁撤净尽，并将候补分发捐纳劳绩等项人员，一律严加甄别沙汰，限一月办竣复奏。似此实力剔除，庶几库款渐裕，得以宏拓新规，惟不准瞻徇情面，阳奉阴违，致干咎戾。当此国计艰难，朕宵旰焦劳，孜孜求治，诏书敦勉，动以至诚。尔在廷诸臣，暨封疆大吏，若具有天良，其尚仰体朕怀，力矫疲玩积习，一心一德，共济时艰，庶几无负委任。若竟各挟私意，非自便身图，即见好僚属，推诿因循，空言搪塞，定当予以重惩，决不宽贷。钦此。

谨案：本朝官虽极多，然任事者皆同虚设，故冗员咸议宜裁。康有为旧日上书亦言之，时大开言路，群言并进，上皆采纳，言裁冗官者极多，而前太仆少卿岑春煊言之尤切直。上遂意决。康有为改官制之议，本拟分别官差，以官为虚爵，以差任职事，实欲留此虚爵，以为转官之地也，而皇上恶冗旧之臣已甚，故赫然裁之。亦可谓勇猛明决矣。

十六日上谕　怀塔布等奏司员呈递条陈请旨办理一折，据称礼部主事王照条陈时务，藉端挟制等语，朝廷广开言路，本期明目达聪，迩言必察。前经降旨，部院司员，有条陈事件者，著由各省官代奏，毋得拘牵忌讳，稍有阻格，诚以是非得失，朕心自有权衡，无烦该堂官等鳃鳃过虑也。若如该尚书等所奏，辄以语多偏激，抑不上闻，即系狃于积习，致成壅蔽之一端。岂于前奉谕旨毫无体会耶，怀塔布等均著交部议处，此后各衙门司员等条陈事件，呈请堂官代递，即由各该堂官将原封呈进，毋庸拆看，王照原呈著留览。钦此。

谨案：王照睹上求言之切，请上游历日本及各国，实为开人所不敢开之口，又责诸臣之谬为持正，而敢于谤上不忠，请立教部以扶翼圣教，皆为至言。许应骙等不肯代递，王乃即具呈劾其堂官阻遏，到堂亲递，且谓如不递，吾当往都察院递之。怀塔布等不得已乃允其代奏，许应骙退而作折劾王照咆哮署堂，藉端挟制，又谓其折请皇上游历日本，日本多刺客，昔俄太子、李鸿章，曾蒙大祸，王照置皇上于险地，故不敢代递，然王照居心叵测，请加惩治云云。故谕旨有是非得失，自有权衡，无烦过虑等语，又有岂于前奉谕旨视为无有耶等语，刚毅再三请改，乃改毫无体会四字，盖大臣尸位，壅蔽群僚，上恶之久矣。至是大怒，交部议处，命一切条陈呈进原封，堂官无得拆看。于是人人封章，得直达于上，举国鼓舞欢蹈，争求上书。民间疾苦，悉达天听。每日每署封奏皆数十，上鸡鸣而起，日晡乃罢。览阅章奏，犹不能尽，立四军机览之，乃自览朝官之奏，择其官微稍非切要者，交四卿分览，然犹不能了。每日必有余折，递交下班，又从前仪式最严，一笔违误，即至议处，至是下僚寒士，皆不谙奏折格式，随手写折。或奏或呈或上书，或跪或不跪，或上款或下款，种种新式，杂沓可笑。至有野人渔民上书，纸有二尺长条，言及皇上，亦不抬头，由外省封寄，交都察院代递，直达御前，上览之欣笑，亦不加谴责。又有湖南举人责上变乱祖宗之法，自称开创，置祖宗于何地等语，枢臣拟旨，请予重惩，上谓方开言路之时，不宜谴责，恐塞言路，亦宽容之。凡此等事，虽不可久长，然圣主求言之盛心，实为中国千年所无有。虽唐虞辟门明目，禹汤悬鞀设铎，汉文止辇受言，皆未足比此。即今日全世界之国，号称最为文明者，亦不闻举国士民皆可上书于其君，而惟我皇上有之，以从古最塞之国体，一变而为最进之国体。呜呼！有圣主如此，宜上下读诏书者莫不流涕也。

同日上谕　山东布政使着张人骏调补，岑春煊着补授广东布政使。钦此。

谨案：岑春煊以上裁官折，由未补缺之四品卿特简布政使，向无此例，盖上求言如不及，千金市骏，空谷足音，见人而喜，然皇上之权，惟能擢授至布政使而止，过是则非所及，而行政大权，皆在督抚，藩司仅奉行文书而已，然则何能为哉？

十六日上谕　吏部户部奏遵旨删订则例，具奏办理情形各一折，各衙门例案太烦，业经谕令迅速删订，吏部铨选处分二项，头绪纷纭。户部收支款项，名目繁多，一切章程，难免歧异，著各该堂官督饬司员，悉心删订，务极简明，将核定例章，仿照史表分门别类，列为一表，俾阅者一目了然，吏胥无从舞文弄法，至此项底本，即著该堂官公同核办，户部所请专派堂官一员勘定之处，应毋庸议。钦此。

十七日上谕　昨据吏部户部奏删订则例办理情形，当经谕令将核定例章，仿照史表分门别类，列为一表，使人易晓，因思删订则例，各衙门均当照此办理，以归画一，著该堂官等督饬司员，息心编辑，毋稍纷歧。钦此。

谨案：上既谆谆于修定则例，删令简要，更发堂官以照史表例，分门别类，立法之美，学问之深，读诏书者无不震惊皇上圣学之深于史例。而无如诸臣非出于清书，则起帖括，谁识史表之例者。有臣如此，岂复能与共治乎？而各部分派司员，例事至大，非日请宸断，谁敢删定。故虽屡经圣训，循例编辑，余则一仍其旧无所于损益也，故变法而不全变，必不能行如此。

二十日上谕　京师为首善之区，现在道路泥泞淄污，河道塞壅不通，亟宜大加修理，以壮观瞻。著工部会同统领衙门，五城御史，暨街道厅，将京城内外河道沟河，一律挑挖深通，并将各街巷道路修垫坦平，无得迁就敷衍，仍将筹办情形，及开工日期，从速具奏。其款资著由户部筹拨。钦此。

谨案：京师街道之污秽，晴则飞尘蔽天，雨则淫潦没胫，诚各国所无也。单子以陈道路不治，谓陈将亡。康有为自二十年前入京师，即力言此政。而京师大僚，未游外域，习以为常，不知其臭秽及道阻也。乙未年康复代人草折言之，奉旨下工部八旗及街道厅议而不能行，盖京师道路，岁修支帑六十万金，而旗丁分而食之，藉此弥补，故无怯清治，至是百废具举，上决意修路，不复交议，径拨款举行。非圣明深通治体，安能如此？

同日上谕　礼部尚书著裕禄李端棻署理，礼部左侍郎著寿耆王锡蕃署理，礼部右侍郎著萨廉徐致靖署理。钦此。

谨案：李端棻屡上封事，请开学堂、定律例、开懋勤殿大誓群臣诸大事，二品以上大臣，言新政者一人而已。故上特拔为礼部尚书，国朝以资格用人，侍郎须迁都御史乃升工刑等部，礼尚必由工刑兵三部尚书转调，此实异数也。王锡蕃、徐致靖以少詹读学升侍郎，尤为向来所无。王、徐皆频言新政者，上之简擢得人不吝爵赏，破去资格如此，二十二日乃实授，今仅署理者，以上无授二品官之权，须请命太后也。上向来无用人之权，至是最为放手办事，然仅名署理，上之无权如此。

同日上谕　翰林院侍读学士徐致靖奏冗官既裁，请酌置散卿以广登进一折，著孙家鼐妥速议奏。钦此。

谨案：是时卿寺既裁，于是实无散大夫以位通才资讽议者，学士徐致靖请增置散卿，实登进人材之善制也。

同日上谕　内阁候补侍读杨锐，刑部候补主事刘光第，内阁候补中书林旭，江苏候补知府谭嗣同，均著赏加四品卿衔，在军机大臣章京上行走，参预新政事宜。钦此。

谨案：上举行新政，而枢臣耄老，不能辅佐维新，上又无权去之，又无权添用军机大臣，至是渐操用人之权，乃选新进小臣以辅新政，以杨锐、刘光第为陈宝箴所保，故信之。以谭嗣同为徐致靖所保，故信之。以林旭为康有为之弟子，故信之。特加四品卿，令入军机参预新政，参预者用日本维新置参与官于宫中之义也。皇上别授朱谕于四人，令其将新政条理开列，竭力辅佐，无有畏惮，所有新政奏折，皆令阅看，谕旨皆特令撰拟，盖恶诸大臣既极，束之高阁，而以国政系于四卿，名为章京，实则宰相也。后此新政，皆四人行之。密诏传授，亦交四人焉。擢用才臣，不论资叙，四人皆负一时才望，立贤无方，盖有成汤、汉武、明祖之风焉。

二十二日上谕　亲民之官，莫如牧令，自来循吏著绩，皆以养民教民为先务。近来地方州县，既有保护教民之事，又有培植学堂之举，内政外交，责成尤关紧要。非得明体达用之能员，措置安能裕如，着各直省督抚留心访查，所属地方州县官，如有通达时务，勤政爱民之能员，即随时保送引见，以备录用。朕为国为民，殷殷求治，该督抚等务当屏去私心，汲引善类，方不负大臣以人事君之义。钦此。

谨案：上注意县令之选，而欲得通达爱民之才以奖励之，真得治本矣。

同日上谕　李鸿章敬信，均着毋庸在总理各国事务衙门行走。钦此。

谨案：礼部全堂既斥，守旧大臣皆恐。至是咸怀震动之心，荣禄亦惧不免，于是祸变促矣。

同日上谕　前据户部奏办昭信股票原定章程，愿借与否，听民自便，不准苛派抑勒，嗣因地方官办理不善，据御史黄桂鋆等，先后奏参四川、山东省办理昭信股票,苛派扰民,当谕令该部妥议具奏。兹据户部奏称股票扰民,屡经指摘,近时收数无多,除京外各官,仍准照常请领,并官民业经认定之款,照案捐缴外,其绅商士民人等,请一概停止劝办等语,朝廷轸念民依,原期因时制宜,与民休息。岂容不肖官吏,任意苛派,扰害闾阎,其民间现办之昭信股票,着即停止,以示体恤而安民心,余均照部议行,该部知道。钦此。

谨案:昭信股票之害,当拟办时,康有为走书与当道力争之,至是月上折请停止。或请改归各原省办学工商之用,听民捐民办,而诸臣言者自高燮曾以后亦多,然户部仰屋久矣。各省亦见款即拨,万无可停止之理,康之上折多有止之者,不料上之痌瘝爱民,断然停止,真出臣民意外者,以见上之神武刚断,而爱民至矣。

二十三日上谕 现在裁撤各衙门,业经分别归并,所有各衙门裁缺各官,未便听其闲散。现当振兴庶务,详划久远,应于铁路矿务总局,酌设大小官员额缺,以备将来量材任使,着总理各国事务王大臣会同吏部妥速详议具奏。钦此。

谨案:裁官为最难之举,以必有位置然后裁汰,乃无谤怨,上于勇除积弊之中,何尝不寓体恤群僚之意哉。

同日上谕 户部奏代递主事王凤文请设立赈施一折,以工代赈,实救荒之良法。中国办理善政,旧有此条,而泰西推行尤广。所有修造工程各业手艺,皆足为养赡穷民之用。国家偶遇灾荒,赈施动拨巨款,而在事人员,办理不善,侵渔冒领,弊端百出,灾黎转不得均沾实惠,若以工代赈,则弊杜而工业可安。近来江苏、湖北、山东等省,偏灾屡告,饥民转徙流离,朕心深为轸念,王凤文所请不无可采,著农工商务总局端方等,妥议开办章程,迅速具奏。钦此。

谨案:上轸念民生,百日中诏旨无数,群工有请,皆立见施行如此。

同日军机大臣面奉谕旨　近日各衙门呈递封奏，有一日多至数十件者，嗣后凡有呈请代递之件，随到即分日进呈，不必拘定值日之期。钦此。

谨案：言路大开，臣民皆得上书，故一衙门至数十折。上阅至日昃不尽，然亦不厌。以各衙门皆待值日之期，乃为代递，故特命分日进呈。

同日上谕　孙家鼐奏请设医学堂等语。医学一门，关系至重，亟应另设医学堂考求中西医理，归大学堂兼辖，以期医学精通。即著孙家鼐详议办法具奏。钦此。

谨案：中国向来巫医皆贱，故学业无成。粗识之无之人充之，虽京师之大，至无医者，皆以士夫兼代之，若其荒僻之壤，医者益疏浅，其轻生民戕寿命亦大矣。泰西大学，医为一科，今特许增之，实为维新之一政也。

同日上谕　孙家鼐奏遵议翰林院侍读学士徐致靖请酌置散卿一折，古有侍从之臣，皆妙选才能以议庶政，现当朝廷振兴百度，自应博采众论，广益集思，以期有裨政治，著照所议酌置三四五品卿，三四五六品学士各职，遇有对品卿缺，并翰林衙门对品缺出，即由吏部一体开单请旨录用，以备献纳。仍著按品给予俸禄，应如何详立条款，著为定例，着该部妥议具奏。钦此。

谨案：卿寺既裁，而通才讽议之官无位置，学士徐致靖特请增散大夫之职，康有为代草折上之，上嘉纳议行。

二十五日上谕　前经降旨撤詹事府等衙门，并谕令大学士六部及各直省督抚，将其余京外应裁文武各缺，及一切裁减归并各事宜，分别详议筹办，迅速具奏，现在已裁各衙门归并事宜，业由各该衙门遵照办理，其余各衙门应裁文武各缺，尚未据将筹办情形具奏。再申谕该大学士六部尚书侍郎，及各省督抚等凛遵前旨，将在京各衙门冗闲员缺，何者应裁，何者应并，速即切实筹议。外省道员，以及同通佐贰等官，及候补分发捐纳劳绩等项人员，认真裁并，严加甄别沙汰，其各局所冗员，一律裁撤净尽。本日据户部代递主事吴锡簠条陈内，称漕督所辖卫所各官，既系武职，并无管带漕标之兵，名实殊不相符，所有军田可以拨归府州县征收等语。此项人员本在应行裁并之列，即著该督抚等妥速议奏，并漕督一缺，究竟是否应裁，亦著两江总督、江苏巡抚一并详议具奏。至京外已裁实缺，候补各员，应如何分别录用，及饬令回籍候缺，均着妥议条款，请旨办理，该大学士、尚书、侍郎、督抚等务当从速筹办，不准稍事迁延。尤须破除积习，毋得瞻徇情面，用副朝廷综核名实之至意，将此通谕知之。钦此。

谨案：中国举国几半冗员也，蠹民实甚，然大臣亲友姻娅，遍满中外，谁敢为之，非圣主雷厉风行，岂能及此。漕运一官，至今尤为无用，泰西各国皆无之。以运米乃一商人之事耳，裁省此官，清江津通各仓搬丁，运船卫丁，漕米种种浮蠹，所省实多，盖漕运当国初时四百余万石，近尚百余万石，刘权之谓每石运费十八两，聚而食于漕者，官吏兵丁十数万人，但折漕裁官，变此一事，岁可千万。光绪十四年康有为曾代某御史上折，请裁漕督，以其折费筑铁路，若早行之，至今十年，有万万之款，得万里之铁路矣。上知而决行之，然宦竖旗人，多食于此，虽以上之圣武，终不能断然废漕，则以无权故也。

二十六日上谕　刑部奏代递主事萧文昭条陈一折，中国出口货以丝茶为大宗，自通商以来，洋货进口日多，漏卮钜万，恃此二项，尚堪抵制。乃近来出口之数顿减，若非亟为整顿，恐愈趋愈下，益无以保此利权。萧文昭所请设立茶务学堂，及蚕桑公院，不为无见，著已开通商口岸，及出产丝茶省分各抚督迅速筹议开办，以阜民生而固利源。钦此。

谨案：日本于烟草一事至微末，犹设专官专会，况我丝茶之大乎。近年日益凋敝，故上特谕行茶务学堂、蚕业公院也。

二十七日上谕　国家振兴庶政，兼采西法，诚以为民立政，中西所同，而西人考究较勤，故可以补我所未及。今士大夫昧于域外之观者，几若彼中全无条教，不知西国政治之学，千端万绪，主于为民开其智慧，裕其身家，其精者乃能美人性质，延人寿命。凡生人应得之利益，务令其推广无遗。朕夙夜孜孜，改图百度，岂为崇尚新奇，乃眷怀赤子，皆上天之所畀，祖宗之所遗，非悉使之康乐和亲，朕躬未为尽职，加以各国环交陵迫，非取人之所长，不能全我之所有，朕用心之苦，而黎庶犹有未知，职由不肖官吏，与守旧之士夫，不能广宣朕意，乃反胥动浮言，使小民摇惑惊恐，山谷扶杖之民，有不获闻新政者。朕实为叹恨，今将变法之意，布告天下。务使百姓咸喻朕心，共知其君之可恃。上下同心，以成新政，以强中国。朕不胜厚望，著察照四月二十三日以后所有关乎新政之谕旨，各省督抚，均迅速照录，刊刻誊黄，切实开导。著各州县教官，详切宣讲，务令家喻户晓，各省藩臬道府，饬令上书言事，毋得隐默顾忌。其州县官应由督抚代递者，即由督抚将原封呈递，不得稍有阻格，总期民隐尽能上达，督抚无从营私作弊为要。此次论旨，并著悬挂各省督抚衙门大堂，俾众共观，庶无壅隔。钦此。

谨案：于时守旧诸臣，谣谤纷纭，不止攻击康有为，且多直诋圣上者，上更为谆谆教戒，复下此谕。呜呼！上爱民之心，救中国之勇，施行新政之决。通达西人政学之深如此，其所务乃在于开民智，裕民身，美性质，延寿命。试问士大夫闭关守旧者，能知此乎？即言西人军兵炮械之精奇者，亦岂能知此乎？至于使百姓咸喻圣心，教诲爱养之意，古今诏书所未见。海外商民读此诏莫不感泣，则人人当有同心矣。先是叠经割削，民有离心，至是四万万人皆知国有圣主，人人翘首企足，复望自强矣。请以新政刊刻誊黄，乃从康有为之请，俾民人家喻户晓，不致为吏所抑遏也。上旁采人言，无所不至,先是藩臬官尊,例得上折言事,然遏于督抚,自嘉道后无敢上折者,上乃命下及道府州县,皆准上折。所以旁求俊乂,博知四海,通下情而达民隐者,国朝未之有也。此诏为国朝第一诏书,恻怛爱民,饥溺自任,以变中国二千年之敝政。定开懋勤殿选通才入直之旨,为谭嗣同所草,二十八日即诣颐和园。而旋下不保位之密诏,然则此诏亦为新政之殿矣,呜呼痛哉!

同日上谕 日讲起居注官黄思永奏筹款试办速成学堂一折,京师大小学堂,业经先后降旨,谕令孙家鼐及五城御史分别举办,兹据奏称小学堂收效尚缓,大学堂事属创举,开办不易。欲速不能,请自行筹款设立速成学堂,以期收效等语,用意殊属可嘉,著即准如所请,筹款试办,以为之倡,果有成效,再行扩充,并当予以奖励。着俟开办后,察看情形,随时具奏。钦此。

谨案:皇上之从善如圜,臣工有奏,无不即从,有善举无不奖励。

同日上谕 中书祁永膺奏请将各省教职改为中小学堂教习一折,著孙家鼐妥为具奏。钦此。

谨案:教官在宋时实司教导,元有山长,事势潜移,驯至今日,将六百年,教官皆以老耄冗散之人,卧治充选,必应改作也。

同日上谕 瑞洵奏请遍设报馆实力劝办一折,报馆之设,原期开风气而扩见闻,该学士所称现商约同志于京城,创设报馆,翻译新报,为上海官报之续等语,即着瑞洵创办以为之倡,此外官绅士民,并著顺天府五城御史切实劝谕,以期一律举行。钦此。

谨案:上鼓励报馆,至遍嘱劝谕绅民举行,凡臣工有所陈,上谕必有增入之语,所以开民智而裕民生者至矣。其与古之监谤禁语,何其反乎?

同日上谕 前因振兴庶务,首在革除壅蔽,当经谕令各衙门代递事件，毋得拘牵忌讳，嗣因礼部阻格司员王照条陈，当将怀塔布等予以重惩，复先后谕令都察院及各衙门随呈随递，不必拘定值日之期。诚以百度维新，必须明目达聪，始克收敷奏以言之效。第恐大小臣工，狃于积习，不能实力奉行，用再明白宣谕，以后各衙门有条陈事件者，次日即当呈进，承办司员，稍有抑格，该部院堂官立即严参惩办，不得略予优容，所有六月十五日七月十六日谕旨，七月十九日朱谕，七月十七日及二十四日交片谕旨，均令各衙门录写一通，同此件谕旨一并悬挂大堂。俾其触目警心，不致复萌故态，以示朕力除壅蔽之至意。钦此。

谨案：中国之弊，既无议院以达下情，直省守令，闭处公署，蔽蒙已甚，况督抚藩臬，辖数千里之地，民情吏治，更盲闭无知。若夫九重之尊，除督抚卿贰台谏数十人外，无能递折上言者，即叩阍亦不能递。而所谓督抚卿贰，皆经累数十年资格而后至，御史官卑，亦自十余年郎官而后除，由翰林简擢者最速矣，亦向不讲时务，故入于上之耳者，皆守旧愚陋之谈。中国之亡在于此。皇上严惩违旨壅蔽之大臣，更令悬挂大堂，触目警心，以除壅蔽，然后能坐一室而观四海，不窥户牖而知天下也。然大臣之目无君上，积成风气，皇上亦无如之何矣。

同日上谕　瞿鸿机奏江阴南菁书院遵改学堂，并将沙田试办农学一折，江阴南菁书院，经前学政黄体芳创设考课通省举贡生监，现既改为学堂。著准其照省会学堂之例，作为高等学堂，以资鼓舞。该书院原有自管沙田一顷，据称拟参用西法树艺五谷果蔬绵麻等项，将未经围占之地，先行试办，如有实效，再行推广学堂农会，相辅而行，洵为一举两得之道。该学政此奏，具见筹画精详，留心时务，即著照所议认真办理。务收实效，毋托空言。钦此。

谨案：于是直省闻风争言农商之学，争译农商之书，好事者争捐地以为农会，盖上行下效，风气大开如此。

二十八日奉旨 昨已明降谕旨令各省藩臬道府均得上书言事,其州县条陈事件,应由督抚将原书代递,即著各省督抚传知藩臬道府,凡有条陈,均令其自行专折具奏,毋庸代递,其州县等官言事者,仍由督抚将原封呈递,至士民有欲上书言事者,即径由本省道府等随时代奏,不准稍有抑格,如敢抗违,或别经发觉,将该地方官严行惩处,仍将遵办情形,迅速电奏。钦此。

谨案:上之明目达聪,求通下情而恶壅蔽至矣。州县递折,本朝已无,至于士民上书,由道府代递,盖犹恐诣阙太远。士民不易,犹伏小人之箴,而野有遗贤也。古之命众至庭,嘉石肺石,皆待伏阙,此则中国四千年尧舜禹汤文武所未有者矣。呜呼!非圣主而能如是乎。

二十九日上谕 军机大臣等议复袁昶条陈请筹八旗生计等语。旗丁生齿日繁,徒以格于定例,不得在外省经商贸易,遂致生计日艰,从前富俊、松筠、沈桂芬等,均曾筹议及之,现当百度维新,允宜弛宽其禁。俾得各习四民之业,以资治生,著户部详查嘉庆、道光年间徙户、开屯、计口、授田成案,切实订立新章,会同八旗都统迅速奏明办理。钦此。

谨案:八旗生计之苦,以坐食之故,然旗人狃于承平,故虽经富俊、松筠百年前经营,而仍不举。然今更百年,生计更难,人亦无敢言者。皇上断自圣心,将使悉为农工以安富之,所以为八旗计久远者,莫有过是。

八月一日上谕 翰林院奏代递庶吉士丁惟鲁请编岁入岁出表颁行天下一折,户部职掌度支,近年经用浩繁,左支右绌,现在力行新政,尤须宽筹经费,以备支用。朕惟古者冢宰制国用,量入为出,以审岁计之盈虚,近来泰西各国,皆有豫筹用度之法,著户部将每年出款入款,分门别类,列为一表,按月刊报,俾天下咸晓然于国家出入之大计,以期节用丰财,蔚成康阜。朕实有厚望焉。钦此。

谨案：我朝国计在户部档房数人，各司分职，已无从知其详者，士大夫更无从知之，安能如各国统算豫计决算而理财用哉。盖中饱之人多故也，康有为于进呈《日本变政考》，发明此事极详，西学大开，此义大明，上皆采用，此户部之所恶，而天下之所乐。然非上之刚决，则一宦寺之言，即不行矣。

同日上谕　户部奏代递主事蔡镇藩请审官定职以成新政一折，朕详加披阅，除御史规复巡按旧制，各关监督改为关道两节，应无庸议外，其余所陈各条，具有条理，深得综核名实之意，可以见诸施行，著军机大臣会同大学士各部院并翰林科道各官，详议具奏。钦此。

谨案：变法必先变官制，康有为正月之折已极言之，上无全权，为下所阻未能行。至是采用群臣之言，上盖欲决行重定官制矣，然是时上已知位不保，犹从容用人言而行新政，圣度如天，岂可及哉？

同日上谕　现在练兵紧要，直隶按察使袁世凯办事勤奋，校练认真，著开缺以侍郎候补，责成专办练兵事务，所有应办事宜，著随时具奏。当此时局艰难，修明武备，实为第一要务，袁世凯惟当勉益加勉，切实讲求训练，俾成劲旅，用副朝廷整饬戎行之至意。钦此。

谨案：各国兵马大权，皆其国主总之，称大元帅，复置参谋本部，妙选人才，以筹军事，法至善也。于是康有为草疏，请皇上亲御戎衣，自统六军，仿日本例置参谋本部，选天下熊罴之士，不二心之臣，皆拔置本部中。谭嗣同荐袁世凯之将才，上乃召袁世凯询问兵事，欲以备参谋部之任，特加其官，令其将应办事宜，专折具奏，俾其独将。又于时宫廷已有废立之意，虽事秘难知，而先一日密诏已下，言位几不保，上抚慰将才，欲待天津阅兵时资其保护也。荣禄素怀不轨，知事已急，即日造谣，三电总署云英、俄开仗于珲春，英舰七艘泊于大沽，立调袁世凯出津防御。时袁未谢恩，须待初五日,然是日杨崇伊自天津还,持荣禄书见庆亲王请训政,初二日杨崇伊即自到颐和园递请训政之折。当时士大夫见京津间,荣禄私人往来络绎,多有知其密谋,将兴晋阳之甲者,及闻外患,反以为可少纾内忧,不知皆荣禄之诡谋诈言也。荣禄先调聂士成军于天津,袁世凯五日夕至津,荣禄复留之于天津,令护直隶总督。盖袁之为人机诈反复,深知皇上无权,且大变将兴,皇上将不能自保,故虽受皇上不次拔擢之大恩,终不肯为皇上之用,且与贼臣之逆谋,卖主以自保,而大变遂成于其手矣。

第二篇 废立始末记

第一章 西后虐待皇上情形

西太后与皇上本非亲生母子，当穆宗之崩，西后欲专朝权，立幼君，当时上犹在襁褓之中，故立之。及帝稍长，英明渐露，西后颇惮之，因欲以威箝制之，故虐待皇上无所不至，有义烈之宦官名寇连材者（寇之事迹详下篇），尝有笔记记宫中轶事，今摘录其数条，皇上之苦辛可以略见矣。其言云：

> 中国四百兆人中境遇最苦者莫如我皇上。盖凡人当孩童时无不有父母以亲爱之，顾复其出入，料理其饮食，体慰其寒暖，虽在孤儿，亦必有亲友以抚之也。独皇上五岁即登极，登极以后，无人敢亲爱之，虽醇邸之福晋（醇亲王之失人，皇上之生母），亦不许亲近，盖限于名分也。名分可以亲爱皇上者，惟西后一人，然西后骄侈淫泆，绝不以为念。故皇上伶仃异常，醇邸福晋每言及辄涕泣云。
>
> 皇上每日三膳，其馔有数十品，罗列满案，然离御座稍远之馔，半已臭腐，盖连日皆以原馔供也。近御座之馔，虽不臭腐，然大率久熟干冷不能可口，皇上每食多不能饱，有时欲令御膳房易一馔品，膳房必须奏明西后，西后辄以俭德责之，故皇上竟不敢言。

西后待皇上无不疾声厉色,少年时每日诃斥之声不绝,稍不如意,常加鞭挞,或罚令长跪。故积威既久,皇上见西后如对狮虎,战战兢兢,因此胆为之破,至今每闻锣鼓之声,或闻吆喝之声,或闻雷辄变色云。

皇上每日必至西后前跪而请安,惟西后与皇上接谈甚尠,不命之起,则不敢起。甲午五六月高丽军事既起,皇上请停颐和园工程以充军费,西后大怒,自此至乙未年九月间凡二十阅月,几于不交一言,每日必跪至两点钟之久,始命之起云。

此乃宫中寻常日用之事,外人不得而知者。以彼烈宦所记之言观之,则其种种虐待情形可以想见矣。

第二章　光绪二十年以来废立隐谋

光绪十六年下归政之诏,布告天下。然皇上虽有亲裁大政之名,而无其实,一切用人行政皆仍出西后之手。内之则宦官李莲英,外之则军机大臣孙毓汶,皆西后最得力之人,把持朝权,视皇上如虚器。至光绪二十年,皇上年渐长,图治之心渐切,因见各大臣皆不听号令,欲亲擢一二通才,以资驰驱,乃于四月间擢编修文廷式为侍读学士(由七品擢升四品),文廷式者尝教授瑾妃、珍妃者也,当是时二妃颇能进言,皇上又擢二妃之兄志锐为侍郎,于是西后大滋疑忌。其年祝西后六旬万寿,先期演习礼仪,于某日定期巳刻,皇上率文武百官齐集,惟西后之嬖宦李莲英至未刻始至,皇上与百官鹄立三时之久,以待一奄竖。演礼既毕,皇上大怒,因廷杖李莲英四十,李大怒,诉于西后,西后恨皇上益甚。李莲英平日既恃西后之宠幸，陵蔑皇上，恐一旦西后晏驾，皇上执权，则己之首领必不保，因日进谗言于西后，言皇上有怨望之心。盖自是而西后废立之谋日蓄于胸中矣。

其时中东战事起，军书旁午，警报叠闻，西后惟以听戏纵欲为事，一切不关心，而政府及将帅皆西后之私人，皇上明知其误国，而不能更易，于是有御史安维峻抗疏言太后既已归政于皇上，则一切政权不宜干预，免掣皇上之肘，西后大怒，立将安维峻革职，遣戍张家口，上谕略云：

> 朕奉慈禧端佑康颐昭豫庄诚寿恭钦献皇太后慈训，以孝治天下，薄海臣民所共见，乃有御史安维峻妄造谣言，离间皇太后及朕躬，殊为狂悖，安维峻著即革职，发往张家口，以儆效尤。钦此。

此甲午年十一月间事，实西后翦除皇上羽翼第一事也。

同时将瑾妃、珍妃革去妃号，褫衣廷杖，妃嫔而受廷杖，刑罚之惨，本朝所未闻也。二妃之兄志锐，因为皇上所信用，谪之于乌里雅苏台，至今未蒙召还。文廷式托病出京，仅免于罪。此为西后翦除皇上羽翼第二事。

当是时即欲废皇上而立某亲王孙某为新帝，某佯狂不愿就。盖皇族之人，皆知西后之凶残，畏居帝位之苦累，不欲贪虚名以受实害也。而恭亲王亦力争废立，西后颇惮之，其谋遂止。然自此以后，皇上每召见群臣，西后必遣内监在屏风后窃听之。皇上战战栗栗，如坐针毡矣。

翁同龢者，皇上之师傅也。皇上自幼年即从之受学，交情最深，倚为性命，举朝大臣，半皆西后之党，其忠于皇上者惟翁而已。翁时在军机，仍兼毓庆宫行走。毓庆宫者，皇上读书之地也。皇上召见军机时，翁与军机诸臣同见，皇上幸毓庆宫时，则翁同龢一人独见。乙未六月间，皇上用翁之言，将孙毓汶、徐用仪等罢斥，西后大怒，乃将翁同龢革去毓庆宫差事，令其不得与皇上有密谈。此为西后翦除皇上羽翼第三事。

工部侍郎汪鸣銮者，翁同龢之党也。兵部侍郎长麟者，满洲人之忠于皇上者也。皇上召见长麟时，偶言及太后掣肘之事，长麟云太后虽穆宗皇上之母，而实文宗皇上之妾，皇上入继大统，为文宗后，凡人嗣者无以妾母为母之礼。故慈安皇太后者，乃皇上之嫡母也。若西太后，就穆宗朝言之，则谓之太后，就皇上言之，则先帝之遗妾耳。本非母子，皇上宜收揽大权云云。不意其言为屏风后之内监所闻，报知西后，即日逼皇上降谕略云：

朕受皇太后二十年鞠育之恩，皇太后之圣德，天下所闻。朕事奉皇太后亦不敢有失，乃汪鸣銮、长麟于召见时，屡进谗言，离间两宫，著即行革职，永不叙用。钦此。

此乙未年九月间事也，当时恭亲王为军机大臣。见此旨大惊，问皇上云：长汪二人因何故获罪？皇上垂涕不答，恭亲王伏地痛哭不能起云，此实西后翦除皇上羽翼第四事。

至丙申年二忽降一上谕，略云：

御史杨崇伊奏参翰林院侍读学士文廷式一折，据称文廷式在松筠庵广集徒众，妄议朝政，及贿通内监，结党营私等事，虽查无实据，事出有因，文廷式著革职永不叙用，并即行驱逐回籍，不许逗留。钦此。

当时忽下此诏，如青天起一霹雳，京师人人震恐，虑皇上之位不保。盖文廷式自甲午年托病出京，乙未秋间复入京供职，西后因其为皇上所擢用之人，极为猜忌。故讽言官劾之，驱逐出京，使不得与皇上相见，此实西后翦除皇上羽翼第五事。

同时有义烈宦官寇连材者，奏事处之太监也。初为西后服役，西后深喜之，因派令侍皇上，盖欲其窥探皇上之密事也。寇连材深明大义，窃忧时局，一日忽涕泣长跪于西后之前，极言皇上英明，请太后勿掣其肘，又言国帑空虚，请太后勿纵流连之乐，停止园工，并参劾西后信用之大臣。西后大怒，即日交内务府慎刑司下狱，翼日不待讯鞫，即行处斩。皇上闻之，为之掩泪，北京志士，莫不太息。此为西后翦除皇上羽翼第六事。

凡此诸端，皆宣播于外，人人共知者，若其暗中翦除羽翼之事，尚不知几许。盖西后之谋，必不许皇上有一心腹之人。皇上有所信用之人，必加以罪。务令廷臣不敢效忠于皇上，皇上不敢示恩于群臣，然后其心始安。大臣之中，大半皆其私人，小臣之中，亦敢怒而不敢言。盖数年以来，京师皆岌岌有不可终日之势矣。

其废立之谋，露于形迹者，尚有贝勒载澍之一事。载澍者某亲王之子，而宣宗之孙也。其夫人乃西后之侄女，因载澍有妾生子，妒杀其子，澍怒，面责之。其夫人遽归外家，诉于西后。载澍之母，明知祸发，乃先入宫自首谢罪。西太后遽降诏曰，载澍不孝于其母，今经其母前来控告，本当将载澍明正典刑，姑念其为先帝之孙，著即行永远圈禁，以儆不孝云云。当时强令皇上将此诏交礼亲王宣布，皇上垂泪不能发言，礼王见诏手颤膝摇，牙齿相击，及宣诏后，澍贝勒之母昏晕于地云。澍贝勒今犹圈禁于内务府之诏狱中，每日只许进一饭，严冬不给寒衣，惟一老狱卒怜其为皇孙，日则炽炉烘之，夜则拥之以睡而已。其惨酷如此，盖所谓抗世子法于伯禽，借澍贝勒以作皇上之影子也。

第三章　戊戌废立详记

西后既蓄此隐谋，因推其不肖之心以待皇上，疑心生暗魅，常反疑皇上与诸臣之欲废己也。乙未丙申之间,虽宗室王公及命妇入宫者,皆须搜检其身,恐藏有凶器,虽庆亲王之妻入宫,亦须搜云。而其忌皇上之召见小臣为尤甚,盖大臣皆西后之心腹,且老耄无气,故不畏之,少年气盛之人,感皇上之恩,必乐效驰驱,故最忌之。文廷式所以数经惊险者以此也。胶州、旅顺、威海既割,康有为屡次痛哭言事,皇上屡欲召见之,而为恭邸所压抑,及恭邸既薨,徐致靖奏荐康有为,于是有召见康有为之事。此实为改革之一大关键,而废立之谋亦从此决矣。

恭亲王之死,于改革及废立皆有大关键,今请先言恭亲王之为人。王当同治间,有文祥为之辅佐,故政绩甚可观,其实见识甚隘,不通外国情形,加以近年耄气益深,绝不以改革为然。故恭亲王未死时,皇上欲改革而不能,因王为军机首座,不肯奉诏,皇上无如何也。王虽无识,不知改革,然尚知大义,且尝受文宗皇帝遗诏,令其节制西后,故西后颇惮之,废立之举,恭王力持不可,西后亦无如何也。

自四月初十以后,皇上日与翁同龢谋改革之事,西后日与荣禄谋废立之事。四月二十三日皇上下诏誓行改革,二十五日下诏命康有为等于二十八日觐见,而二十七日西后忽将出一朱谕强令皇上宣布,其谕略云:

> 协办大学士户部尚书翁同龢,近屡次经人奏参,且于召对时出言不逊,渐露揽权狂悖情形,本当从重惩处。姑念在毓庆宫行走多年,著加恩准其开缺回籍,以示保全。钦此。

皇上见此诏,战栗变色,无可如何,翁同龢一去,皇上之股肱顿失矣。及翁同龢之出京也,荣禄赆之以千金,且执其手呜咽而泣,问其何故开罪于皇上云。呜呼!李林甫之口有蜜腹有剑,于今复见,小人之伎俩诚可畏哉。

此四月二十七日事也。同日并下有数诏书,皆出西后之意,其一命凡二品以上官授职者皆须到皇太后前谢恩，其二命王文韶、裕禄来京，命张之洞毋庸来京。其三命荣禄为直隶总督北洋大臣，而九月间皇上奉皇太后巡幸天津阅兵之举，亦以此日决议。盖废立之谋，全伏于此日矣。荣禄之不入军机而为北洋大臣何也？专为节制北洋三军也。北洋三军，曰董福祥之甘军，曰聂士成之武毅军，曰袁世凯之新建军。此三人皆荣禄所拔擢，三军皆近在畿辅，荣禄讽御史李盛铎奏请阅兵，因与西后定巡幸天津之议，盖欲胁皇上至天津因以兵力废立。此意满洲人多知之，汉人中亦多为皇上危者，而莫敢进言。翁同龢知之，不敢明言，惟叩头谏止天津之行。而荣禄等即借势以去之，皇上之危险，至此已极矣。

初二三月间，荣禄尝欲联合六部九卿上奏，请西后复行垂帘，先谋之于兵部尚书徐郙。徐郙曰："奈清议何？"事遂沮。李盛铎又欲联御史连署请垂帘，奔走数日，不能得，有两人皆模棱两可，亦不能成。及巡幸天津之议既定，遂不复谋此事。

西后与荣禄等既布此天罗地网，视皇上已同釜底游魂，任其跳跃，料其不能逃脱，于是不复防闲，一听皇上之所为。故皇上数月以来，反因此得有一二分之主权，以行改革之事。当皇上之改革也，满洲大臣及内务府诸人，多跪请于西后，乞其禁止皇上。西后笑而不言，有涕泣固请者，西后笑且骂曰："汝管此闲事何为乎？岂我之见事犹不及汝耶？"自此无以为言者。或问于荣禄曰："皇上如此妄为，变乱祖制，可奈何？"荣禄曰："姑俟其乱闹数月，使天下共愤，罪恶贯盈，不亦可乎？"盖彼之计画早已定，故不动声色也。

自四月以来，北京谣言极多，皆言皇上病重，初言患淋症，继言患腹泄症，继言患遗精症，继言患咳嗽症，皆云自内务府太医院传出，确凿有据。或言张荫桓进红丸，或言康有为进红丸，亦皆言之确凿。盖皆西后与荣禄等有意造此谣言，以为他日弑害皇上，及坐康张等罪名之地也。

彼等言皇上无时不病重,然皇上日日办事,召见大小臣,且间数日必诣颐和园向西后前请安,常在瀛秀园门跪迎跪送西后,是岂有病之人所能如是耶？有人问军机大臣王文韶云,皇上之病实何如？王曰:“吾日日见皇上,实不觉其有他病,但有肝病耳。”盖皇上每怨诸臣之疲玩,常厉声责之,故王谓其肝火盛也。谭嗣同召见时,当面询皇上病体若何,皇上言朕向未尝有病,汝何忽问此言,谭乃惶恐免冠谢云。观此,则皇上之无病甚确矣。而彼等之造此言者,盖欲他日加害皇上,而以病崩布告天下,箝塞人口也。至其谓康张进红丸,出入宫禁,盖欲俟加害皇上后,即以此诬坐二人之罪。其布置历历可数矣,政变之日(八月初六日),北京即有电旨往上海,言皇上已崩,系康有为进红丸所弑,急速逮捕就地正法云云。此电旨上海道持以告各国领事,请其协拿,英领事亲见之。夫皇上至今尚存,而彼于八月初六日,即诬康以已弑皇上之罪,盖其蓄谋甚久,欲加害皇上,而归罪于康。故先造此谣言,令人人皆信也。

至七月初间,皇上忽语庆亲王云:“朕誓死不往天津。”七月中旬,天津罢行之说,已宣传于道路。当时适值革礼部六堂官,擢军机四京卿之时。守旧党侧目相视,七月二十间,满大臣怀塔布、立山等七人,同往天津谒荣禄。越数日御史杨崇伊等数人,又往天津谒荣禄,皆不知所商何事。而荣禄遽调聂士成之军五千人驻天津,又命董福祥之军移驻长升店距北京彰义门四十里。七月二十九日,皇上召见杨锐。是日有旨命袁世凯入京,八月初一日召见袁世凯,即日超擢为侍郎,初二日复召见袁世凯,是日又召见林旭,而御史杨崇伊、张仲炘等,亦于是日诣颐和园上封事于太后云。初三日荣禄忽有电报达北京,言英、俄已在海参崴开战,现各国有兵船十数艘在塘沽,请即遣袁世凯回天津防堵,袁世凯即于初四日请训出京,而皇上命其初五乃行,于初五日复召见袁世凯,至初六日而遂有西后垂帘,志士逮捕之事。

二十八日之召见杨锐,初二日之召见林旭,初五日之召见袁世凯,皇上皆赐有朱笔密谕。二十八日之谕系赐杨锐及康有为、谭嗣同、林旭、刘光第等五人，初二日之谕系专赐康有为，初五日之谕系专赐袁世凯云。闻袁世凯既退朝语人云，皇上若责我以练兵，我不敢不奉诏，若他事则非我之所知也。故当时北京之人，咸疑皇上三密诏中，皆与诸臣商废幽西后之事。而政变之时，贼臣即藉此以为谋图颐和园之伪诏以诬污皇上者也，后康有为将前两谕宣布，不过托诸臣保护，及命康出外求救之语，然则袁之密谕，亦无废后之事可想而知。今将赐康有为等之两谕揭载于下。

朕惟时局艰难，非变法不能救中国，非去守旧衰谬之大臣而用通达英勇之士不能变法，而皇太后不以为然，朕屡次几谏，太后更怒，今朕位几不保。汝康有为、杨锐、林旭、谭嗣同、刘光第等，可妥速密筹，设法相救，朕十分焦灼，不胜企望之至。特谕。

右七月二十八日，谕康有为、杨锐、林旭、谭嗣同、刘光第五人，由杨锐带出。

朕今命汝督办官报，实有不得已之苦衷，非楮墨所能罄也。汝可迅速出外，不可延迟，汝一片忠爱热肠，朕所深悉，其爱惜身体，善自调摄，将来更效驰驱，共建大业，朕有厚望焉。特谕。

右八月初二日谕康有为一人，由林旭带出。

自初六日垂帘之诏既下，初七日有英国某教士向一内务府御膳茶房某员，询问皇上圣躬安否，某员言皇上已患失心疯病，屡欲向外逃走云。盖皇上自恐不免，因思脱虎口也，而为西后之党所发觉，乃将皇上幽闭于南海之瀛台。南海者大内之离宫也。瀛台在海之中心，四面皆环以水，一面设板桥以通出入，台中约有十余室云。当皇上之欲外逃也，闻有内监六人导之行，至是将六监擒获，于十三日与六烈士一同处斩。而西后别易己所信任之内监十余人以监守瀛台,名虽至尊,实则囚虏矣。

八月十三日,忽有一上谕,言皇上自四月以来病重,宣诏天下名医入宫医治。国人见此诏书,无不骇诧,盖皇上自四月以来,召见引见群臣,不下数百人,日日办事,早朝晏罢,圣躬之无病,众所共见,乃今忽有此诏,盖西后荣禄等之用意有三端焉:一欲施酖毒,二欲令皇上幽囚抑郁逼勒而死,三欲借皇上久病之名,因更立太子,强使禅位也。盖彼欲行此三策,必须诬皇上为久病,然后不至动天下之兵。故数月以来,内务府遍布病重之谣言,皆以此故。犹恐天下之人不见信,故特降此伪诏,其用心之险毒已极矣。

自八月初十日至三十日之间,杖杀之宫女内监,其数甚多。闻皆在怀中搜出有枪刀等器,西后谓其欲行刺己,故杀之云。至内监等之带枪刀,或为保护皇上,实未可知,要之不可谓非义士也。又闻某日在宫中搜出西衣数袭,乃有某优伶携入者,疑是皇上欲易衣装,托于英国、日本使馆云。事既露,优伶等亦被捕。盖皇上处樊笼之中,其困苦颠连之情形,可以想见矣。

自九月以后,立储易位之议,道路传说,初议立庆亲王之子,又议立贝勒载濂之子,因有宗室二人,坚持不允,大臣亦有以为言者。故不敢明目张胆以行之,然杖杀太监之事,日有所闻。又九月初二日皇上在瀛台微行,已至某门,经太监苏拉等跪阻,仍还瀛台。次日西后命将瀛台之板桥拆去,向来皇上用御膳,除例备一席外,另有西后赐皇上一席,皇上每日向食西后所赐之一席。盖例席实皆腐冷之品,不能入口也。至是西后命将赐席裁撤,而例备之一席菜蔬品数,亦命递减云。

法国医士入诊后,其详细情形,外间传言不一,而最可诧骇者则某西报载述法医之言,谓皇上每日饮食中,皆杂有硝粉,故病日增云云。

此虽未知确否，然以意揣之，实不能谓其必无。盖废立与毒杀，皆恐动天下之清议，故不如为无形之毒杀也。阳历十月某日，日本《时事新报》载有北京特派员来书，述废立情形，最能窥见满洲党人之用心。今照录如下：

> 太后欲九月八九日废立皇上，预约庆、端二亲王率神机营之兵入宫，发西太后之诏而举事，而卒不见诸实事者，亦有故也。废立之谋，自摄政时已定计画，非猝然而起也。自摄政以来，悉废皇上之新政，帝党或刑或放，或革帝之爱妃，亦剥夺其首饰，以今之天时，犹穿单衣。此皆以禁制皇上之自由，而使毫无生趣者也。今传闻政变以来，宫人咸怀匕首，潜迹宫中，不幸发觉，竟被斩戮者甚多，故太后深忧之。满洲人之意，以为太后既老，皇上方壮，若太后一旦死，恐皇上复政，不利于己，故不如及太后在时，绝其根也。然彼辈之所恐者，一日废立，国人必有兴师问罪，而外国亦必责问之。故尚犹豫，虽然亦不足为皇上幸也。今托词皇上有疾，召集名医，而观九月三日之病论，则可为深虑焉。盖彼辈之意，以为废病危之帝，而招天下物议，不如俟其自死。今惟设法速其死而已。故皇上今有大病，而求米粥则不得，求鸡丝则不得，凡所求食，皆诡词拒之。故伤其意，而太后置若罔闻，惟数日一招优伶入宫，临观取乐而已。或曰已召濂贝勒之第三子于宫中将立之云。

按以上所论，最得北京宫廷之情实矣。以庆、端二王为后所最亲信也。然其所谓废立之谋，自摄政时已定，犹未为深悉情形，盖废立之谋，实定于四月二十七日，非深入局中之人不能知也。帝之爱妃，至今日犹仅穿单衣，与虐待澍贝勒之情形，真同出一辙。而于皇上之病，求米粥不与，求鸡丝不与，则与往者逼死毅后之事又全同矣。

第四章　论此次乃废立而非训政

或问曰：今次之政变，不过垂帘训政而已。废立之说，虽道路纷传，然未见诸实事，今子乃指之为废立，得无失实乎？答之曰：君之所以为君者何在乎？为其有君天下之权耳，既篡君权，岂得复谓之有君。夫历代史传载母后乱政之事，垂以为诫者，既不一而足矣，然历代母后垂帘，皆因嗣君幼冲，暂时临摄，若夫已有长君，而犹复专政者，则惟唐之武后而已，卒乃易唐为周，几覆宗社。今日之事，正其类也。皇上即位既二十四年，圣龄已二十九岁矣。临御宇内，未闻有失德，勤于政事，早朝晏罢。数月以来，乾断睿照，纲举目张，岂同襁褓之子，犹有童心者。而忽然有待于训政何哉？且贼臣之设计固甚巧矣，废立之显而骤者，天下之人皆得诛其罪，废立之隐而渐者，天下之人皆将受其愚。今夫瀛台屏居，内竖监守，撤出入之板桥，减御膳之品物，起居饮食，不能自由，如此，则与囚虏何异？既已囚虏矣，而犹告天下曰，吾非废立也，天下之人，亦从而信之。呜呼！何天下之人之易愚弄也？

或又问曰：子言诚然矣，然读八月初六日上谕，则西后之垂帘，实皇上所恳请。天下之人，虽欲讨贼问罪而无辞也。答之曰：子不读汉献帝禅位曹丕之诏乎？献帝屡禅，曹丕屡让，若有大不得已者然。自此以往，历代篡弑者，皆循兹轨。然则可谓曹丕之践祚，实由汉献之恳请乎？呜呼！为此说者，非大愚即大悖耳。

第三篇　政变前纪

第一章　政变之总原因

政变之总原因有二大端：其一由西后与皇上积不相能，久蓄废立之志也，其二由顽固大臣痛恨改革也。西后之事，既详前篇，今更纪顽固党之事如下：

去年湖南巡抚陈宝箴拟在湖南内河行小轮船。湖广总督张之洞不许曰："中国十八省惟湖南无外国人之足迹，今一行小轮船，则外人将接踵而至矣。"陈诘张曰："我虽不行小轮，宁能禁外人之不来乎？"张曰："虽然但其祸不可自我当之耳，若吾与君离湖南督抚之任，以后虽有事而非吾两人之责也。"于是小轮船之议卒罢。去年之冬，德人踞胶州，欧洲列国分割支那之议纷起，有湖南某君谒张之洞诘之曰："列国果实行分割之事，则公将何以自处乎？"张默然良久曰："虽分割之后，亦当有小朝廷，吾终不失为小朝廷之大臣也。"某君拂衣而去，吾今又有一言告于读此书者，若不能知中国全国二品以上大员之心事如何，则张之洞此两语其代表也。

呜呼！张公固大臣中之最贤而有闻于时者也，然其言犹若此，况其他出张公之下数等者乎？故今综全周大臣之种类而论之，可分为数种类：其一瞢然不知有所谓五洲者，告以外国之名，犹不相信，语以外患之危急,则曰此汉奸之危言悚听耳,此一种也。其二则亦知外患之可忧矣,然自顾已七八十之老翁矣,风烛残年,但求此一二年之无事,以后虽天翻地覆,而非吾身之所及见矣,此又一种也。其三以为即使吾及身而遇亡国之事,而小朝廷一日尚在,则吾之富贵一日尚在,今若改革之论一倡,则吾目前已失舞弊之凭藉,且自顾老朽不能任新政,必见退黜,故出死力以争之,终不以他年之大害,易目前之小利也,此又一种也。呜呼!全国握持政柄之人,无一人能出此三种之外者,而改革党人乃欲奋螳臂而与之争,譬犹孤身入重围之中,四面楚歌,所遇皆敌,而欲其无败衄也得乎?

第二章 政变之分原因

政变之分原因多矣,今择其稍重大者条列之。

一,戊戌三月,康有为、李盛铎等同谋开演说恳亲之会于北京,大集朝士及公车数百人,名其会曰保国。后李盛铎受荣禄之戒,乃除名不与会。已而京师大哗,谓开此会为大逆不道,于是李盛铎上奏劾会,御史潘庆澜、黄桂鋆继之,皇上概不问,而谣诼之起,遍于全都。

二,同月梁启超等联合举人百余人,连署上书,请废八股取士之制,书达于都察院,都察院不代奏,达于总理衙门,总理衙门不代奏。当时会试举人集辇毂下者将及万人,皆与八股性命相依,闻启超等此举,嫉之如不共戴天之仇,遍播谣言,几被殴击。

三,先是湖南巡抚陈宝箴,湖南按察使黄遵宪,湖南学政江标、徐仁铸,湖南时务学堂总教习梁启超,及湖南绅士熊希龄、谭嗣同、陈宝箴之子陈三立等,同在湖南大行改革,全省移风,而彼中守旧党人嫉之特甚,屡遣人至北京参劾,于是左都御史徐树铭、御史黄均隆相继入奏严劾，皇上悉不问，而湖南旧党之焰益炽，乃至哄散南学会，殴打湘报上笔，谋毁时务学堂，积谋数月，以相倾轧。

四，于四月二十三日皇上下诏定国是，决行改革，于是诸臣上奏，虽不敢明言改革之非，而腹诽益甚。五月初五日下诏废八股取士之制，举国守旧迂谬之人，失其安身立命之业，自是日夜相聚，阴谋与新政为敌之术矣。礼部者科举学校之总汇也，礼部尚书许应骙，百计谋阻挠废八股之事，于是御史宋伯鲁、杨深秀劾之，许应骙乃转劾康有为，皇上两不问。

五，先是二月间，康有为上书大陈变革之方，大约以革除壅蔽，整定官制为主义，请在京城置十二局，凡局员皆选年力精壮讲习时务者为之。书既上，皇上饬下总理衙门议行，总理衙门延至五月尚未复奏，盖意在敷衍搪塞也。至四月二十三日，国是之诏既下，皇上乃促总署速议复奏。总署议奏，驳不可行。上震怒，至五月十七日，复命军机大臣与总署会议，同月二十五日议复，仍驳其不可行。上益怒，亲以朱笔书上谕命两衙门再议，有须切实议行，毋得空言搪塞之语，两衙门乃指其书中之末节无关大局者准行数条，其大端仍是驳斥。上无如之何，太息而已。夫皇上既知法之当变矣，既以康有为之言为然矣，而不能断然行之，必有藉于群臣之议者何也，盖知西后之相忌，故欲藉众议以行之，明此事之非出于皇上及康有为之私见也。而诸臣之敢于屡次抗拂上意者，亦恃西后为护符，欺皇上之无权也。当五月间大臣屡驳此书，皇上屡命再议之时，举京师谣言纷纭不可听闻，皆谓康有为欲尽废京师六部九卿衙门，彼盈廷数千醉生梦死之人，几皆欲得康之肉而食之，其实康不过言须增新衙门耳，尚未言及裁旧衙门也。而讹言已至如此，办事之难，可以概见矣。皇上病重之说，亦至此时而极盛，盖守旧者有深意焉矣。

六，皇上自四月以来，屡次所下新政之诏，交疆臣施行，而疆臣皆西后所擢用,不知有皇上,皆置诏书于不问,皇上愤极而无如之何。至六月初十日诏严责两江督臣刘坤一、两广督臣谭锺麟、直隶督臣荣禄,又将督抚中之最贤而能任事之陈宝箴,下诏褒勉,以期激发疆臣之天良,使有所劝惩,稍襄新政,不意各疆臣怨望益甚,谤讟纷起,而顽固之气,卒不少改,惟嫉视维新之臣若仇敌耳。

七,中国之淫祠,向来最盛,虚糜钱帑,供养莠民,最为国家之蠹。皇上于五月间下诏书,将天下淫祠悉改为学堂。于是奸僧恶巫,咸怀咨怨,北京及各省之大寺,其僧人最有大力,厚于货贿,能通权贵,于是交通内监,行浸润之谮于西后,谓皇上已从西教,此亦激变之一小原因也。

八,至七月间候补京堂岑春煊上书请大裁冗员,皇上允其所请,特将詹事府、通政司、光禄寺、鸿胪寺、太常寺、太仆寺、大理寺,及广东湖北云南巡抚、河东总督、各省粮道等官裁撤。此诏一下,于是前者尸位素禄阘冗无能、妄自尊大之人,多失其所恃,人心皇皇,更有与维新诸臣不两立之势。

九,中国之大弊,莫甚于上下壅塞,下情不能上达。至是皇上屡命小臣上书言事,长台不得阻抑。乃七月间礼部主事王照上书,清上游历外国。礼部堂官等不为代达,皇上震怒,乃将礼部尚书怀塔布等六人革职,赏王照以四品京堂,是为皇上初行赏罚之事。此诏之下,维新者无不称快,守旧者初而震恐,继而切齿,于是怀塔布、立山等,率内务府人员数十人环跪于西后前,痛哭而诉皇上之无道,又相率往天津就谋于荣禄,而废立之议即定于此时矣。皇上于二品以上大员,无进退黜陟之权,彼军机大臣及各省督抚等屡抗旨,上愤极而不能黜之。此次乃仅择礼部闲曹无关紧要之人,一试其黜陟,而大变已至矣,皇上无权,可胜慨哉。

十,皇上至是时亦知守旧大臣与已不两立,有不顾利害,誓死以殉社稷之意,于是益放手办事,乃特擢杨锐、林旭、刘光第、谭嗣同四人,参预新政。参预新政者，犹唐之参知政事，实宰相之任也。命下之日，皇上赐四人以一密谕，用黄匣亲缄之，盖命四人尽心辅翼新政，无得瞻顾也。自是凡有章奏，皆经四人阅览，凡有上谕，皆由四人拟稿，军机大臣侧目而视矣。

十一，自礼部堂官革职以后，令天下士民始得上封奏，于是士气大伸，民隐尽达，维新之士，争出其所怀以闻于朝廷。刑部主事张元济，有请除满汉界限，废科举，去拜跪，设议院之事。工部主事李岳瑞，亦请去拜跪，用客卿，大裁冗员翰林衙门等，嘉谟入告，纷纶辐辏，而守旧大臣，日日阴谋，亦复无所惮忌。

十二，上既广采群议，图治之心益切，至七月二十八日，决意欲开懋勤殿选集通国英才数十人，并延聘东西各国政治专家，共议制度，将一切应兴应革之事，全盘筹算，定一详细规则，然后施行。犹恐西后不允兹议，乃命谭嗣同查考雍正、乾隆、嘉庆三朝开懋勤殿故事，拟一上谕，将持至颐和园，禀命西后，即见施行，乃越日而变局已显，衣带密诏旋下矣。

十三，七月二十九日皇上召见杨锐，赐以密谕，有朕位几不能保之语，令其设法救护，乃谕康有为及杨锐等四人之谕也。当时诸人奉诏涕泣，然意上位危险，谅其事发在九月阅兵时耳。于时袁世凯召见入京，亦共以密诏示之，冀其于阅兵时设法保护，而卒以此败事。

附记　保国会事

论政变之起，保国会实为最大之一原因焉，今详记其事于下。

自胶州、旅顺既割，京师人人震恐，惧分割之即至，然惟作楚囚相对，束手待亡耳。于是康有为既上书求变法于上，复思开会振士气于下，于是与□□□等开粤学会，与杨锐等开蜀学会，与林旭等开闽学会，与杨深秀□□□等开陕学会，京师士夫，颇相应和。于时会试期近，公车云集，御史李盛铎乃就康谋，欲集各省公车开一大会，康然之，是为保国会议之初起。康复欲集京官之有志者,李不谓然,后卒从康议。于三月二十七日,在粤东会馆第一集,到会者二百余人,时会中公推康及李及□□□□□□□等演说,而李以事后至,是日公拟保国章程三十条,今录于下:

一,本会以国地日割,国权日削,国民日困,思维持振救之,故开斯会以冀保全,名为保国会。二,本会遵奉光绪二十一年闰五月二十七日上谕,卧薪尝胆,惩前毖后,以图保全国地、国民、国教。三,为保国家之政权、土地。四,为保人民种类之自立。五,为保圣教之不失。六,为讲内治变法之宜。七,为讲外交之故。八,为仰体朝旨,讲求经济之学,以助有司之治。九,本会同志,讲求保国、保种、保教之事,以为论议宗旨。十,凡来会者,激厉愤发,刻念国耻,无失本会宗旨。十一,自京师上海设保国总会,各省各府各县皆设分会,以地名冠之。十二,会中公选总理若干人,值理若干人,常议员若干人,备议员若干人,董事若干人,以同会中人多推荐者为之。十三,常议员公议会中事。十四,总理以议员多寡决定事件推行。十五,董事管会中杂事,凡入会之事,及文书会计一切诸事。十六,各分会每年于春秋二八月将各地方入会名籍寄总会。十七,各地方会议员,随其地情形,置分理议员约七人。十八,董事每月将会中所收捐款登报。十九,各局将入会之姓名、籍贯、住址、职业随时登记,各分局同。二十,欲入会者须会中人介之,告总理值理,察其合者,予以入会凭票。二十一,入会者若心术品行不端,有污会事者,会众除名。二十二,如有意见不同,准其出会,惟不许假冒本会名滋事。二十三,入会者人捐银二两,以备会中办事诸费。二十四,会期有大会、常会、临时会之分。二十五,来会者不论名位学业,但有志讲求,概予延纳,德业相劝,过失相规，患难相恤，务推蓝田乡约之义，庶自保其教。二十六，捐助之款，写明姓名爵里，交本会给发收条为据。本会将姓名爵里学业寄寓，按照联票号数汇编存记，联票皆有总值理及董事图章。二十七，来会之人，必求品行、心术端正明白者，方可延入。本会中应办之事，大众随时献替，留备采择，倘别存意见，或诞妄挟私，及逞奇立异者，恐其有碍，即由总理值理董事诸友，公议辞退。如有不以为然者，到本会申明，捐银照例充公，去留均听其便。二十八，商董兼司帐，须习知贸易书籍情形及刷印文字者充其选，必须考查确实，一秉至公，倘涉营私舞弊，照例责赔，经手之董事会友凡预有保荐之力者，亦须一律罚。二十九，本会用项，概由值董核发，如有巨款在千数百金以上者，须齐集公议，方准开支，收有成数，择殷实商号存储，立折支取，如存数渐多，亦可议生利息，发票之期，按几日为限，由值董眼同经理。三十，总理董事，均仗义创办，不议薪资，将来局款大盛，须专请人办理，始议薪水，惟撰报、管书、管器、司事、教习、游历、司帐，酌量给予薪水。

盖自明世徐华亭集士大夫数千人，讲学于灵济宫，至今三百年，未有聚大众于辇毂为大会者，此会实继之。守旧之士，颇骇其非常。再会于崧云草堂，三会于贵州馆，来会者尚过百人，谤议渐风起，多有因强学前辙，以祸患来告者，康有为不慑也。先是江西人主事洪嘉与者，桀黠守旧有气，久于京师，能立党与，经胶变后，闻康名来，三谒不遇，阍人忘其居，未答拜。是时公车云集，各省士夫来见，客日数十，应接不暇，多不能答拜者。洪大恨，乃恬浙人孙灏曰，某公恶康，若能大攻之，当为荐经济特科，孙故无赖，乃大喜。洪乃为著一书驳保国会，遍印送京师贵人，守旧大臣皆喜信其说，满人无远识，不知外事，展转传闻，一唱百和。于是谤议大兴，时保滇会保浙会并起，洪嘉与又耸御史黄桂鋆劾之，并及保国会,李盛铎恐被祸,乃上疏劾会,以求自免,皇上置不问。御史潘庆澜继劾之,军机大臣刚毅将查究会中人,皇上曰:“会能保国,岂不大善,何可查究耶?”事遂止。五月礼部尚书许应骙劾之,御史文悌复上长折纠劾康有为,其说尤诬而厉,谓保国会之宗旨在保中国不保大清,此折实后来兴大狱之张本也。至八月政变后,伪上谕中遂引此语为康之罪名,而杨深秀、杨锐、林旭、刘光第,皆以保国会员获罪被戮。盖文悌之语,深入满人之心也。夫人虽至愚,亦何至合宗室满汉之数百士大夫于京师,而公然作叛逆之词。以不保大清告大众者,保国会之章程,既载于右,其中无不保大清之语意,人人共见矣。今复将康有为所演说者录于下:

吾中国四万万人,无贵无贱,当今日在覆屋之下,漏舟之中,薪火之上,如笼中之鸟,釜底之鱼,牢中之囚,为奴隶,为牛马,为犬羊,听人驱使,听人割宰。此四千年中二十朝未有之奇变,加以圣教式微,种族沦亡,奇惨大痛,真有不能言者也。吾中国自古为大一统国,环列皆小国,若缅甸、朝鲜、安南、琉球之类,吾皆鞭箠使之,其自大也久矣。故在国初时,视英、法各国皆若南洋小岛,虽以纪文达校订四库,赵瓯北劄记二十二史,阮文达为文学大宗,皆博极群书;而纪文达谓艾儒略《职方外纪》、南怀仁《坤舆图说》如中土瑶台阆苑,大抵寄托之辞;赵瓯北谓俄罗斯北有准噶尔大国,以铜为城,二百方里;阮文达《畴人传》不信对足抵行。今人环游地球,座中诸公有踏遍者,吾粤贩商估客,亦视为寻常;而乾嘉时博学如诸公,尚未之知。至道光十二年,英人轮舟初成,横行四海,以轮船二艘犯广州,两广总督卢敏肃,以三千师船二万兵御之而败,卢公曾平猺匪赵金陇者,宣宗成皇帝诏谓卢坤昔平赵金陇曾著微劳,不料今日无用至此。卢敏肃虽言洋船极大,而既无影镜灯片,宣宗无从见之，无能自白也。暨道光二十年，林文忠始译洋报，为讲求外国情形之始。败于定海舟山，裕谦、牛鉴、刘韵珂继败，舰入长江，而炮震天津，乃开五口，宣宗乃知洋人之强在船坚炮利，命仿制之，西人如何，实未知也。道光二十九年，咸丰六年、八年、十年，屡战屡败，输数千万，开十一口，乃至破京师，文宗狩热河，洋使入住京师，亦可谓非常之变矣，然而士大夫以犬羊视之，深闭固拒。同治三年斌椿遍游各国，等于游戏，无稍讲求之者。曾文正与洋人共事，乃始少知其故，开制造局译书，置同文馆、方言馆、招商局。文文忠乃遣美人蒲安臣与志刚孙嘉穀出使各国，首用洋人，如古之安史那、金日磾，实为绝异之事。当时欲遣京官五品以下正途翰林六曹出身入同文馆读书，最为通达，而倭文端限之，自是虽轺车岁出，而士大夫深恶外人，蔽拒如故。甲申之役，张南关之功，日益骄满。鄙人当时考求时局，以为俄窥东三省，日本讲求新治，骤强示威，必取朝鲜，曾上书请及时变法自强，而当时天下皆以为狂。壬辰年傅兰雅译书事略，言上海制造局译出西书，售去者仅一万三百余部。中国四万万人，而讲书者乃只有此数，则天下士讲求中外之学者，能有几人，可想见矣。非经甲午之役割台偿款，创巨痛深，未有肯翻然而改者，至此天下志士，乃知渐渐讲求。自强学会首倡之，遂有官书局、《时务报》之继起，于是海内缤纷，争言新法，自此举始也。然甲午之后，仍不变法，间有一二，徒为具文，即如海军、电线、铁路、船局、船厂，间有一二，然变其甲不变其乙，变其一不变其二。牵连相累，必至无成，其他且勿论。即如被创之后，而兵未尝增练，铁舰不再购一艘，吾绿营兵六十余万，八旗兵三十余万，实皆老弱，且各有业，托名伍籍中。泰西以民为兵，吾则以兵为民，何以敌之？若夫泰西立国之有本末，重学校，讲保民、养民、教民之道，议院以通下情，君不甚贵，民不甚贱，制器利用以前民，皆与吾经义相合，故其致强也有由。吾兵农学校皆不修,民生无保养教之之道,上下不通,贵贱隔绝者,皆与吾经义相反,故宜其弱也。故遂复有胶州之事,四十日之间,要挟逼迫者二十事。其一德之强租胶州,人所共知也。其二则英欲借我款三厘息,而俄不许矣。其三欲开大连湾通商,俄不许矣。其四欲开南宁通商,俄不许矣。其五借英款不成,而内河全许驶行轮船矣。其六西贡烧教堂,法索我偿款十万矣。其七姚协赞调补山东道,德人限二十四点钟撤去矣。其八津镇铁路过山东,三电德廷,德不许矣。其九改道过河南,德亦不许,后请英、美使言之乃许矣。其十聂军请俄教习,而订明不归统领节制矣。其十一俄教习去留,须候俄廷旨矣。其十二俄人勒逐德教习四人矣。其十三直隶、山西、东三省练兵,必须请俄教习矣。其十四长江左右厘金,尽归税务司矣。其十五德人既得胶州百里,复索增广矣。其十六既得增广,又索铁路矣。其十七既得铁路,又索全省矣。其十八既得铁路,又索全省商务矣。其十九俄人要割旅顺、大连湾、金州矣。其二十法人索广州湾,又订两广、云贵不得让与他国矣。此皆今年二月以前之事,其此后英之索威海,日本之订福建不得让与别国等事,尚未及计也。夫筑路待商之德廷,道员听其留逐,是皇上之权已失。贾谊所谓何忍以帝王尊号为戎人诸侯,二月以来,失地失权之事,已二十见,来日方长,何以卒岁?缅甸、安南、印度、波兰,吾将为其续矣。观分波兰事,胁其国主,辱其贵臣,荼毒缙绅,真可为吾之前车哉。必然之事,安能侥幸而免乎?印度之被灭,无作第六等以上人者,自乾隆三十六年,至光绪二年,百余年始有议员二人。香港隶英人,至今尚无科第。人以买办为至荣,英人之窭贫者皆可为大班,吾华人百万之富,道府之衔,红蓝之顶,乃多为其一洋行之买办,立侍其侧,仰视颜色,呜呼哀哉!及今不自强,恐吾四万万人,他日之至荣者不过如此也。元人始来中国，尝废科举矣，其视安南之进士，抱布贸丝，有以异乎？故我士大夫设想他日，真有不可言者，即有无耻之辈，发愤作贰臣，前朝所极不齿者，而西人必不用中人，以西人之官必有专门，非专学不能承乏也。若使吴梅村在，他日将并一教官不能得，安敢望祭酒哉？即欲如熊开元作僧，而西教专毁像教，佛像佛殿，将无可存，僧于何依，即欲蹈东海而死。吾中国无海军，即无海境，此亦非我乾净土矣。做贰臣不得，做僧不得，死而蹈东海不得，吾四万万之人，吾万千之士大夫，将何依何归何去何从乎？故今日当如大败之余，人自为战，救亡之法无他，只有发愤而已。穷途单路，更无歧趋。韩信背水之军，项羽沉舟之战，人人怀此心，只此或有救法耳。然割地失权之事，既忌讳秘密，国家又无法入师丹之油画院，绘败图以激人心。薄海臣民，多有不知者，或依然太平歌舞，晏然无事，尚纷纷求富贵求保举，或乃日暮途远，倒行而逆施之。孟子曰："国必自伐然后人伐之。"故割地失权之事，非洋人之来割胁也，亦不敢责在上者之为也。实吾辈甘为之卖地，甘为之输权，若使吾四万万人皆发愤，洋人岂敢正视乎？而乃安然耽乐，从容谈笑，不自奋厉，非吾辈自卖地而何？故鄙人不责在上而责在下，而责我辈士大夫，责我辈士大夫义愤不振之心，故今日人人有亡天下之责，人人有救天下之权者。考日本昔为英美所陵，其弱与我同，今何以能取我台湾，灭琉球而制朝鲜，得我偿款二万万。此日本之兵强为之耶？非也。其相伊藤，其将大山为之耶？非也。尝推考如此大事，乃一布衣高山正芝之所为，高山正芝，哀国之衰不能变法，愤大将军之擅政，终日在东京痛哭于通衢，见人辄哭，终以哭死。于是西乡、吉田、藤田、蒲生秀实之流，出而言尊攘，大久保利通、岩仓具视、木户孝允、板桓退助、三条实美、大隈重信，出而谈变法，日本乃盛强。至明治以后，日人赏维新之功，乃赠高山正芝四品卿，赐男爵，凡物作始也简,将毕也钜。呜呼!谁知日本之治,盛强之效,乃由一诸生无权无勇无智无术而成之耶?盖万物之生,皆由热力,有热点故生诸天,有热点故生太阳,太阳热之至者,去我不知几百万亿里,而一尺之地,热可九十四马力。故能生地,能生万物,被其光热者,莫不发生,地有热力,满腹皆热汁火汁,故能运转不息,医者视人寿之长短,察其命门火之衰旺,火衰则将死,至哉言乎。故凡物热则生,热则荣,热则涨,热则运动。故不热则冷,冷则缩,则枯,则干,则夭死,自然之理也。今吾中国以无动为大,无一事能举,民穷财尽,兵弱士愚,好言安靖而恶兴作,日日割地削权,命门火衰矣,冷矣,枯矣,缩矣,干矣,将危矣。救之之道,惟增心之热力而已。凡能办大事复大仇成大业者,皆有热力为之,其心力弱者,热力减故也。胡文忠谓今日最难得者是忠肝热血人。范蔚宗谓桓灵百余年倾而未颠,危而未坠者,皆由仁人君子心力之为,凡古称烈士、志士、义士、仁人,皆热血人也。视其热多少以为成就之大小。若热如萤火如灯则微矣,并此而无之,则死矣。若如一大火团,至百二十度之沸度,则无不灼矣。若如日之热,则无所不照,无所不烧,热力愈大,涨力愈大,吸力愈多,生物愈荣,长物愈大,故今日之会,欲救亡无他法,但激厉其心力,增长其心力,念兹在兹,则爝火之微,自足以争光日月。基于滥觞,流为江河,果能合四万万人,人人热愤,则无不可为者,奚患于不能救。

此演说之语,乃当时会中人傍听笔记,登录于天津《国闻报》中者,后各报亦展转登之,人人共见,其中之语,岂有一字一句含不保大清之意者,而文悌乃深文罗织而言之,众人亦吠影吠声而信之,非天下可怜可愤之事耶?

开此会之意,欲令天下人咸发愤国耻,因公车诸士而摩厉之,俾远而激厉其乡人，以效日本维新志士之所为，则一举而十八行省之人心皆兴起矣。当时集者朝官自二品以下，以至言路词馆部曹，及公车数百人，楼上下座皆满。康有为演说时，声气激昂，座中人有为之下泪者，虽旋经解散，而各省志士纷纷继起，自是风气益大开，士心亦加振厉，不可抑遏矣。

第三章　政变原因答客难

语曰："忠臣去国，不洁其名。"大丈夫以身许国，不能行其志，乃至一败涂地，漂流他乡，则惟当缄口结舌，一任世人之戮辱之，嬉笑之，唾骂之，斯亦已矣；而犹复哓哓焉欲以自白，是岂大丈夫所为哉？虽然，事有关于君父之生命，关于全国之国论者，是固不可以默默也。

论者曰：中国之当改革不待言矣，然此次之改革，得无操之过蹙，失于急激以自贻蹉跌之忧乎？辨曰：中国之言改革，三十年于兹矣。然而不见改革之效，而徒增其弊何也？凡改革之事，必除旧与布新两者之用力相等，然后可有效也。苟不务除旧而言布新，其势必将旧政之积弊，悉移而纳于新政之中，而新政反增其害矣。如病者然，其积痞方横塞于胸腹之间，必一面进以泻利之剂，以去其积块，一面进以温补之剂，以培其元气，庶能奏功也。若不攻其病，而日饵之以参苓，则参苓即可为增病之媒，而其人之死当益速矣。我中国自同治后所谓变法者，若练兵也，开矿也，通商也，交涉之有总署使馆也，教育之有同文、方言馆及各中国学堂也，皆畴昔之人所谓改革者也。夫以练兵论之，将帅不由学校而出，能知兵乎？选兵无度，任意招募，半属流丐，体之羸壮所不知，识字与否所不计，能用命乎？将俸极薄，兵饷极微，武阶极贱，士人以从军为耻，而无赖者乃承其乏，能洁己效死乎？图学不兴，厄塞不知，能制胜乎?船械不能自制,仰自他人,能如志乎?海军不游弋他国,将帅不习风涛,一旦临敌,能有功乎?警察不设,户籍无稽,所练之兵,日有逃亡,能为用乎?如是则练兵如不练,且也用洋将统带训练者,则授权于洋人,国家岁费巨帑,为他人养兵以自噬。其用土将者,则如董福祥之类,藉众闹事,损辱国体,动招边衅,否则骚扰闾阎而已,不能防国,但能累民。又购船置械于外国,则官商之经手者,藉以中饱自肥,费重金而得窳物,如是则练兵反不如不练。以开矿论之,矿务学堂不兴,矿师乏绝,重金延聘西人,尚不可信,能尽地利乎?械器不备,化分不精,能无弃材乎?道路不通,从矿地运至海口,其运费视原价或至数倍,能有利乎?如是则开矿如不开,且也西人承揽,各国要挟,地利尽失,畀之他人。否则奸商胡闹,贪官串弊,各省矿局,只为候补人员领干修之用。中国旧例,官绅之不办事而藉空名以领俸者,谓之干脩,凡各省之某某局总办,某某局提调者,无不皆是也。徒糜国帑,如是则开矿反不如不开。以通商论之,计学即日本所称经济财政诸学。不讲,罕明商政之理,能保富乎?工艺不兴,制造不讲,土货销场,寥寥无几,能争利乎?道路梗塞,运费笨重,能广销乎?厘卡满地,抑勒逗留,朘膏削脂,有如虎狼,能劝商乎?领事不察外国商务,国家不护侨寓商民,能自立乎?如是则通商如不通。且也外品日输入,内币日输出,池枯鱼竭,民无噍类。如是则通商反不如不通。以交涉论之,总理衙门老翁十数人,日坐堂皇,并外国之名且不知,无论国际,并己国条约且未寓目,无论公法,各国公使领事等官,皆由奔竞而得,一无学识。公使除呈递国书之外无他事,领事随员等除游观饮食之外无他业,又何取于此辈之坐食乎?如是则有外交官如无外交官。且使馆等人在外国者,或狎邪无赖,或鄙吝无耻,自执贱业,污秽难堪,贻笑外人,损辱国体,其领事等非惟不能保护己商,且从而凌压之,如是则有外交官反不如无外交官。以教育论之,但教方言以供翻译,不授政治之科,不修学艺之术,能养人材乎?科举不变,荣途不出,士夫之家，聪颖子弟皆以入学为耻，能得高才乎？如是则有学堂如无学堂。且也学堂之中，不事德育，不讲爱国，故堂中生徒，但染欧西下等人之恶风，不复知有本国，贤者则为洋佣以求衣食，不肖者且为汉奸以倾国基。如是则有学堂反不如无学堂。凡此之类，随举数端，其有弊无效固已如是，自余各端，亦莫不如是。则前此之所谓改革者，所谓温和主义者，其成效固已可睹矣。夫此诸事者，则三十年来名臣曾国藩、文祥、沈葆桢、李鸿章、张之洞之徒，所竭力而始成之者也，然其效乃若此，然则不变其本，不易其俗，不定其规模，不筹其全局，而依然若前此之支支节节以变之，则虽使各省得许多督抚皆若李鸿章、张之洞之才之识，又假以十年无事，听之使若李鸿章、张之洞之所为，则于中国之弱之亡能稍有救乎？吾知其必不能也。何也？盖国家之所赖以成立者，其质甚繁，故政治之体段亦甚复杂，枝节之中有根干焉，根干之中又有总根干焉，互为原因，互为结果。故言变法者将欲变甲，必先变乙，及其变乙，又当先变丙，如是相引，以至无穷。而要之非全体并举，合力齐作，则必不能有功，而徒增其弊。譬之有千岁老屋，瓦墁毁坏，榱栋崩折，将就倾圮，而室中之人，乃或酣嬉鼾卧，漠然无所闻见，或则补苴罅漏，弥缝蚁穴，以冀支持。斯二者用心虽不同，要之风雨一至，则屋必倾而人必同归死亡一也。夫酣嬉鼾卧者，则满洲党人是也；补苴弥缝者，则李鸿章、张之洞之流是也。谚所谓室漏而补之，愈补则愈漏，衣敝而结之，愈结则愈破。其势固非别构新厦，别出新制，乌乎可哉？若如世之所谓温和改革者，宜莫如李、张矣，不见李鸿章训练之海军洋操，所设之水师学堂医学堂乎？不见张之洞所设之实学馆、自强学堂、铁政局、自强军乎？李以三十年之所变者若此，张以十五年所变者若此。然则再假以五十年使如李、张者，出其温和之手段，以从容布置，到光绪四十年，亦不过多得此等学堂洋操数个而已。一旦有事，则亦不过如甲午之役，望风而溃。于国之亡能稍有救乎？既不能救亡，则与不改革何以异乎？夫以李、张之才如彼,李、张之望如彼,李、张之见信任负大权如彼,李、张之遇无事之时,从容十余年之布置如彼,其所谓改革者乃仅如此,况于中朝守旧庸耄盈廷,以资格任大官,以贿赂得美差,大臣之中安所多得如李、张之才者,而外患之迫,月异而岁不同,又安所更得十余年之从容岁月者,然则舍束手待亡之外,无他计也。不知所谓温和主义者,何以待之,抑世之所谓急激者,岂不以疑惧交乘,怨谤云起,为改革党人所自致乎?语曰:非常之原,黎民惧焉。又曰:凡民可以乐成,难以虑始,从古已然。况今日中国之官之士之民,智识未开,瞢然不知有天下之事,其见改革而惊讶,固所当然也。彼李鸿章前者所办之事,乃西人皮毛之皮毛而已,犹且以此负天下之重谤,况官位远在李鸿章之下,而所欲改革之事,其重大又过于李鸿章所办者数倍乎?夫不除弊而不能布新,前既言之矣。而除旧弊之一事,最易犯众忌而触众怒,故全躯保位惜名之人,每不肯为之,今且勿论他事,即如八股取士锢塞人才之弊,李鸿章、张之洞何尝不知之,何尝不痛心疾首而恶之。张之洞且尝与余言,言废八股为变法第一事矣。而不闻其上折请废之者,盖恐触数百翰林、数千进士、数万举人、教十万秀才、数百万童生之怒,惧其合力以谤己而排挤己也。今夫所谓爱国之士,苟其事有利于国者,则虽败己之身,裂己之名,犹当为之。今既自谓爱国矣,又复爱身焉,又复爱名焉,及至三者不可得兼,则舍国而爱身名,至二者不可得兼,又将舍名而爱身,吾见世之所谓温和者,如斯而已,如斯而已。吉田松阴曰:"观望持重,号称正义者,比比皆然,最为最大下策,何如轻快捷速,打破局面,然后除占地布石之为愈乎?"呜呼!世之所谓温和者,其不见绝于松阴先生者希耳。即以日本论之,幕末藩士,何一非急激之徒,松阴南洲,尤急激之巨魁也,试问非有此急激者,而日本能维新乎?当积弊疲玩之既久,不有雷霆万钧霹雳手段,何能唤起而振救之。日本且然,况今日我中国之积弊更深于日本幕末之际,而外患内忧之亟,视日本尤剧百倍乎。今之所谓温和主义者，犹欲以维新之业，望之于井伊安藤诸阁老也，故康先生之上皇帝书曰：“守旧不可，必当变法，缓变不可，必当速变，小变不可，必当全变。”又曰：“变事而不变法，变法而不变人，则与不变同耳。”故先生所条陈章奏，统筹全局者，凡六七上，其大端在请誓太庙以戒群臣，开制度局以定规模，设十二局以治新政，立民政局以地方自治，其他如迁都兴学，更税法，裁厘金，改律例，重俸禄，遣游历，派游学，设警察，练乡兵，选将帅，设参谋部，大营海军，经营西藏、新疆等事，皆主齐力并举，不能支支节节而为之。而我皇上亦深知此意，徒以无权不能遽行，故屡将先生之折交军机总署会议，严责其无得空言搪塞。盖以见制西后，故欲借群臣之议以定之也。无如下有老耄守旧之大臣，屡经严责而不恤，上有揽权猜忌之西后，一切请命而不行，故皇上与康先生之所欲改革者，百分未得其一焉，使不然者，则此三月之中，旧弊当已尽革，新政当已尽行，制度局之规模当已大备，十二局之条理当已毕详，律例当已改，巨饷当已筹，警察当已设，民兵当已练，南部当已迁都，参谋部当已立。端绪略举，而天下肃然向风矣，今以无权之故，一切所为，非其本意，皇上与康先生方且日日自疚其温和之已甚，而世人乃以急激责之，何其相反乎？嗟乎，局中人曲折困难之苦衷，非局外人所能知也久矣。以谭嗣同之忠勇明达，当其初被征入都，语以皇上无权之事，犹不深信，及七月二十七日皇上欲开懋勤殿，设顾问官，命谭查历朝圣训之成案，将据以请于西后，至是谭乃恍然于皇上之苦衷，而知数月以来改革之事，未足以满皇上之愿也。谭嗣同且如此，况于其他哉。夫以皇上与康先生处至难之境，而苦衷不为天下所共谅，庸何伤焉，而特恐此后我国民不审大局，徒论成败，而曰是急激之咎也，是急激之鉴也，因相率以为戒，相率一事不办，束手待亡，而自以为温和焉。其上者刚率于补漏室，结鹑衣，枝枝节节，畏首畏尾，而自以为温和焉，而我国终无振起之时，而我国四万万同胞之为奴隶，终莫可救矣。是乃所大忧也，故不可以不辩者一也。

第四篇　政变正纪

第一章　推翻新政

八月十一日，复置皇上所裁汰之詹事府等衙门及各省冗员。

按：詹事府等衙门，及各省冗员，皆无事可办。任其职者，皆养尊处优，素餐尸位，朘民之脂膏，以养此无谓之闲人，正如久患痈疽，全体皆含脓血，皇上必汰除之者。以非如此则不能办事也，而一切复置，实为养痈之弊政。

同日禁止士民上书。

按：中国之大患，在内外蔽塞，上下隔绝，皇上许士民上书，乃明目达聪之盛举也。而今禁之，务以抑塞为主义也。

同日废官报局。

同日停止各省府州县设立中学校、小学校。

按：中国之大患，在教育不兴，人才不足，皇上政策首注意于学校教育之事，可谓得其本矣。中国地广人众，非各省府州县遍设学校，不能广造人才。今一切停止，盖不啻秦始皇愚民之政策也。

八月二十四日复八股取士之制。

按：八股取士，为中国锢蔽文明之一大根原。行之千年，使学者坠聪塞明，不识古今，不知五洲，其弊皆由于此。

顾炎武谓其祸更甚于焚书坑儒，洵不诬也。今以数千年之弊俗，皇上之神力，仅能去之，未及数月，而遂复旧观，是使四百兆人民永陷于黑暗地狱而不复能拔也。

同日罢经济特科。

按：经济特科之设，在今年正月初六日，实戊戌新政之原点也。分内政、外交、兵学、工学、理财、格致六门，以实学试士，振起教育之精神，实始于此，顽固大臣等恶实学如仇，故罢之也。

同日废农工商总局。

同日命各督抚查禁全国报馆，严拿报馆主笔。

八月二十六日，禁立会社，拿办会员。

按：中国近两年来风气骤开，颇赖学会之力，自光绪二十一年强学会开设后，继之者则有湖北之质学会，广西之圣学会，湖南之南学会、地图公会、明达学会，广东之粤学会、群学会，苏州之苏学会，上海之不缠足会、农学会、医学会、译书会、蒙学会，北京之知耻会、经济学会，陕西之味经学会，其余小会尚不计其数。盖合众人之力以研究实学，实中国开明之一大机键也。今一律访拿会员，于是各省有志之士，几于无一能免者矣。

月　日废漕运改折之议。

按：漕运一事，徒在运南粮以供北方之食，轮船既通，一商贾之力办之而有余，而国家设官数百人，岁糜千余万，积弊之极，未有过是者，苟裁此全部之官而听商运，则每年岁入可增千余万。官民两利，此全国稍通时务之人所共知也。特官吏因缘此弊，以营利之人太多，故竞阻挠之耳，皇上方欲毅然废之，尚未办到，而西后遽命复之。

月　日复前者裁撤之广东、湖北、云南三巡抚。

按：督抚同城，互相牵制，不能办事，徒縻俸藏，前人多有论之者。皇上裁撤,亦是整顿官制之一端,今亦复设之,盖务尽反皇上之所为也。

九月　日复武试弓刀石之制。

按:八股取土,其可笑已极矣,至于武试用弓刀石,尤为可笑。实以武事为儿戏耳,皇上于今年春间罢之。而今复用之,闭塞至是,何其可怜也。

第二章　穷捕志士

汉十常侍之罪陈蕃、李膺也,宋蔡京之罪司马、韩、苏也,韩侂胄之罪朱子也,明魏忠贤之罪东林诸贤也,阮大铖之罪复社诸贤也,无不以党人之名,株连惨戮,大率其所谓党人者,贤人志土居其十之七八,而株连诸人,未必尽贤者,亦居一二焉。虽然经穷治之后,则元气斲丧,国未有不亡者也。日本幕府之末叶,亦其前车矣。今西后训政以来,穷治维新之人,大率以结党营私四字为其罪案,举国骚扰,缇骑殆遍。今举其明见谕旨者,列其姓名于下:

李端棻　贵州省人,旧任仓场总督,于光绪二十一年,奏请设立京师大学堂,及各省学堂,专注意教育,今年又请改定律例,派人游历日本调查政务,七月皇上特擢礼部尚书。今革职遣戍新疆。

徐致靖　直隶省人,翰林院侍读学士,奏请定国是,废八股,条陈新政。七月皇上特擢署礼部右侍郎。今革职下狱永禁。

徐仁铸　致靖之子,翰林院编修,湖南学政,以实学课士,力行新政,全省移风。今革职永不叙用,上书请代父下狱。

徐仁镜　致靖之子,翰林院编修,力讲求新政。今革职,上书代父下狱。

陈宝箴　江西省人，湖南巡抚。力行新政，开湖南全省学堂，设警察署，开南学会，开矿，行内河轮船，兴全省工艺，勇猛精锐，在湖南一年有余，全省移风，皇上屡诏嘉奖，特为倚用，欲召入政府。今革职永不叙用。

陈三立　宝箴之子，吏部主事，佐其父行新政，散家养才人志士。今伪诏谓其招引奸邪，革职永不叙用，圈禁于家。

张荫桓　广东省人，户部左侍郎，总理各国事务大臣。久游西国，皇上屡问以西法新政，六月特授铁路、矿务大臣。今革职，查抄家产，遣戍新疆。

张百熙　湖南省人，内阁学士，兼礼部侍郎衔，广东学政，以实学课士。今革职留任。

王锡蕃　江苏省人，詹事府少詹事，条陈商务新政。七月皇上超擢署礼部左侍郎。今革职永不叙用。

黄遵宪　广东省人。在上海创设《时务报》，旧任湖南按察使，与陈宝箴力行新政，督理学堂，开办警察署，凡湖南一切新政，皆赖其力，皇上新擢三品卿，出使日本大臣。今免官逮捕。

文廷式　江西省人，前翰林院侍读学士，旧为皇上所信用，西后恶之特甚，于光绪二十二年二月革职，永不叙用。今拿办，逮捕家属。

王　照　直隶省人，原任礼部主事，屡上新政条陈，曾请皇上出游日本，七月上超擢赏三品衔，以四品京堂候补。今革职拿办，逮捕家属，查抄家产。

江　标　江苏省人，旧任翰林院编修，湖南学政，力行实学，开辟湖南全省风气，七月皇上擢超以四品京卿候补，在总理衙门章京上行走。今革职永不叙用，圈禁于家。

端　方　满洲人，原任霸昌道。六月皇上新授三品卿衔，督办农工商局新政。今销衔撤差，后以他故，复升任陕西按察使。

徐建寅　江苏省人，原任直隶候补道，福建船政局总办，久游西国，通工艺之学，六月皇上授三品卿衔，督办农工商局新政。今销衔撤差。

吴懋鼎　直隶候补道，六月皇上新授三品卿衔，督办农工商局新政。今销衔撤差。

宋伯鲁　陕西省人，山东道御史，屡上奏定国是，废八股，劾奸党，言诸新政最多。今革职永不叙用，并拿问。

李岳瑞　陕西省人，工部员外郎，总理衙门章京，兼办铁路矿务事，上书请变服制，用客卿。今革职永不叙用。

张元济　浙江省人，刑部主事，总理衙门章京，兼办铁路矿务事，大学堂总办，上书请变官制，去拜跪。今革职永不叙用。

熊希龄　湖南省人，翰林院庶吉士，助陈宝箴、黄遵宪力行新政，湖南之转移风气，皆赖其力。今革职永不叙用，圈禁于家。

康有为　广东省人，工部主事，皇上擢总理各国事务衙门章京，督办官报局。今革职拿办，逮捕族属，查抄家产。

梁启超　广东省人，举人，皇上授六品衔，办理译书局。今革职拿办，逮捕族属，查抄家产。

右二十二人被拿办下狱，革职圈禁，停差逮捕家属者。

康广仁　广东省人，候补主事，康有为之胞弟，因新政株连。

杨深秀　山西省人，山东道御史，上书言定国是，废科举，译日本书，派亲王游历外国，遣学生留学日本等事，所条陈新政最多。

杨　锐　四川省人，内阁侍读，七月皇上特擢四品卿衔，军机章京，参预新政。

林　旭　福建省人，内阁中书，七月皇上特擢四品卿衔，军机章京，参预新政。

刘光第　四川省人，刑部主事，七月皇上特擢四品卿衔，军机章京，参预新政。

谭嗣同　湖南省人，江苏候补知府，七月皇上特擢四品卿衔，军机章京，参预新政。

以上杨林刘谭四人为军机四卿，皇上以新政托之，与康有为同奉密诏者。

右六人被戮。

宋秦桧之杀岳飞也，以“莫须有”三字断狱。后世读史者，犹以为千古之奇冤。夫曰莫须有，则犹有鞫狱之辞矣。明严嵩之杀杨继盛也，魏忠贤之杀杨涟、左光斗也，必在狱中桁杨搒掠，毒刑惨刻，逼使供招，罗织成罪案，然后杀之，蓄其心犹知天下之有清议，欲藉此以掩人耳目也。今六烈士之就义也，于八月十二日有伪诏命刑部于十三日讯鞫，及十三日刑部诸官方到堂，坐待提讯，而已又有伪诏命毋庸讯鞫，即缚赴市曹处斩矣。夫不讯鞫而杀人，虽最野蛮之国，亦无此政体也，虽众人所唾骂之秦桧、严嵩、魏忠贤，犹不至如是之无忌惮也。盖彼恐一讯鞫，则虚构之狱，无由成谳，而改革之根株不能绝也。观其诬康有为之罪名也，初则曰酖弑皇上，继则曰结党营私，终则曰谋围颐和园，十日之间，罪名三变，信口捏造，任意指诬，究之诸人所犯何罪，则犯罪者未知之，治罪者亦未知之，旁观更无论也。九月二十二日，天津《国闻报》照录上海《新闻报》康有为论，而加以跋语，其言最为直捷切当，言人所不敢言，今照录于下，其言曰：

> 三代以前列国并处，君权不甚尊，民义不甚绝，故其时毁誉是非，犹存直道。秦汉以降，中国一家，功道罪魁，悉凭朝论，士苟得罪于廷议，则四境之内，一姓之朝，皆将无所逃命，文致罗织，何患无辞，故天下至不平而可伤心之事，莫甚于凭一家之私说，而无两造之讼直。即如康有为一狱，自八月初六日以后，中国之懿旨上谕，始则曰辩言乱政，继则曰大逆不道。凡在中国臣民，其独居深

叹,抉隐表微之士,视康有为为何如人,仆固未暇深论,若相遇于稠人广众之间,抗论于广厦细旃之上,其有慷慨陈词,为康讼直者乎?夫为中国之臣民,则亦安得不尔也。上海《新闻报》于此次国事之变,记载最详,见闻亦最广,而犯难敢言,尤为各报之冠,一载康之问答,再登康之来书,与中国皇帝之密谕,其孰是孰非,孰真孰伪,固未敢据是以为断,而援两造之辞,以成千载之信狱,则东西各邦,来兹觇国者,皆将于此取资,而求其定论,则立说尤不可以不慎。然仆独不解其论康有为,乃有奏饬袁世凯调新建陆军三千人入京之说,是说也,欲成其谳,须有四证,一康之奏文,二袁之告辞,三皇帝之谕旨,四同谋杨、刘、林、谭之供状,度新闻报馆,当必有真凭的据,可以证成其词者,不然则与八月十三日上谕"谋围颐和园"五字,前不见来踪,后不见去影,冥冥九阍,茫茫中古,长留此不明不白一种疑案而已。经称罪人不孥,盖罚罪而及于家族,此最野蛮之政体,凡稍开化之国,必不如是也。中国自前明以来,间有此风,及本朝以宽仁为政,康熙朝特废此例,盖亦渐进文明之一端也。今兹之政变也,康有为、梁启超、王照、文廷式等,皆逮捕家属,几于族灭,乃至毁掘坟墓,掳掠妇女,行同盗贼,所过为墟。他人之族吾未深论,即以吾之乡族言之。有族中二孕妇,余至今犹未识其人者,而被掠去,坠胎而死,夫无论余之罪之未有定谳也,即使余犯寸磔之罪,与此妇人何与?乃亦横遭此惨,似此豺狼之政体,稍有人心者闻之能无发指乎?

第五篇　殉难六烈士传

康广仁传

康君名有溥，字广仁，以字行，号幼博，又号大广，南海先生同母弟也。精悍厉鸷，明照锐断，见事理若区别黑白，勇于任事，洞于察机，善于观人，达于生死之故，长于治事之条理，严于律己，勇于改过。自少即绝意不事举业，以为本国之弱亡，皆由八股锢塞人才所致，故深恶痛绝之，偶一应试，辄弃去。弱冠后，尝为小吏于浙。盖君少年血气太刚，倜傥自喜，行事间或跅弛，逾越范围，南海先生欲裁抑之，故遣入宦场，使之游于人间最秽之域，阅历乎猥鄙奔竞险诈苟且阘冗势利之境，使之察知世俗之情伪，然后可以收敛其客气，变化其气质，增长其识量。君为吏岁余，尝委保甲差、文闱差，阅历宦场既深，大耻之，挂冠而归。自是进德勇猛，气质大变，视前此若两人矣。君天才本卓绝，又得贤兄之教，覃精名理，故其发论往往精奇悍锐，出人意表，闻者为之咋舌变色，然按之理势，实无不切当。自弃官以后，经历更深，学识更加，每与论一事，穷其条理，料其将来，不爽累黍，故南海先生常资为谋议焉。今年春，胶州、旅顺既失，南海先生上书痛哭论国是，请改革。君曰："今日在我国而言改革，凡百政事皆第二著也，若第一著，则惟当变科举，废八股取士之制，使举国之士，咸弃其顽固谬陋之学，以讲求实用之学，则天下之人如瞽者忽开目,恍然于万国强弱之故,爱国之心自生,人才自出矣。阿兄历年所陈改革之事,皆千条万绪,彼政府之人早已望而生畏,故不能行也。今当以全副精神专注于废八股之一事,锲而不舍,或可有成。此关一破,则一切新政之根芽已立矣。"盖当时犹未深知皇上之圣明,故于改革之事,不敢多所奢望也。及南海先生既召见,乡会八股之试既废,海内志士额手为国家庆。君乃曰:"士之数莫多于童生与秀才,几居全数百分之九十九焉。今但变乡会试而不变岁科试,未足以振刷此辈之心目。且乡会试期在三年以后,为期太缓。此三年中,人事靡常。今必先变童试、岁科试,立刻施行,然后可。"乃与御史宋伯鲁谋,抗疏言之,得旨俞允。于是君语南海先生曰:"阿兄可以出京矣。我国改革之期,今尚未至。且千年来行愚民之政,压抑既久,人才乏绝,今全国之材,尚不足任全国之事,改革甚难有效。今科举既变,学堂既开,阿兄宜归广东、上海,卓如宜归湖南,卓如者,余之字也。时余在湖南时务学堂为总教习,故云然。专心教育之事,著书译书撰报,激厉士民爱国之心,养成多数实用之才,三年之后,然后可大行改革也。"时南海先生初被知遇,天眷优渥,感激君恩,不忍舍去。既而天津阅兵废立之事,渐有所闻,君复语曰:"自古无主权不一之国而能成大事者。今皇上虽天亶睿圣,然无赏罚之权,全国大柄,皆在西后之手,而满人之猜忌如此,守旧大臣之相嫉如此,何能有成?阿兄速当出京养晦矣。"先生曰:"孔子之圣,知其不可而为之;凡人见孺子将入于井,犹思援之,况全国之命乎?况君父之难乎?西后之专横,旧党之顽固,皇上非不知之,然皇上犹且舍位忘身,以救天下,我忝受知遇,义固不可引身而退也。"君复曰:"阿兄虽舍身思救之,然于事必不能有益,徒一死耳。死固不足惜,但阿兄生平所志所学,欲发明公理以救全世界之众生者,他日之事业正多,责任正重,今尚非死所也。"先生曰:"生死自有天命,吾十五年前经华德里筑屋之下,飞砖猝坠,掠面而下,面损流血。使彼时飞砖斜落半寸,击于脑,则死久矣。

天下之境遇，皆华德里飞砖之类也。今日之事虽险，吾亦以飞砖视之，但行吾心之所安而已，他事非所计也。”自是君不复敢言出京。然南海先生每欲有所陈奏，有所兴革，君必劝阻之，谓当俟诸九月阅兵以后，若皇上得免于难，然后大举，未为晚也。故事凡皇上有所敕任，有所赐赉，必诣宫门谢恩，赐召见焉。南海先生先后奉命为总理各国事务衙门章京，督办官报局，又以著书之故，赐金二千两，皆当谢恩，君独谓：“西后及满洲党相忌已甚，阿兄若屡见皇上，徒增其疑而速其变，不如勿往。”故先生自六月以后，上书极少，又不觐见。但上折谢恩，惟于所进呈之书，言改革之条理而已，皆从君之意也，其料事之明如此。南海先生既决意不出都，俟九月阅兵之役，谋有所救护，而君与谭君任此事最力。初余既奉命督办译书，以君久在大同译书局，谙练此事，欲托君出上海总其成。行有日矣，而八月初二日忽奉明诏，命南海先生出京；初三日又奉密诏敦促，一日不可留。先生恋阙甚耿耿，君乃曰：“阿兄即行，弟与复生、卓如及诸君力谋之。”盖是时虽知事急，然以为其发难终在九月，故欲竭蹶死力有所布置也，以故先生行而君独留。遂及于难，其临大节之不苟又如此。君明于大道，达于生死，常语余云：“吾生三十年，见兄弟戚友之年与我相若者，今死去不计其数矣。吾每将己身与彼辈相较，常作已死观，今之犹在人间，作死而复生观。故应做之事，即放胆做去，无所罣碍，无所恐怖也。”盖君之从容就义者，其根柢深厚矣。既被逮之日，与同居二人程式穀、钱维骥同在狱中，言笑自若，高歌声出金石。程、钱等固不知密诏及救护之事，然闻令出西后，乃曰：“我等必死矣。”君厉声曰：“死亦何伤！汝年已二十余矣，我年已三十余矣，不犹愈于生数月而死数岁而死者乎？且一刀而死，不犹愈于抱病岁月而死者乎？特恐我等未必死耳，死则中国之强在此矣，死又何伤哉？”程曰：“君所言甚是。第外国变法，皆前者死，后者继。今我国新党甚寡弱，恐我辈一死，后无继者也。”君曰：“八股已废，人才将辈出矣，何患无继哉？”

神气雍容,临节终不少变,呜呼烈矣!南海先生之学,以仁为宗旨,君则以义为宗旨。故其治事也,专明权限,能断割,不妄求人,不妄接人,严于辞受取与,有高掌远蹠摧陷廓清之概,于同时士大夫之豪俊皆俛视之。当十六岁时,因恶帖括,故不悦学,父兄责之,即自抗颜为童子师。疑其游戏必不成,姑试之。而从之学者有八九人,端坐课弟子,庄肃俨然,手创学规,严整有度,虽极顽横之童子,戢戢奉法惟谨。自是知其为治事才,一切家事营办督租皆委焉。其治事如商君法,如孙武令,严密缜栗,令出必行,奴仆无不畏之,故事无不举。少年曾与先生同居一楼,楼前有芭蕉一株,经秋后败叶狼藉。先生故有茂对万物之心,窗草不除之意,甚爱护之。忽一日,失蕉所在,则君所锄弃也。先生责其不仁,君曰:"留此何用,徒乱人意。"又一日,先生命君检查屋上旧书整理之,以累世为儒,阁上藏前代帖括甚多,君举而付之一炬。先生诘之,君则曰:"是区区者尚不割舍邪?留此物,此楼何时得清净。"此皆君十二三岁时轶事也。虽细端,亦可以验见其刚断之气矣。君事母最孝,非在侧则母不欢,母有所烦恼,得君数言,辄怡笑以解。盖其在母侧,纯为孺子之容,与接朋辈任事时,若两人云。最深于自知,勇于改过。其事为己所不能任者,必自白之,不轻许可;及其既任,则以力殉之;有过失,必自知之、自言之而痛改之,盖光明磊落,肝胆照人焉。君尝慨中国医学之不讲,草菅人命,学医于美人嘉约翰,三年,遂通泰西医术。欲以移中国,在沪创医学堂,草具章程,虽以事未成,而后必行之。盖君之勇断,足以廓清国家之积弊,其明察精细,足以经营国家治平之条理,而未能一得藉手,遂殉国以殁。其所办之事,则在澳门创立《知新报》,发明民政之公理;在上海设译书局,译日本书,以开民智;在西樵乡设一学校,以泰西政学教授乡之子弟;先生恶妇女缠足,壬午年创不缠足会而未成,君卒成之,粤风大移,粤会成则与超推之于沪,集士夫开不缠足大会,君实为总持;又与同志创女学堂,以救妇女之患,行太平之义:于君才未尽十一，亦可以观其志矣。君虽不喜章句记诵词章之学，明算工书，能作篆，尝为诗骈散文，然以为无用，既不求工，亦不存稿，盖皆以余事为之，故遗文存者无几，然其言往往发前人所未发，言人所不敢言。盖南海先生于一切名理，每仅发其端，含蓄而不尽言，君则推波助澜，穷其究竟，达其极点，故精思伟论独多焉。君既殁，朋辈将记忆其言语裒而集之，以传于后。君既弃浙官，今年改官候选主事。妻黄谨娱，为中国女学会倡办董事。

论曰：徐子靖、王小航常语余云，二康皆绝伦之资，各有所长，不能轩轾。其言虽稍过，然幼博之才，真今日救时之良矣。世人莫不知南海先生，而罕知幼博，盖为兄所掩，无足怪也。而先生之好仁，与幼博之持义，适足以相补，故先生之行事，出于幼博所左右者为多焉。六烈士之中，任事之勇猛，性行之笃挚，惟复生与幼博为最。复生学问之深博，过于幼博；幼博治事之条理，过于复生：两人之才，真未易轩轾也。呜呼！今日眼中之人，求如两君者，可复得乎？可复得乎？幼博之入京也，在今春二月。时余适自湘大病出沪，扶病入京师应春官试。幼博善医学，于余之病也，为之调护饮食，剂医药，至是则伴余同北行。盖幼博之入京，本无他事，不过为余病耳。余病不死，而幼博死于余之病，余疚何如哉？

杨深秀传

杨君字漪邨，又号孴孴子，山西闻喜县人也。少颖敏，十二岁录为县学附生，博学强记，自十三经、史、汉、通鉴、管、荀、庄、墨、老、列、韩、吕诸子，乃至《说文》、《玉篇》、《水经注》，旁及佛典，皆能举其辞，又能钩玄提要，独有心得，考据宏博，而能讲宋明义理之学，以气节自厉，岩峣独出,为山西儒宗。其为举人负士林重望。光绪八年,张公之洞巡抚山西,创令德堂,教全省士以经史、考据、词章、义理之学,特聘君为院长,以矜式多士。光绪十五年成进士,授刑部主事,累迁郎中。光绪二十三年十二月授山东道监察御史,二十四年正月俄人胁割旅顺、大连湾,君始入台,第一疏即极言地球大势,请联英、日以拒俄,词甚切直。时都中人士,皆知君深于旧学,而不知其达时务,至是共惊服之。君与康君广仁交最厚,康君专持废八股为救中国第一事,日夜谋此举。四月初间,君乃先抗疏请更文体,凡试事仍以四书五经命题,而篇中当纵论时事,不得仍破承、八股之式,盖八股之弊积之千年,恐未能一旦遽扫,故以渐而进也。疏上,奉旨交部臣议行,时皇上锐意维新,而守旧大臣盈廷,竞思阻挠。君谓国是不定,则人心不知所向,如泛舟中流而不知所济,乃与徐公致靖先后上疏,请定国是。至四月二十三日,国是之诏遂下,天下志士喁喁向风矣。初请更文体之疏,既交部议,而礼部尚书许应骙庸谬昏横,辄欲驳斥,又于经济科一事,多为阻挠。时八股尚未废,许自恃为礼部长官,专务遏抑斯举,君于是与御史宋伯鲁合疏劾之,有诏命许应骙自陈,于是旧党始恶君,力与为难矣。御史文悌者,满洲人也。以满人久居内城,知宫中事最悉,颇愤西后之专横,经胶旅后,虑国危。闻君门下有某人者,抚北方豪士千数百人,适同侍祠,竟夕语君宫中隐事,皆西后淫乐之事也。既而曰:"君知长麟去官之故乎?长麟以上名虽亲政,实则受制于后,请上独揽大权。"曰:"西后于穆宗则为生母,于皇上则为先帝之遗妾耳,天子无以妾母为母者,其言可谓独得大义矣。"君然之,文又曰:"吾奉命查宗人府囚,见澍贝勒仅一裤蔽体,上身无衣,时方正月祁寒,拥炉战栗,吾怜之,赏钱十千,西后之刻虐皇孙如此,盖为上示戒,故上见后辄颤,此与唐武氏何异?"因慷慨诵徐敬业讨武氏檄燕啄王孙四语,目眦欲裂,君美其忠诚,乃告君曰:"吾少尝慕游侠能逾墙,抚有昆仑奴甚多,若有志士相助,可一举成大业,闻君门下多识豪杰,能觅其人以救国乎?”君壮其言而虑其难,时文数访康先生,一切奏章,皆请先生代草之,甚密。君告先生以文有此意,恐事难成,先生见文则诘之,文色变,虑君之泄漏而败事也。日腾谤于朝以求自解,犹虑不免,乃露章劾君与彼有不可告人之言,以先生开保国会,为守旧大众所恶,因附会劾之,以媚于众,政变后之伪谕,为康先生谋围颐和园,实自文悌起也。文悌疏既上,皇上非惟不罪宋杨,且责文之诬罔,令还原衙门行走。于是君益感激天知,誓死以报,连上书请设译书局译日本书,请派新王贝勒宗室游历各国,遣学生留学日本,皆蒙采纳施行,又请上面试京朝官,日轮二十八人,择通才召见试用,而罢其老庸愚不通时务者,于是朝士大怨。然三月以来,台谏之中,毗赞新政者,惟君之功为最多。湖南巡抚陈宝箴力行新政,为疆臣之冠,而湖南守旧党与之为难,交章弹劾之,其诬词不可听闻。君独抗疏为剖辨,于是奉旨奖励陈而严责旧党,湖南浮议稍息,陈乃得复行其志。至八月初六日垂帘之伪命既下,党案已发,京师人人惊悚,志士或捕或匿奸燄昌披,莫敢撄其锋,君独抗疏诘问皇上被废之故,援引大义,切陈国难,请西后撤帘归政,遂就缚。狱中有诗十数章,怆怀圣君,睠念外患,忠气之诚,溢于言表。论者以为虽前明方正学杨椒山之烈不是过也。君持躬廉正,取与之间,虽一介不苟,官御史时家赤贫,衣食或不继,时惟庸诗文以自给,不稍改其初,居京师二十年,恶衣菲食敝车羸马,坚苦刻厉,高节绝伦,盖有古君子之风焉。子韨田,字米裳,举人,能世其学,通天、算、格致,厉节笃行,有父风。

论曰:漪邨先生可谓义形于色矣。彼逆后贼臣,包藏祸心,蓄志既久,先生岂不知之?垂帘之诏既下,祸变已成,非空言所能补救,先生岂不知之?而乃入虎穴,蹈虎尾,抗疏谔谔,为请撤帘之迂论,斯岂非孔子所谓愚不可及者耶?八月初六之变,天地反常,日月异色,内外大小臣僚以数万计,下心低首,忍气吞声,无一敢怒之而敢言之者。而先生乃从容慷慨,以明大义于天下,宁不知其无益哉?以为凡有血气者固不可不尔也,呜呼!荆卿虽醢,暴嬴之魄已寒;敬业虽夷,牝朝之数随尽。仁人君子之立言行事,岂计成败乎?岂计成败乎?漪邨先生可谓义形于色矣。

杨锐传

杨锐字叔峤,又字钝叔,四川绵竹县人,性笃谨,不妄言邪视,好词章。张公之洞督学四川,君时尚少,为张所拔识,因受业为弟子。张爱其谨密,甚相亲信。光绪十五年,以举人授内阁中书,张出任封疆,将二十年,而君供职京僚。张有子在京师,而京师事不托之子而托之君。张于京师消息一切藉君有所考察,皆托之于君。书电络绎,盖为张第一亲厚之弟子。而举其经济特科,而君之旅费亦张所供养也。君鲠直尚名节,最慕汉党锢明东林之行谊,自乙未和议以后,乃益慷慨谈时务,时南海先生在京师,过从极密,南海与志士倡设强学会,君起而和之,甚力。其年十月,御史杨崇伊承某大臣意旨,劾强学会,遂下诏封禁,会中志士愤激连署争之,向例凡连署之书,其名次皆以衙门为先后,君官内阁当首署,而会员中□君□□亦同官内阁,争首署,君曰:“我于本衙门为前辈,乃先焉。”当时会既被禁,京师哗然,谓将兴大狱,君乃奋然率诸人以抗争之,亦可谓不畏强御矣。丁酉冬,胶变起,康先生至京师上书,君乃日与谋,极称之于给事高君燮曾,高君之疏荐康先生,君之力也。今年二月,康先生倡保国会于京师,君与刘君光第皆为会员。又自开蜀学会于四川会馆,集赀巨万,规模仓卒而成。以此益为守旧者所嫉忌,张公之洞累欲荐之,以门人避嫌,乃告湖南巡抚陈公宝箴荐之,召见加四品卿衔,充军机章京,与谭、刘、林同参预新政,拜命之日,皇上亲以黄匣缄一朱谕授四人,命竭力赞襄新政,无得瞻顾,凡有奏折,皆经四卿阅视。

凡有上谕，皆经四卿属草。于是军机大臣嫉妒之，势不两立。七月下旬，宫中变态已作，上于二十九日召见君，赐以衣带诏，乃言位将不保，命康先生与四人同设法救护者也。君久居京师，最审朝局，又习闻宫廷之事，知二十年来之国脉，皆斲丧于西后之手，愤懑不自禁，义气形于词色。故与御史朱一新、安维峻，学士文廷式交最契，朱者曾疏劾西后嬖宦李莲英，因忤后落职者也。安者曾疏请西后勿揽政权，因忤后遣戍塞外者也。文者曾请皇上自收大权，因忤后革职驱逐者也。君习与诸君游，宗旨最合。久有裁抑吕武之志，至是奉诏与诸同志谋卫上变，遂被逮授命。君博学，长于诗，尝辑注《晋书》，极闳博，于京师诸名士中称尊宿焉，然谦抑自持，与人言恂恂如不出口，绝无名士轻薄之风，君子重之。

论曰：叔峤之接人发论，循循若处子，至其尚气节，明大义，立身不苟，见危授命，有古君子之风焉。以视平日口谈忠孝，动称义愤，一遇君父朋友之难，则反眼下石者何哉？

林旭传

林君字暾谷，福建侯官县人，南海先生之弟子也。自童龀颖绝秀出，负意气，天才特达，如竹箭标举，干云而上，冠岁乡试冠全省，读其文奥雅奇伟，莫不惊之。长老名宿皆与折节为忘年交，故所友皆一时闻人，其于诗词骈散文皆天授，文如汉魏人，诗如宋人，波澜老成，瑰奥深秾，流行京师，名动一时。乙未割辽台，君方应试春官，乃发愤上书，请拒和议，盖意志已倜傥矣。既而官内阁中书，盖闻南海之学慕之，谒南海，闻所论政教宗旨，大心折，遂受业焉。先是胶警初报，事变綦急，南海先生以为振厉士气，乃保国之基础，欲令各省志士各为学会以相讲求,则声气易通,讲求易熟,于京师先倡粤学会、蜀学会、闽学会、浙学会、陕学会等,而杨君锐实为蜀学会之领袖。君遍谒乡先达鼓之,一日而成。以正月初十日开大会于福建会馆,闽中名士夫皆集,而君实为闽学会之领袖焉。及开保国会,君为会中倡始董事,提倡最力,初荣禄尝为福州将军,雅好闽人,而君又沈文肃公之孙婿,才名藉甚,故荣颇欲罗致之。五月荣既至天津,乃招君入幕府。君入都请命于南海,问可就否。南海曰:"就之何害?若能责以大义,怵以时变,从容开导其迷谬,暗中消遏其阴谋,亦大善事也。"于是君乃决就荣聘,已而举应经济特科,会少詹王锡蕃荐君于朝,七月召见,上命将奏对之语再誊出呈览,盖因君操闽语,上不尽解也。君退朝具折奏上,折中称述师说甚详,皇上既知为康某之弟子,因信任之。遂与谭君等同授四品卿衔,入军机参预新政。十日之中,所陈奏甚多,上谕多由君所拟。初二日,皇上赐康先生密谕,令速出京,亦交君传出,盖深信之也。既奉密谕,谭君等距踊椎号,时袁世凯方在京,谋出密诏示之,激其义愤,而君不谓然,作一小诗代简,致之谭等曰:伏蒲泣血知何用,慷慨何曾报主恩。愿为公歌千里草,本初健者莫轻言。盖指东汉何进之事也。及变起,同被捕,十三日斩于市。临刑呼监斩吏问罪名,吏不顾而去,君神色不稍变云。著有《晚翠轩诗集》若干卷,长短句及杂文若干卷。妻沈静仪,沈文肃公葆桢之孙女,得报痛哭不欲生,将亲入都收遗骸,为家人所劝禁,乃仰药以殉。

论曰:暾谷少余一岁,余以弟畜之。暾谷故长于诗词,喜吟咏,余规之曰:"词章乃娱魂调性之具,偶一为之可也,若以为业,则玩物丧志,与声色之累无异。方今世变日亟,以君之才,岂可溺于是。"君幡然戒诗,尽割舍旧习,从南海治义理经世之学,岂所谓从善如不及邪?荣禄之爱暾谷,罗致暾谷,致敬尽礼,一旦则悍然不问其罪否,骈而戮之,彼豺狼者岂复有爱根邪?翻手为云,覆手为雨,朝杯酒,暮白刃,虽父母兄弟，犹且不顾，他又何怪。

刘光第传

刘君字裴村，四川富顺县人。性端重敦笃，不苟言笑，志节崭然，博学能文诗，善书法，诗在韩杜之间，书学鲁公，气骨森竦，严整肖其为人。弱冠后成进士，授刑部主事，治事精严。光绪二十年，以亲丧去官，教授乡里，提倡实学，蜀人化之。官京师，闭户读书，不与时流所谓名士通，故人鲜知者。及南海先生开保国会，君翩然来为会员，七月以陈公宝箴荐，召见加四品卿衔，充军机章京，参预新政。初君与谭君尚未识面，至是既同官又同班。故事军机章京，凡两班轮日入直时，君与谭君同在二班云。则大相契，谭君以为京师所见高节笃行之士，罕其比也。向例凡初入军机者，内侍例索赏钱，君持正不与。礼亲王军机首辅，生日祝寿，同僚皆往拜，君不往。军机大臣裕禄擢礼部尚书，同僚皆往贺，君不贺，谓时事艰难，吾辈拜爵于朝，当劬王事，岂有暇奔走媚事权贵哉，其气节严厉如此。七月二十六日有湖南守旧党曾廉上书请杀南海先生及余，深文罗织，谓为叛逆，皇上恐西后见之，将有不测之怒，乃将其折交裕禄命转交谭君按条详驳之，谭君驳语云："臣嗣同以百口保康梁之忠，若曾廉之言属实，臣嗣同请先坐罪。"君与谭君同在二班，乃并署名曰："臣光第亦请先坐罪。"谭君大敬而惊之。君曰："即微皇上之命，亦当救志士。况有君命耶，仆不让君独为君子也。"于是谭君益大服君。变既作，四卿同被逮下狱，未经讯鞫。故事提犯自东门出则宥，出西门则死。十三日使者提君等六人自西门出，同人未知生死，君久于刑部，谙囚狱故事，太息曰："吾属死，正气尽。"闻者莫不挥泪。君既就义，其嗣子赴市曹伏尸痛哭一日夜以死。君家贫，坚苦刻厉，诗文甚富，就义后，未知其稿所在。

论曰：裴村之识余，介□□□先生，□□先生有道之士也。余以是敬裴村，然裴村之在京师，闭门谢客，故过从希焉，南海先生则未尝通拜答，但于保国会识一面，而于曾廉之事，裴村以死相救。呜呼！真古之人哉，古之人哉。与裴村未稔，故不能详记其行谊，虽然荦荦数端，亦可以见其概矣。

谭嗣同传

谭君字复生，又号壮飞，湖南浏阳县人。少倜傥有大志，淹通群籍，能文章，好任侠，善剑术。父继洵，官湖北巡抚。幼丧母，为父妾所虐，备极孤孽苦，故操心危，虑患深，而德慧术智日增长焉。弱冠从军新疆，游巡抚刘公锦棠幕府。刘大奇其才，将荐之于朝，会刘以养亲去官，不果。自是十年，来往于直隶、新疆、甘肃、陕西、河南、湖南、湖北、江苏、安徽、浙江、台湾各省，察视风土，物色豪杰。然终以巡抚君拘谨，不许远游，未能尽其四方之志也。自甲午战事后，益发愤提倡新学，首在浏阳设一学会，集同志讲求磨砺，实为湖南全省新学之起点焉。时南海先生方倡强学会于北京及上海，天下志士，走集应和之。君乃自湖南溯江下上海，游京师，将以谒先生，而先生适归广东，不获见。余方在京师强学会任记纂之役，始与君相见，语以南海讲学之宗旨，经世之条理，则感动大喜跃，自称私淑弟子，自是学识更日益进。时和议初定，人人怀国耻，士气稍振起。君则激昂慷慨，大声疾呼。海内有志之士，睹其丰采，闻其言论，知其为非常人矣。以父命就官为候补知府，需次金陵者一年，闭户养心读书，冥探孔佛之精奥，会通群哲之心法，衍绎南海之宗旨，成《仁学》一书。又时时至上海与同志商量学术，讨论天下事，未尝与俗吏一相接。君常自谓“作吏一年，无异入山”。时陈公宝箴为湖南巡抚，其子三立辅之，慨然以湖南开化为己任。丁酉六月，黄君遵宪适拜湖南按察使之命；八月，徐君仁铸又来督湘学。湖南绅士□□□□□□□□□等蹈厉奋发，提倡桑梓，志士渐集于湘楚。陈公父子与前任学政江君标乃谋大集豪杰于湘南，并力经营，为诸省之倡。于是聘余及□□□□□□□等为学堂教习，召□□□归练兵。而君亦为陈公所敦促，即弃官归，安置眷属于其浏阳之乡，而独留长沙，与群志士办新政。于是湖南倡办之事，若内河小轮船也，商办矿务也，湘粤铁路也，时务学堂也，武备学堂也，保卫局也，南学会也，皆君所倡论擘画者，而以南学会最为盛业。设会之意，将合南部诸省志士，联为一气，相与讲爱国之理，求救亡之法，而先从湖南一省办起，盖实兼学会与地方议会之规模焉。地方有事，公议而行，此议会之意也；每七日大集众而讲学，演说万国大势，及政学原理，此学会之意也。于时君实为学长，任演说之事。每会集者千数百人，君慷慨论天下事，闻者无不感动。故湖南全省风气大开，君之功居多。今年四月定国是之诏既下，君以学士徐公致靖荐被征，适大病不能行，至七月乃扶病入觐，奏对称旨。皇上超擢四品卿衔，军机章京，与杨锐、林旭、刘光第同参预新政，时号为军机四卿。参预新政者，犹唐宋之参知政事，实宰相之职也。皇上欲大用康先生，而上畏西后，不敢行其志。数月以来，皇上有所询问，则令总理衙门传旨，先生有所陈奏，则著之于所进呈书之中而已。自四卿入军机，然后皇上与康先生之意始能少通，锐意欲行大改革矣。而西后及贼臣忌益甚，未及十日，而变已起。初君之始入京也，与言皇上无权西后阻挠之事，君不之信。及七月二十七日，皇上欲开懋勤殿设顾问官，命君拟旨。先遣内侍持历朝圣训授君，传上言谓康熙、乾隆、咸丰三朝有开懋勤殿故事，令查出引入上谕中，盖将以二十八日亲往颐和园请命西后云。君退朝，乃告同人曰："今而知皇上之真无权矣。"至二十八日，京朝人人咸知懋勤殿之事，以为今日谕旨将下，而卒不下，于是益知西后与帝之不相容矣。二十九日,皇上召见杨锐,遂赐衣带诏,有"朕位几不保,命康与四卿及同志速设法筹救"之诏。君与康先生捧诏恸哭,而皇上手无寸柄,无所为计。时诸将之中,惟袁世凯久使朝鲜,讲中外之故,力主变法。君密奏请皇上结以恩遇,冀缓急或可救助,词极激切。八月初一日,上召见袁世凯,特赏侍郎。初二日复召见。初三日夕,君径造袁所寓之法华寺,直诘袁曰:"君谓皇上何如人也?"袁曰:"旷代之圣主也。"君曰:"天津阅兵之阴谋,君知之乎?"袁曰:"然,固有所闻。"君乃直出密诏示之曰:"今日可以救我圣主者,惟在足下,足下欲救则救之。"又以手自抚其颈曰:"苟不欲救,请至颐和园首仆而杀仆,可以得富贵也。"袁正色厉声曰:"君以袁某为何如人哉?圣主乃吾辈所共事之主,仆与足下同受非常之遇,救护之责,非独足下,若有所教,仆固愿闻也。"君曰:"荣禄密谋,全在天津阅兵之举,足下及董、聂三军,皆受荣所节制,将挟兵力以行大事。虽然董、聂不足道也,天下健者惟有足下。若变起,足下以一军敌彼二军,保护圣主,复大权,清君侧,肃宫廷,指挥若定,不世之业也。"袁曰:"若皇上于阅兵时疾驰入仆营,传号令以诛奸贼,则仆必能从诸君子之后,竭死力以补救。"君曰:"荣禄遇足下素厚,足下何以待之?"袁笑而不言,袁幕府某曰:"荣贼并非推心待慰帅者。昔某公欲增慰帅兵,荣曰:'汉人未可假大兵权。'盖向来不过笼络耳。即如前年胡景桂参劾慰帅一事,胡乃荣之私人,荣遣其劾帅而己查办,昭雪之以市恩。既而胡即放宁夏知府,旋升宁夏道。此乃荣贼心计险极巧极之处,慰帅岂不知之?"君乃曰:"荣禄固操莽之才,绝世之雄,待之恐不易易。"袁怒目视曰:"若皇上在仆营,则诛荣禄如杀一狗耳。"因相与言救上之条理甚详。袁曰:"今营中枪弹火药皆在荣贼之手,而营哨各官亦多属旧人。事急矣!既定策,则仆须急归营,更选将官,而设法备贮弹药则可也。"乃丁宁而去,时八月初三夜漏三下矣。至初五日,袁复召见,闻亦奉有密诏云。至初六日变遂发。时余方访君寓,对坐榻上,有所擘画，而抄捕南海馆（康先生所居也）之报忽至，旋闻垂帘之谕。君从容语余曰："昔欲救皇上既无可救，今欲救先生亦无可救，吾已无事可办，惟待死期耳。虽然，天下事知其不可而为之，足下试入日本使馆谒伊藤氏请致电上海领事而救先生焉。"余是夕宿于日本使馆，君竟日不出门，以待捕者。捕者既不至，则于其明日入日本使馆与余相见，劝东游，且携所著书及诗文辞稿本数册家书一箧托焉。曰："不有行者，无以图将来；不有死者，无以酬圣主。今南海之生死未可卜，程婴杵臼，月照西乡，吾与足下分任之。"遂相与一抱而别。初七八九三日，君复与侠士谋救皇上，事卒不成。初十日遂被逮。被逮之前一日，日本志士数辈苦劝君东游，君不听。再四强之，君曰："各国变法，无不从流血而成。今中国未闻有因变法而流血者，此国之所以不昌也。有之，请自嗣同始！"卒不去，故及于难。君既系狱，题一诗于狱壁曰："望门投宿思张俭，忍死须臾待杜根。我自横刀向天笑，去留肝胆两昆仑。"盖念南海也。以八月十三日斩于市，春秋三十有三。就义之日，观者万人，君慷慨神气不少变。时军机大臣刚毅监斩，君呼刚前曰："吾有一言！"刚去不听，乃从容就戮。呜呼烈矣！君资性绝特，于学无所不窥，而以日新为宗旨，故无所沾滞；善能舍己从人，故其学日进。每十日不相见，则议论学识必有增长。少年曾为考据笺注金石刻镂诗古文辞之学，亦好谈中国古兵法；三十岁以后，悉弃去，究心泰西天文算术格致政治历史之学，皆有心得，又究心教宗。当君之与余初相见也，极推崇耶氏兼爱之教，而不知有佛，不知有孔子；既而闻南海先生所发明《易》、《春秋》之义，穷大同太平之条理，体乾元统天之精意，则大服；又闻《华严》性海之说，而悟世界无量，现身无量，无人无我，无去无住，无垢无净，舍救人外，更无他事之理；闻相宗识浪之说，而悟众生根器无量，故说法无量，种种差别，与圆性无碍之理，则益大服。自是豁然贯通，能汇万法为一，能衍一法为万，无所罣碍，而任事之勇猛亦益加。作官金陵之一年，日夜冥搜孔佛之书。金陵有居士杨文会者,博览教乘,熟于佛故,以流通经典为已任。君时时与之游,因得遍窥三藏,所得日益精深。其学术宗旨,大端见于《仁学》一书,又散见于与友人论学书中。所著书《仁学》之外,尚有《寥天一阁文》二卷,《莽苍苍斋诗》二卷,《远遗堂集外文》一卷,《劄记》一卷,《兴算学议》一卷,已刻《思纬吉凶台短书》一卷,《壮飞楼治事》十篇,《秋雨年华之馆丛脞书》四卷,《剑经衍葛》一卷,《印录》一卷,并《仁学》皆藏于余处,又政论数十篇见于《湘报》者,乃与师友论学论事书数十篇。余将与君之石交□□□□□□□□□□□等共搜辑之,为《谭浏阳遗集》若干卷。其《仁学》一书,先择其稍平易者,附印《清议报》中,公诸世焉。君平生一无嗜好,持躬严整,面稜稜有秋肃之气。无子女;妻李闰,为中国女学会倡办董事。

论曰:复生之行谊磊落,轰天撼地,人人共知,是以不论;论其所学。自唐宋以后呫毕小儒,徇其一孔之论,以谤佛毁法,固不足道;而震旦末法流行,数百年来,宗门之人,耽乐小乘,堕断常见,龙象之才,罕有闻者。以为佛法皆清净而已,寂灭而已,岂知大乘之法,悲智双修,与孔子必仁且智之义,如两爪之相印。惟智也故知,即世间即出世间,无所谓净土;即人即我,无所谓众生。世界之外无净土,众生之外无我,故惟有舍身以救众生。佛说:“我不入地狱,谁入地狱?”孔子曰:“吾非斯人之徒与而谁与?”“天下有道,丘不与易。”故即智即仁焉。既思救众生矣,则必有救之之条理。故孔子治《春秋》,为大同小康之制,千条万绪,皆为世界也,为众生也,舍此一大事,无他事也。《华严》之菩萨行也,所谓誓不成佛也。《春秋》三世之义,救过去之众生与救现在之众生,救现在之众生与救将来之众生,其法异而不异;救此土之众生与救彼土之众生,其法异而不异;救全世界之众生与救一国之众生、救一人之众生,其法异而不异:此相宗之唯识也。因众生根器各各不同,故说法不同,而实法无不同也。既无净土矣,既无我矣,则无所希恋,无所罣碍,无所恐怖。夫净土与我且不爱矣，复何有利害毁誉称讥苦乐之可以动其心乎？故孔子言不忧不惑不惧，佛言大无畏，盖即仁即智即勇焉。通乎此者，则游行自在，可以出生，可以入死，可以仁，可以救众生。

附烈宦寇连材传

寇君直隶昌平州人也，敏颖梗直，年十五以奄入宫，事西后为梳头房太监，甚见亲爱，凡西后室内会计皆使掌之。少长见西后所行，大不谓然，屡次几谏，西后以其少而贱，不以为意，惟呵斥之而已，亦不加罪。已而为奏事处太监一年余，复为西后会计房太监。甲午战败后，君日愤懑忧伤，形于词色，时与诸内侍叹息国事，内侍皆笑之以鼻。乙未十月，西后复专政柄，杖二妃，蓄志废立，日逼皇上为蒲博之戏，又赏皇上以鸦片烟具，劝皇上吸食，而别令太监李莲英及内务府人员在外廷造谣言，称皇上之失德，以为废立地步。又将大兴土木，修圆明园以纵娱乐。君在内廷大忧之，日夕皱眉凝虑，如醉如痴，诸内侍以为病狂。丙申二月初十日早起，西后方垂帐卧，君则流涕长跪榻前。西后揭帐叱问何故，君哭曰："国危至此，老佛爷宫内人每称皇帝为佛爷，西后则加称老佛爷。即不为祖宗天下计，独不自为计乎？何忍更纵游乐生内变也。"西后以为狂叱之去。君乃请假五日，归诀其父母兄弟，出其所记宫中事一册授其弱弟，还宫则分所蓄与其小太监。至十五日乃上一折凡十条：一请太后勿揽政权，归政皇上；二请勿修圆明园以幽皇上。其余数条，言者不甚能详之，大率人人不敢开口之言。最奇者末一条言皇上今尚无子嗣，请择天下之贤者立为皇太子，效尧舜之事。其言虽不经，然皆自其心中忠诚所发，盖不顾死生利害而言之者也。书既上，西后震怒，召而责之曰："汝之折汝所自为乎，抑受人指使乎？"君曰："奴才所自为也。"后命背诵其词一遍。后曰:“本朝成例,内监有言事者斩,汝知之乎?”君曰:“知之,奴才若惧死,则不上折也。”于是命囚之于内务府慎刑司,十七日移交刑部命处斩。临刑神色不变,整衣冠,正襟领,望阙九拜乃就义。观者如堵,有感泣者。越日遂有驱逐文廷式出都之事。君不甚识字,所上折中之字体多错误讹夺云。同时有王四者亦西后梳头房太监,以附皇上发往军台。又有闻古廷者皇上之内侍,本为贡生,雅好文学,甚忠于上,西后忌之,发往宁古塔,旋杀之。丙申二月,御史杨崇伊劾文廷式疏中谓廷式私通内侍联为兄弟,即此人也。杨盖误以闻为文云。

论曰:陆象山曰:“我虽不识一字,亦须还我堂堂地做个人。”其寇黄门之谓乎?京师之大,衿缨之众,儒林文苑之才,斗量车载,及其爱国明大义,乃独让一不识字之黄门。呜呼!可无愧死乎?八月政变以后,皇上之内侍及宫女前后被戮者二十余人。闻有在衣襟中搜出军器者,盖皆忠于皇上,欲设法有所救护也。身微职贱,无由知其名姓,惟据报纸所传闻,有一张进喜者云,呜呼!前者死,后者继,非我皇上盛德感人之深,安能若此乎?呜呼!如诸宦者亦可以随六君子而千古矣。

附　　录

改革起原

唤起吾国四千年之大梦，实自甲午一役始也。吾国之大患，由国家视其民为奴隶，积之既久，民之自视，亦如奴隶焉。彼奴隶者苟抗颜而干预主人之家事，主人必艴然而怒，非摈斥则谴责耳。故奴隶于主人之事，罕有关心者，非其性然也，势使之然也。吾国之人视国事若于己无与焉，虽经国耻历国难，而漠然不以动其心者，非其性然也，势使然也。且其地太辽阔，而道路不通，彼此隔绝，异省之民，罕有交通之，事其相视若异国焉，各不相知，各不相关。诚有如小说家所记巨鲸之体，广袤数里，渔人斸其背而穴焉，寝处于是，炊爨于是，而巨鲸渺然不之知也。故非受巨创负深痛，固不足以震动之。昔日本当安政间，受浦贺米舰一言之挫辱，而国民蜂起，遂成维新，吾国则一经庚申圆明园之变，再经甲申马江之变，而十八行省之民，犹不知痛庠，未尝稍改其顽固嚣张之习，直待台湾既割，二百兆之偿款既输，而鼾睡之声，乃渐惊起，此亦事之无如何者也。

乙未二三月间，和议将定，时适会试之年，各省举人集于北京者以万数千计，康有为创议上书拒之，梁启超乃日夜奔走，号召连署上书论国事，广东湖南同日先上，各省从之，各自连署麕集于都察院者，无日不有,虽其言或通或塞,或新或旧,驳杂不一,而士气之稍申,实自此始。既而合十八省之举人聚议于北京之松筠庵,庵者明代烈士杨继盛氏之故宅也。为大连署以上书,与斯会者凡千三百余人,时康有为尚未通籍,实领袖之,其书之大意凡三事,一曰拒和,二曰迁都,三曰变法。而其宗旨则以变法为归,盖谓使前此而能变法,则可以无今日之祸,使今日而能变法,犹可以免将来之祸。若今犹不变,则他日之患,更有甚于今者。言甚激切,大臣恶之,不为代奏,然自是执政者渐渐引病去,公车之人散而归乡里者,亦渐知天下大局之事,各省蒙昧启辟,实起点于斯举。此事始末,上海刻有《公车上书记》以纪之,实为清朝二百余年未有之大举也。和议既定,公车既散,康有为适登进士,授职工部主事,复上书言变法下手之方,先后缓急之序,专主开民智,通下情,合天下人之聪明才力,以治天下之事。而归本于皇上之独伸乾断,勿为浮言所动。工部堂官恶之益甚,不为代奏。盖和议方成,人心震厉,此实我国维新一大关键,以皇之天锡勇智,使彼时得人而辅之,其措置更易于今日。此实吾国一大可惜也,今将其书照录于下。

具呈工部主事康有为,为变通善后,讲求体要,乞速行乾断以图自强,呈请代奏事。窃职前月不揣狂愚,妄陈大计,自以僭越干犯重诛,待罪弥月,惶恐战栗,乃蒙皇上天地包容,不责其僭妄之罪,岂非广刍荛之听,立鞀铎之鹄,以开言路而广聪明耶。职上感圣明之纳言如此,下愤国事之抢攘如彼,前书仅言通变之方,未发体要,及先后缓急之宜,用敢冒犯斧钺,再竭愚诚,为我皇上陈之。窃惟为治之道,在审理势,势本无强弱,大小对较而后分,理难定美恶,是非随时而易义。昔孔子既作《春秋》以明三统,又作《易》以言变通,黑白子丑相反而皆可行,进退消息变通而后可久,所以法后王而为圣师也。不穷经义而酌古今,考势变而通中外,是刻舟求剑之愚，非阖辟乾坤之治也。今通商既开，外国环逼，既已彼我对立，则如两军相当，不能谍其军法兵谋，无以为用兵应敌，小敌而不知情，则震而张皇，大敌而不知情，则轻而致败，必然之理也。夫泰西诸国之相逼，中国数千年来未有之变局也。曩代四夷之交侵，以强兵相陵而已，未有治法文学之事也。今泰西诸国以治法相竞，以智学相上，此诚从古诸夷之所无也。尝考泰西所以致强之由，一在千年来诸国并立也，若政稍不振，则灭亡随之，故上下励精，日夜戒惧，尊贤而尚功，保民而亲下。其君相之于一士一民，皆思用之，故护养之意多，而防制之意少，其士民之于其君其国皆能亲之。故有情而必通，有才而必用，其国人之精神议论，咸注意于邻封，有良法新制，必思步武而争胜之，有外交内攻，必思离散而窥伺之。盖事事有相忌相畏之心，故时时有相牵相胜之意，所以讲法立政，精益求精，而后仅能相持也。一在立科以励智学也。泰西当宋元之时，大为教王所愚，屡为回国所破，贫弱甚矣。英人倍根当明永乐时创为新义，以为聪明凿而愈出，事物踵而增华，主启新不主仍旧，主宜今不主泥古，请于国家立科鼓励。其士人著有新书，发从古未创之说者，赏以清秩高第。其工人制有新器，发从古未有之巧者，予以厚币功牌，皆许其专利，宽其岁年。其有寻得新地，为人迹所末辟，身任大工，为生民所利赖者，予以世爵。于是国人踊跃，各竭心思，争求新法，以取富贵，各国从之。数十年间，哥仑布寻得美洲万里之地，辟金山以致富，每年得银巨万，而银钱流入中国矣。墨领遍绕大地，知地如球，而荷兰、葡萄牙大收南洋，举台湾而占濠镜矣。哥白尼发地之绕日，于是利玛窦、熊三拔、艾儒略、南怀仁、汤若望挟技来游，其入贡有浑天地球之仪，量天缩地之尺，而改中国历宪矣。至近百年来新法益盛，道光初年始创轮舟，而十二年英人犯我广州，且遍收四洲为属地，辟土四万里矣。道光末年始有电线、铁路,美人铁路如织网丝,五里十里,纵横午贯,而富甲大地。俄人筑之,辟地万里,近者英之得印度、缅甸,俄之得西伯利至珲春,法之得越,皆筑铁路以逼我三陲矣。合十余国人士所观摩,君相所激励,师友所讲求,事无大小,皆求新便,近以船械横行四海,故以薄技粗器之微,而为天下政教之大。人皆惊洋人气象之强,制造之奇,而推所自来,皆由立爵赏以劝智学为之。一在设议院以通下情也。筹饷为最难之事,民信上则巨款可筹,赋税无一定之规,费出公则每岁摊派。人皆来自四方,故疾苦无不上闻;政皆出于一堂,故德意无不下达;事皆本于众议,故权奸无所容其私;动皆溢于众听,故中饱无所容其弊。有是三者,故百度并举,以致富强。然孟子云国家闲暇,明其政刑,尊贤使能,大国必畏;《易》称开物成务,利用前民,作成器以为天下利;《洪范》称大同逢吉,决从于卿士庶人;孟子称进贤杀人,待于国人大夫。则彼族实暗合经义之精,非能为新创之治也。中国自古一统,环列皆小蛮夷,故于外无争雄竞长之心,但于下有防乱弭患之意。至于明世治法尤密,以八股取士,以年劳累官,务困智名勇功之士,不能尽其学,一职而有数人,一人而兼数职,务为分权掣肘之法,不能尽其才,道路极塞,而散则易治。上下极隔,而尊则易威。国朝因用明制,故数百年来大臣重镇,不闻他变,天下虽大,戢戢奉法,而文网颇疏,取民极薄,小民不知不识,乐业嬉生,此其治效中古所无也。若使地球未辟,泰西不来,虽后此千年率由不变可也,无如大地忽通,强敌环逼,士知诗文,而不通中外,故锢聪塞明,而才不足用,官求安谨,而畏言兴作,故苟且粉饰,而事不能兴。民多而利源不开,则穷而为盗,官多而事权不属,则冗而无耻,至于上下隔绝,故百弊丛生,一统相安。故敌情不识,但内而防患,未尝外而争强,以此闭关之俗,忽当竞长之时,绨绤宜于夏日,雨雪忽至,不能不易重裘,车马宜于陆行,大河前横,不能不觅舟楫，外之感触既异，内之备御因之，故大易贵乎时义，管子贵乎观邻，管子曰：国之存也，邻国有焉。国之亡也，邻国有焉。举而不当，此邻敌所以得志也。天下皆理，己独乱，国非其国也，诸侯皆合，己独孤，国非其国也。大而不为者复小，众而不理者复寡，盖列国并争，如孤军转战于长围，苟精神方略，兵械士马，少有不逮，败绩立见。大朝一统，如一人偃卧于斗室，但谨户牖，去蚊虻，虽稍高枕，可以无事，今略如春秋战国之并争，非复汉、唐、宋、明之专统，所谓数千年未有之变也。若引旧法以治近世，是执旧方以医变症。药既不对，病必加危。五十年来讲求国是者，既审证之未真，故言战言和，亦施药之未当，否则笃守不药，坐待弱亡，用致割地偿款，病日危重，至此伤寒传里，病人厥阴，昔患水肿痿痹，犹尚庞然，今且枯干瘦羸，渐无精气，如不讲明病证，尽易旧方，垂危之人，岂堪再误？但审病之轻重常变不同，则用方之君臣佐使亦异，故今审端致力之始，尤以讲明国是为先。伏闻圣意所注垂，下及群臣所论说，咸欲变法自强，可谓通知情势矣。曩言今当以开创治天下，不当以守成治天下，当以列国并争治天下，不当以一统无为治天下。诚以积习既深，时势大异，非尽弃旧习，再立堂构，无以涤滌旧弊，维新气象，若仅补苴罅漏，弥缝缺失，则千疮百孔，顾此失彼，连类并败，必至无功。夫夏屋坏于短棁，金堤败于蚁穴，况欲饰粪墙，雕朽木，而当雷电风雨之交加，焉有不倾覆者哉？他日不知其弥补之非，或归咎于变改之谬。近者设立海军、使馆、招商局、同文馆、制造局、水师堂、洋操船政，而根本不净，百事皆非，故有海军而不知驾驶，有使馆而未储使才，有水师堂洋操而兵无精卒，有制造局船澳而器无新制，有总署而未通外国掌故，有商局而不能外国驰驱。若其徇私丛弊，更不必论，故徒糜巨款，无救危败，反为攻者藉口，以明更张无益而已。职窃料今者，廷议变法，积习难忘，仍是补漏缝缺之谋,非再立堂构之规,风雨既至,终必倾坠,国事有几,岂可频误哉?职伏愿皇上召问群臣,讲明国是,反复辨难,露显事势,确知旧习之宜尽弃,补漏之无成功,大体既立,而后措施不失,议论著定,而后耳目不惊,先后缓急,乃可徐图,摧陷廓清,乃可用力。若果能涤除积习,别立堂基,窃为皇上计之,三年则规模已成,十年则治化大定。然后恢复旧壤,大雪仇耻,于以为政地球而有余矣。夫以不更化则危亡之急如此,能更化则强盛之效如彼,言之岂不易哉?请以土耳其、日本言之。土耳其为回教大国,襟带两洲,地五千里,非洲二十余国,皆其属藩,陆师天下第一,水师天下第三,以不更化之故,两辱于俄,其属地布加利牙、罗马尼亚、门的内哥、塞尔维亚皆叛而自立,于是俄割其黑海,波斯割其科托,奥割其波森利牙、赫次戈伟也纳,英割其毛鲁塌,希腊割其白海。六大国废其君而柄其政,为之开议院,筑铁路,于是土不国矣。其他守旧之国,扫灭已尽,惟余我及波斯、暹罗耳。以缅甸之大,我累用兵而不得者,英人旬日而举之,其得失可以鉴矣。日本蕞尔三岛,土地人民不能当中国之十一,近者其国王与其相三条实美改纪其政,国日富强,乃能灭我琉球,割我辽台。以土之大,不更化则削弱如此,以日之小,能更化则骤强如彼,岂非明效大验哉?况中国地方二万里之大,人民四万万之多,物产二十六万种之富,加以先圣义理入人之深,祖宗德泽在人之厚,下知忠义而无异心,上有全权而无掣肘,此地球各国之所无,而泰西诸国之所羡慕者也。以皇上之明,居莫强之势,有独揽之权,不欲自强则已耳。若皇上真欲自强,则孔子所谓欲仁仁至,孟子所谓王犹反手,盖惟中国之势为然。然数千年之旧说,易为所牵,数百年之积习,易为所滞,非常之原,黎民所惧,吐下之方,庸医不投,苟非有雷霆霹雳之气,不能成造立天地之功,故非天下之至强,不能扫除也。后有猛虎,则懦夫可以跳涧溪,室遭大火，则吝夫不复惜什器。惟知之极明者，行之自极勇，然非天下之至明，不能洞见也。皇上真有发强刚毅之心，真知灼见之学，扫除更张，再立堂构，自有不能已者。故愿皇上先讲明之，则余事不足为也。若犹更化不力，必是讲明未至，以为旧习可安。不必更张太甚，是虽有起死之方，无救庸医之误矣。窃观今日经此创钜痛深之后，未闻卧薪尝胆之谋，有兵事则惶恐纷纭，既议和则因循敷衍。皇上有自强求治之心，而未闻求言求才之事，上下隔绝，未闻纡尊降贵以通下情，泄沓苟安，未闻震动激励以易风俗，大小上下，未闻日夜会合谋议自强之举。大臣宰执，复徇簿书期会往来饮食之文，割地未定，借款未得，仇耻已忘，愤心已释，过此益可知矣。麻木不仁，饮迷熟睡，刺之不知痛，药之不能入，诚扁鹊所望而却走也。若谓待辽台事毕乃议改图，则今日割地之举，皆由昔者泄沓之为，不亟图内治而待命他人，天下甚大，事变日生，撤兵既难，教案旋起，土司未划，回乱继生，何日是从容为政时哉？方今求治，虽救火追亡，犹虑不及，而佩玉鸣珂，雅步于覆屋危墙之下，岂有当乎？庸医模稜，足以杀人，庸人因循，足以误国。故敢谓廷议变法，积习难忘，风雨既至，终必倾坠者此也。夫斟酌补苴，岂不甚善？而职必谓非扫除更张，终无补益者，何哉？试以一二事言之，如今日所大患者贫弱也，救贫莫如开矿制造通商，救弱莫如练兵选将购械，人所共知也。而科举不改，积重如故，人孰肯舍所荣趋所贱哉？著书、制器械、办工寻地之荣途不开，则智学不出，故欲开矿者通矿学则无其人，募制造则创新制者无其器，讲通商则通商学者无其业，有所欲作，必拱手以待外夷。故有地宝而不能取，有人巧而不能用，以此求富，安可致哉？乡塾、童学、读史、识字、测算、绘图、天文、地理、光电、化重、声汽之学校不设，则根柢不立，驱垂老乞丐者为兵，而欲其识字绘图测表燃炮，必不可得，则兵不如人。选悍夫勇士者为将而欲其读史知兵测天绘地,必不可得,则将不如人。购外夷开官厂以为船炮枪械,而欲其新式巧制,必不可得,则船炮枪械必不如人。故凡有战衅,必败绩以摇国家,有兵而不可用,有械而不可恃,以此求强,安可致哉?假如知开矿、制造、通商、练兵、选将、购械之不能骤求矣,于是稍改科举,而以荣途励著书制器寻地办工之人,大增学校,而令乡塾通读史、识字、测算、绘图、天文、地理、光电、化重、声汽之学,亦可谓能变通矣。然外国凡讲一学,必集众力以成之,固为集思广益,劝善相摩,亦以购书购器,动费巨万,非众擎则不举。故考天文则有天文之会,凡言天文者皆聚焉。筑观象之台,购浑天之器,美人贺旦购天文镜费七十万金,此岂一人能为哉?考地理则有地理之会,凡言地理者皆聚焉,英国阿侯为亚洲地理会首,醵金派人游历我亚洲,自东土耳其、波斯回部、西伯利部及我国蒙古、西藏,测量绘图,穷幽极险。我云南细图,英人道光二十五年已绘之,西藏细图,光绪二年已绘之。我蒙古漠河金矿之山,前年俄人已绘有细图到天津,他如法人派流丕探滇越之地,而即收越南,派特耳忒游暹罗考湄江之源,而即割暹罗湄江东岸。近俄英之强入漠河、青海、川藏测绘者不可胜数,既屡见疆臣奏报,以为大患。岂知皆其地理会中人为之,非国家所派者也。特国家之保护,遂收辟地万里之殊功。其他言矿学有矿学之会,言农学有农学之会,言商学有商学之会,言史学有史学之会,即今教案迭见,天下苦之,亦皆其教会所派之人,并非出于国命,不过为之保护耳。而教民诇察敌情,即以大赖其力。故泰西国势之强,皆藉民会之故,盖政府之精神有限,不能事事研精,民会则专门讲求,故能事事新辟。其入会之人,自后妃、太子、亲王、大臣咸预焉,前者俄后亲入医会,比者日本之后入救人会,皆降至尊而讲末业。如中国天子躬耕、后夫人亲蚕之义,以资鼓励。故举国风从,学业之精,制造之新，实由于此。孔子曰：“百工居肆以成其事，君子居学以致其道。”又曰：“以文会友。”孔子养徒三千，孟子后车数十，唐太学生万人，宋朱子、陆九渊讲学数千人，明徐阶讲学会者八千，皆治化极盛，绝无流弊。至汉明之季，主持清议，此乃权奸之不利，而国家之大利也。明季贰臣入仕国朝，畏人议之，故严其禁，今非其时，岂可复沿其误。然上不为倡，下不敢作，会若不开，则学亦不成，然学会虽开矣，而学至精微，事至繁重，谁为考授，谁为兴举？乡里纤悉，势必责成于县令。而县令上有层累之督抚司道本府以临之，则控制殊甚，下惟杂流之典史、巡检、胥差以佐之，则辅理无人，任之极轻，捐纳军功亦可得。待之极贱，抱道怀德不肯为，甚至冗员千数，望差如岁。廉耻衰丧，才识庸鄙，以此而欲其遍开新学，鼓舞人士，大劝农工，兴启利源，岂可得哉？故周则百里封侯，直达天子，汉以太守领令，下逮小民，层级既寡，宣治较易。近者日本之变制也，以县直隶国主，而亲王出为知县，故下情无不达，而举事无不行。吾土地辽阔，知县太多，纵不能如日本直隶国家，亦当如汉制领以巡抚，崇其品秩，任以从臣，上汰藩臬道府之冗员，下增六曹三老之乡秩，计月选不过数人，简拔何劳签部，清流向上，易于自爱，奏报直达，乃可举事。若明知冗员而不能更革，是虽有良法而无自推行。其余文书繁密之当删，卿寺冗闲之宜汰，堂官数人之当并，兼差数四之宜专，吏胥之宜易用士人，百官之宜终身专职，必使尽去具文，乃可施行实政。若犹用明代牵掣之法，必致贻政事丛脞之忧。然一旦而尽革官制，职有以知朝议之未能也。然令改易庶官，遍立诸学矣。而上下不交，缩弊不去，蠹在根本，终难自强。今之知县，品秩甚卑，所谓亲民者也。而书吏千数人，盘隔于内，山野数百里，辽隔于外，小民有冤，呼号莫达，书差讹索，堂署威严，长跪问讯，刑狱惨酷，乃至有人命沉冤，鬻子待质，而经年不讯者。若夫督抚之尊，去民益远,百县之地,为事更繁,积弊如山,疾苦如海,既已漫无省识,安能发之奏章,况一省一人,一月数折,闭塞甚矣。何以为治,枢臣位重事繁,又复远嫌谢客,皇上九重深邃,堂远廉高,自外之枢臣内之奄寺外,无得亲近,况能议论。小臣引见,仅望清光,大僚召见,乃问数语,天威俨穆于上,匍匐拳跪于下,屏气战栗,心颜震播,何以得人才而尽下情哉?每日办事,召见枢臣,限以数刻,皆须了决,伏跪屏气,敬候颜色,未闻反复辨难,甚少穷日集思,天下甚大,事变甚微,皇上虽圣,岂无缺失?而限时以言事,拳跪以陈辞,虽有才贤,不能竭尽。当此时变,岂能宏济艰难哉?夫以无益之虚文,使人不能尽其才,甚非计也。古者三公坐而论道,从容燕坐,讲求经国,故能措施晏如,用成上治。夫行以知为本,高以下为基,不讲论则有行而无知,不燕坐则有高而无下,冥行必蹶,太高则危,尊严既甚,忌讳遂多,上虽有好言之诚,臣善为行意之媚,乐作太平颂圣之词,畏言危败乱贼之事。故人才隔绝而不举,积弊日深而不发,至中国败坏之由,外夷强盛之故,非不深知,实不敢言。昔黎庶昌奉使日本,有所条陈,但请亲王出游,总署不敢代递,其他关切皇上之事,皆知之而不言,言之而不达,达之而不动,动之而不行,皇上虽天禀聪明,皆为壅塞。欲坐一室而知四海,较中外而求自强,其道无由。夫天子所以为尊者,威稜远惮,四夷宾服,德泽流溢,海内乂安。上播祖宗之灵,下庇生民之命,盛德成功,传于后世,乃可尊耳。若徒隔绝才贤,威临臣下,以不见不动为尊,以忌讳壅塞为乐,则近之有土地不守人民不保之患,远之有徽钦蒙尘二世瓦解之祸。人情安于所习,蔽于所见,而祸败一来,悔无可及。职曩言皇上尊则尊矣,实则独立于上,皇上何乐此独尊?良为此也,夫使内示尊于奴隶,而外受辱于强邻,与内交泰于臣民,而外扬威于四海,孰得孰失,不待皇上之明,无不能辨之者。夫天地交则泰,天地不交则否,自然之理也。历观自古开国之君,皆与民相亲,挽辂可以移驾,止辇可以受言,所以成一代之治也。自古危败之君,并与其臣相隔绝,隋炀之畏闻盗贼,万历之久不视朝,所以致国祚之倾也。伏读太宗文皇帝圣训,谓明主自视如天,臣下隔绝,是以致败,我国上下相亲,是以能强,呜呼!明室之所以亡,我朝之所以兴者,尽在此矣。孟子谓如耻之莫如师文王,师文王大国五年,小国七年,必为政于天下,盖文王之圣,与国人交,鹿鸣文王之诗也。笙簧饮食,以臣为宾,故能成郅治,流美至今。夫太宗文皇帝我朝之文王也,窃愿皇上师之,纡尊降贵,与臣民相亲,而以明季太尊为戒,天地既交,万物萌动,根本既净,堂构自立,百度昭举,自强可致矣。皇上若深观时变,稍降尊严,职所欲言者有五焉:一曰,下诏求言,破除壅蔽,罢去忌讳,许天下言事之人,到午门递折,令御史轮值监收,谓之上书处,如汉公车之例,皆不必由堂官呈递,亦不得以违碍阻格,永以为例。若言有可采,温旨褒嘉,或令召对,霁颜询问,庶辟门明目,洞见万里。二曰,开门集议,令天下郡邑十万户而推一人,凡有政事,皇上御门令之会议,三占从二,立即施行,其省府州县咸令开设,并许受条陈以通下情。三曰,辟馆顾问,请皇上大开便殿,广陈图书,每日办事之暇,以一时亲临燕坐。顾问之员,轮二十员分班侍值,皇上翻阅图书,随宜咨问,访以中外之故,古今之宜,经义之精,民间之若,吏治之弊,地方之情。或霁威赐坐,或茶果颁食,令尽所知能,无有讳避,上以启圣聪,既广所未闻,下以观人才,即励其未学,令天下人才皆在左右,宰县奉使皆在特简,问其方略,责以成功,许其言事,严其赏罚,则人皆踊跃发愤,仰酬知遇,治天下可运之掌矣。其顾问之员,一取于翰林,文学侍从,人才较多,闲散日甚,宜令轮值;一取于荐举,用世宗宪皇帝之法,令大臣翰詹科道下及州县各荐人才,凡有艺能皆得荐举,贵搜草泽,禁荐显寮,或分十科,俾无遗贤,虽或滥竽,必有异才,宜令轮值,其不称旨者随时罢去,其荒谬者罚其举主;一取于上书,其条陈可采,召对称旨者,与荐举人并称待诏,亦令轮值;一取于公推,集议之员,郡县分举,各熟情势,自多通才,亦令轮值。四曰,设报达聪,周官训方诵方掌诵方慝方志,庶周知天下,意美法良,宜令直省要郡各开报馆,州县乡镇亦令续开,日月进呈,并备数十副本发各衙门公览,虽宵旰寡暇,而民隐咸达,官慝皆知。中国百弊,皆由蔽隔,解蔽之方,莫良于是。至外国新报,能言国政,今日要事,在知敌情,通使各国著名佳报咸宜购取,其最著而有用者,莫如英之《太晤士》,美之《滴森》,令总署派人每日译其政艺以备乙览,并多印副本随邸报同发,俾百寮咸通悉敌情,皇上可周知四海。五曰,开府辟士,宰相之职,在于进贤,汉世三公,皆有曹掾,妙辟英贤,以为毗佐。故汉之公府,得人最盛,今之枢臣,乃畏谨避,人与天下之才贤不接,岂能为拨乱之任哉?宜复汉制,令开幕府,略置官级,听其辟士,督抚县令,皆仿此制,其有事效,同升之公,庶几宰府多才,可助谋议。然后分遣亲近王公大臣游历,以资谙练,罢去官吏傔从阍役繁重,以示亲民,免严刑长跪,以恤民艰,厚俸禄养廉,以劝吏耻。如是则顺天下之人心,发天下之民气,合天下之知以为知,取天之才以为才,天下臣庶,欣喜舞蹈,奔走动色,乐事劝功,尊君亲上,然后兴举新法,经营百度,昭明融洽,天下一家,无几微之弊而不去,无几微之利而不举,惟皇上意之所欲为,无不如志矣。皇上果讲明不惑,断然施行,则致力之先后,成功之期效,皆可为皇上次第言之,先引咎罪己,以收天下之心,次赏功罚罪,以伸天下之气,然后举逸起废,求言广听,广顾问以尽人才,置议郎以通下情。数诏一下,天下雷动,想望太平,外国变色,敛手受约矣。三月之内,怀才抱艺之士,云集都中,强国救时之策,并伏阙下。皇上与二三大臣聚精会神,延引讲问，撮群言之要，次第推施，择群士之英，随器拔用，赏擢不次以鼓士气，沙汰庸冗以澄官方，于是简傔从，厚俸禄，增幕府，革官制，政皆疏通，立道学，开艺科，创译书，遣游学，教亦具举。征议郎则易于筹饷，而借民行钞皆可图，荣智学则各竭心思，而巧制精工可日出，然后铁路与邮政并举，开矿与铸银兼行，农学与商学俱开，使才与将才并蓄，皆于期岁之内，可以大起宏规。中土海禁久开，颇有艺学之士，分为教习，各赴荣途，至于三年，铁路之大段有成，矿产之察苗有绪，书藏遍设，报馆遍开，游学多归，新制纷出，诸学明备，人才并起，道路大辟，知识俱开，荒地渐垦，工院渐众，游民渐少，乞丐渐稀，童塾皆识字知算之人，农工有新制巧思之法，织布裁造，渐可收内地之利，商务轮舶，渐可驰域外之观，然后练兵选将，测海制械，次第可讲矣。迟以十年，诸学如林，成才如麻，铁路罗织，矿产洋溢，百度举而风俗成，制造极精，创作极众，农业精新，商货四达，地无余利，人有余饶，枪炮船械之俱巧，训练驾驶之俱精。富教既举，武备亦修。夫以欧洲十六国，合其人数仅二万万，我乃倍之。以二千万之练兵，加数百艘之铁舰，扬威海外，谁能御之？凡此成功，可以克期而计效者也。然今左右贵近，率以资格致大位，多以安静为良图，或年已耆耄，精神渐短，畏言兴革，多事阻挠，必谓天泽当严，官制难改，求言求才，徒增干进之士，开院集议，有损君上之权。夫君贵下施，天宜交泰，冗官宜革，掣权非时。既已言之，若夫大考以诗赋超擢，馆选以楷法例授，同为干进，抑何取焉？况进言荐举之士，必多倜傥之才，遗大投艰之时，贵有非常之举，我圣祖仁皇帝开鸿博之科，正当滇乱之日，乃知圣人之宏谟，固非常人所识度也，岂可以一二滥竽而阻非常之盛举哉？至会议之士，仍取上裁，不过达聪明目，集思广益，稍输下情，以便筹饷。用人之权，本不属是，乃使上德之宣，何有上权之损哉？若谓皇上万机殷繁,宵旰勤劳,上书既众,报纸益多,既费顾问之时,安有披览之暇?岂知上书虽多,提纲先见,其无关政要,派人阅读,其指陈切要,即于顾问之处,可以集众讲求,其有燕暇,随意阅报,但使得备乙览,已可风化肃然,吏不怀奸,人皆自励矣。若狃于俗说,不能扫除,则举事无人,百弊丛积,稍变一二,终难补苴,而民日以贫,兵日以弱,士日以愚,国日以蹙,强夷环逼于外,会匪蔓延于内,五年之间,江、浙、闽、广、滇、桂恐不能保,十年之内,皖、楚、辽、藏、蒙、回亦虑变生,二十年后,败坏非所敢知矣。此尚言其常者,若瓦解之患,则旦夕可致,殷鉴不远,即在前明,得失之效如此,皇上果何择焉?窃闻皇上触念时艰,顿足忧叹,惕励之心,达著于外,推此一念,可以大有为也。然有自强之心而不能充,居莫强之势而不能用,窃为皇上惜之,尝推皇上有忧危之心,而不能赫然愤发扫除更张者,大半牵于庸臣无动为大之言,容悦谨媚之习。夫诸臣当有事则束手无策,坐受缚割,当无事则容媚畏谨,苟持禄位,今者在皇上则土地已割矣,在诸臣则富贵无恙也。方其私忧窃叹,亦有危心,无如畏谨成风,迫为容悦。诗说谓与师处者帝,与友处者王,与奴隶处者亡,皇上日与容悦之臣处,惟有拜跪唯诺使令趋走而已,安得不致今日之事哉?上尊下媚,中塞外侮,谋略不能用,逆耳不能入,以此而求自强,犹之楚而北行,其道背矣,然二十年来粉饰承平,大臣皆非以才能进用,率以年资累官,但以供文字奔走之劳,本不能责以旋乾转坤之任,惟在皇上内审安危,断自圣衷而已。夫中国人主之权,雷霆万钧,惟所转移,无不披靡。昔齐桓公好紫,举国皆服,秦武王好勇士,举国尚斗,今以楷法诗文驱天下,而人士皆奔走风从,然则抚有四万万人,何施而不可,何欲而不得哉?又视皇上所措而已。皇上居可为之位,有忧愤之心,当万难少缓之时,处不能自已之势,不胜大愿,伏乞皇上讲明理势之宜,对较中外之故,特奋乾断，龚行天健，破积习而复古义，启堂构而立新基，无为旧俗所牵，无为庸人所惑，纡降尊贵，通达下情，日见贤才，日求谠论，以整纪纲而成大化，雪仇耻而扬天威，宗庙幸甚，天下幸甚。职疏逖小臣，岂敢妄参大计，但目击国耻，忧思愤盈，栋折榱坏，同受倾压，今将南归，感激圣明，瞻望宫阙，眷恋徘徊，不能自已，用敢再竭愚诚冀补万一。其推行之节目，经理之章程，琐细繁重，不能详及，如蒙垂采，或赐召对，当别辑书进呈，不胜冒昧战栗之至。伏乞代奏皇上圣鉴。谨呈。

光绪二十一年闰五初八日

此书既不克上达，康有为以为望变法于朝廷，其事颇难。然各国之革政，未有不从国民而起者，故欲倡之于下，以唤起国民之议论，振刷国民之精神，使厚蓄其力，以待他日之用。于是自捐资创《万国公报》于京师，遍送士夫贵人，与梁启超、麦孟华撰之，日刊送二千份。又倡设强学会于北京，京朝士大夫集者数十人，每十日一集。集则有所演说，时张之洞为南洋大臣闻而善之，寄五千金以充会中之用。时京师无有为报者，中国士夫无有为会者，有之皆自康有为创之，然大学士徐桐、御史褚成博等咸欲劾之。九月康有为出京游南京，说张之洞谋设强学分会于上海，张大喜，会遂成。此会所办之事为五大端，一译东西文书籍，二刊布新报，三开大图书馆，四设博物仪器院，五建立政治学校。我国之有协会有学社自此始也，今将康有为所撰强学会序文录于下：

俄北瞰，英西睒，法南瞵，日东眈，处四强邻之中而为中国，汲汲哉，况磨牙涎舌思分其余者尚十余国；辽台茫茫，回变扰扰，人心皇皇，事势儳儳，不可终日。昔印度亚洲之名国也，而守旧不变，英人以十二万金之公司通商而墟五印矣。昔土耳其回部之大国也，疆土跨亚、欧、非三洲，而守旧不变，为六国执其政剖其地废其君矣。其余若安南、缅甸,若高丽,若琉球,若暹罗,若波斯,若阿富汗,若俾路芝,及国于太平洋群岛非洲者凡千数百计,今或削或亡,举地球守旧之国,盖已无一瓦全者矣。我中国孱卧于群雄之中,鼾寝于火薪之上,政务防弊而不务兴利,吏知奉法而不知审时,士主考古而不主通今,民能守旧而不能行远。孟子曰:"国必自伐而后人伐之。"蒙盟、奉吉、青海、新疆、卫藏土司圉缴之守,咸为异墟,燕齐、闽浙、江淮、楚粤、川黔、滇桂膏腴之地,悉成盗粮,吾为突厥人不远矣。西人最严种族,薄视非类,法之得越南也,绝越人科举富贵之路,昔之达官,今作贸丝也。英之得印度百年矣,而英民所得自由之权利,印人无一能得,芸芸土著,畜若牛马。若吾不早图,倏忽分裂,则桀黠之辈,王谢沦为左衽;忠愤之徒,原却夷为皂隶。伊川之发,骈阗于万方;钟仪之冠,萧条于千里。三州父子,分为异域之奴;杜陵弟妹,各衔乡关之蹙。哭秦庭而无路,餐周粟而匪甘。矢成梁之家丁,则螳臂易成沙虫;觅泉明之桃源,则寸埃更无净土。肝脑原野,衣冠涂炭,嗟吾神明之种族,岂可言哉,岂可言哉!夫中国之在大地也,神圣绳绳,国最有名,义理制度,文物驾于四溟。其地之广于万国等在三,其人之众等在一,其纬度处温带,其民聪而秀,其土腴而厚,盖大地万国未有能比者也,徒以风气未开,人才乏绝,坐受陵侮。昔曾文正与倭文端诸贤讲学于京师,与江忠烈、罗忠节诸公讲练于湖湘,卒定拨乱之功。普鲁士有爱国之会,遂报法仇;日本有尊攘之徒,用成维新。盖学业以讲求而成,人才以摩厉而出,合众人之才力,则图书易庀,合众人之心思,则闻见易通。《易》曰:君子以朋友讲习。《论语》曰:百工居肆以成其事,君子学以致其道。海水沸腾,耳中梦中,炮声隆隆,凡百君子,岂能无沦胥非类之悲乎?图避谤乎闭户之士哉,有能来言维新乎?岂惟圣清二帝三王孔子之教,四万万之人将有托耶。

盖中国人向来闭关自守，绝不知本国危险之状，即有一二稍知之者，亦以为国家之祸，于己无与，盖习闻前朝易姓革命故事，其降服新朝者皆可复得本官，民间亦安土乐业，以为虽不幸而亡国，亦不过如是，而不知今日西人之灭人国，大异于昔时也。康有为撰此开会主义书，痛陈亡国以后惨酷之状，以激厉人心。读之者多为之下泪，故热血震汤，民气渐伸，而守旧之徒恶之，御史杨崇伊上奏劾其私立会党，显干例禁，请旨查封。计北京强学会仅开四月，上海强学会仅开月余，至乙未十一月遂被禁止。盖吾国维新之起点，在于斯举，而新旧党之相争，亦起于斯矣。

湖南广东情形

中国苟受分割，十八行省中可以为亡后之图者，莫如湖南、广东两省矣。湖南之士可用，广东之商可用，湖南之长在强而悍，广东之长在富而通。余广东人也，先言广东。

守旧之徒，谈及洋人则嫉之如仇，与洋人交涉则畏之如虎，此实顽固党之公例也。广东为泰西入中国之孔道，濠镜一区，自明代已为互市之地，自香港隶属于英，白人之足迹益繁，故广东言西学最早，其民习与西人游，故不恶之，亦不畏之，故中国各部之中，其具国民之性质，有独奇不羁气象者，惟广东人为最。

中国内地之人，爱国之心甚弱。其故皆由大一统已久，无列国生存竞争之比较，而为之上者又复从而蒙压之，故愚民之见，以为己国之外更无他国，如是则既不知有国矣，何由能生其爱哉？故中国人乏爱国心者，非其性恶也，愚害之也。广东人旅居外国者最多，皆习见他邦国势之强，政治之美，相形见绌，义愤自生，故中国数年以来，朝割一省，夕割一郡,内地之民,视若无睹,而旅居外国之商民,莫不扼腕裂眦,痛心疾首,引国耻如己耻者,殆不乏人,然则欲验中国人之果有爱国之心与否,当于广东人验之也。

中国人工作之勤,工价之廉,而善于经商,久为西人所侧目,他日黄种之能与白种抗衡者,殆恃此也。然于中国人之中,具此美质者,亦惟广东人为最。又其人言语与他省不同,凡经商于外国者,乡谊甚笃,联合之力甚大。前者中国曾两次派遣学生留学美国,后虽半途撤归,而学生自备资斧,或佣工于人,持其工资以充学费,终能卒业者,尚不乏人。其人皆广东产为多,因中国弃而不用,今率皆沦落异国,其实此中不无可用之才也。

湖南以守旧闻于天下,然中国首讲西学者,为魏源氏、郭嵩焘氏、曾纪泽氏,皆湖南人,故湖南实维新之区也。发逆之役,湘军成大功,故嚣张之气渐生,而仇视洋人之风以起。虽然,他省无真守旧之人,亦无真维新之人,湖南则真守旧之人固多,而真维新之人亦不少,此所以异于他省也。

湖南向称守旧,故凡洋人往游历者动见杀害,而全省电信、轮船皆不能设行。自甲午之役以后,湖南学政以新学课士,于是风气渐开,而谭嗣同辈倡大义于下,全省沾被,议论一变。及陈宝箴为湖南巡抚,其子陈三立佐之,黄遵宪为湖南按察使,江标任满,徐仁铸继之为学政,聘梁启超为湖南时务学堂总教习,与本省绅士谭嗣同、熊希龄等相应和,专以提倡实学,唤起士论,完成地方自治政体为主义。今将去年十二月梁启超上陈宝箴一书,论湖南应办之事者录于下,览者可以见湖南办事之情形焉。

今之策中国者必曰兴民权,斯固然矣,然民权非可以旦夕而成也。权者生于智者也,有一分之智,即有一分之权,有六七分之智,即有六七分之权，有十分之智，即有十分之权，是故国即亡矣，苟国人之智与灭我之国之人相等，则彼虽灭吾国，而不能灭吾权。阿尔兰之见并于英人是也，今英伦之人应享利益，阿尔兰人无不均沾也。即吾民之智不能与灭我之国之人相等，但使其智日进者则权亦日进，印度是也。印度初属于英，印人只能为第六七等事业，其第五等以上事业，皆英人为之。凡官事私事莫不皆然，如一衙署则五等以上官皆英人，一公司则总办帮办及高等司事皆英人也。近则第二等以下事业，皆印人所为矣。其智全塞者则其权全亡。非洲之黑人，墨洲之红人，南洋之棕人是也。此数种者只见其为奴隶为牛为马，日澌月削，数十年后，种类灭绝于天壤耳，更无可以自立之时矣。夫使印度当未亡之时，而其民智慧即能如今日，则其蚤为第二等人也久矣，使其有加于今日，则其为第一等人也亦已久矣。是故权之与智相倚者也。昔之欲抑民权，必以塞民智为第一义，今日欲伸民权，必以广民智为第一义。湖南官绅有见于民智之为重也，于是有时务学堂之设。意至美矣，然于广之之道则犹未尽也。学堂学生只有百二十人，即使一人有一人之用，其为成也亦仅矣。而况此辈中西兼习，其教之也当厚植其根柢，养蓄其大器，非五年以后，不欲其出而与闻天下事也。然则此五年中，虽竭尽心力以教之，而风气仍不能出乎一学堂之外，昭昭然矣。故学生当分为二等，其一以成就远大，各有专长，各有根柢为主，此百二十人是也；其一则成就不必其远大，但使于政学之本原，略有所闻，中外之情形，无所暗蔽，可以广风气消阻力，如斯而已。由前之说，则欲其精，由后之说，则欲其广。大局之患，已如燎眉，不欲湖南之自保则已耳。苟其欲之，则必使六十余州县之风气，同时并开，民智同时并启，人才同时并成。如万军齐力，万马齐鸣，三年之间，议论悉变，庶几有济，而必非一省会之间，数十百人之力，可以支持，有断然矣。则必如何然后能如此,就其上者言之,一曰朝廷大变科举,二曰州县遍设学堂,斯二者行,顷刻全变,而非今日之所能言矣。有官绅之力所可及,而其成效之速,可与此二事相去不远者。一曰全省书院,官课、师课、改课时务也。以岳麓求贤之改章,及孝廉堂之为学会,士林举无间然,然则改课亦当无违言必矣。官课师课全改,耳目一新,加以学政所至,提倡新学,两管齐下,则其力量亚于变科举者无几矣。二曰学堂广设外课,各州县咸调人来学也。州县遍设学堂,无论款项难筹,即教习亦无从见聘,教习不得人讲授,不如法劳而少功,虽有若无耳。以余所见,此间各处书院诸生讲习经年,而成就通达者,寥寥无几,大约为开风气起见,先须广其识见,破其愚谬,但与之反复讲明政法所以然之理。国以何而强,以何而弱,民以何而智,以何而愚,令其恍然于中国种种旧习之必不可以立国。然后授以东西史志各书,使知维新之有功,授以内外公法各书,使明公理之足贵,更折衷于古经古子之精华,略览夫格致各学之流别。大约读书不过十种,为时不过数月,而其见地固已甚莹矣,乃从而摩激其势力,鼓励其忠愤,使以保国保种保教为己任,以大局之糜烂,为身之耻疚。持此法以教之,间日必有讲论,用禅门一棒一喝之意,读书必有劄记,仿安定经义治事之规。半年以后,所教人才,可以拔十得五,此间如学堂学生鼓箧不过月余耳,又加以每日之功,学西文居十之六。然其见识议论则已殊有足观者,然则外课成就之速更可冀矣。大抵欲厚其根柢学颛门之业,则以年稚为宜,欲广风气观大略速其成就,则以年稍长为善。盖苟在二十以上,于中国诸学会略有所窥者,则其脑筋已渐开,与言政治之理皆能听受,然后易于有得,故外课生总以不限年为当。前者出示在此间招考,仅考两次,已迫岁暮,来者百余人,可取者亦三十人。然设此课之意,全在广风气,其所重者在外府州县,故必由学政按临所至,择其高才年在三十以下者，每县自三人至五人咨送来学。其风始广，然各府辽远，寒士负笈之资，固自不易，愚意以为莫如合各州县为具川资咨送到省，每岁三五人之费，为数无几，虽瘠苦之县，亦不至较此区区，到省以后，须谋一大厦使群萃而讲习，若学堂有余力则普给膏火，否则但给奖赏而已。如不给膏火，则须问其愿来与否，乃可咨送。此项学生速则半年，迟则一年，即可遣散，另招新班，择其学成者授以凭记，可以为各县小学堂教习。一年之后，风气稍成，即可以饬下各州县，每县务改一书院为学堂，三年之间，而谓湘人犹有嫉新学如仇与新学为难者其亦希矣。二曰遣学生游学外国。时务学堂内课诸生，既授之以经史大义，厚其中学之根柢，养成其爱国之热心，则当遣往外国学政治、法律、财政、行政学、兵法诸专门，先选其俊秀者以五十人为额，为第一班，第二年续有高才，则续选五十人为第二班，凡设四班，合为二百人，以四年分遣之，每留学者以四年为率，及其归也以之治湖南一省之事，人才固恢然有余，即为全国之用，亦可庶几矣。若虑经费难筹，则先游学日本，日本虽小国，而三十年来智学之进，骎骎焉追及欧洲，我但先学日本，亦已足为吾目前之用矣。

欲兴民权，宜先兴绅权，欲兴绅权，宜以学会为之起点，此诚中国未尝有之事，而实千古不可易之理也。夫以数千里外渺不相属之人，而代人理其饮食讼狱之事，虽不世出之才，其所能及者几何矣。故三代以上，悉用乡官。两汉郡守，得以本郡人为之，而功曹掾吏，皆不得用它郡人，此古法之最善者，今之西人莫不如是。唐宋以来，防弊日密，于是悉操权于有司，而民之视地方公事，如秦越之人视肥瘠矣。今欲更新百度，必自通上下之情始，欲通上下之情，则必当复古意，采西法重乡权矣。然亦有二虑焉，一曰虑其不能任事，二曰虑其藉此舞文也。欲救前弊，则宜开绅智，欲救后弊，则宜定权限。定权限者何?西人议事与行事分而为二,议事之人,有定章之权,而无办理之权;行事之人,有办理之权,而无定章之权。将办一事,则议员集而议其可否,既可乃议其章程,章程草定,付有司行之,有司不能擅易也。若行之而有窒碍者,则以告于议员议而改之。西人之法度,所以无时不改。每改一次,则其法益密,而其于民益便,盖以议事者为民间所举之人也。是故有一弊之当革,无不知也,有一利之当兴,无不闻也。其或有一县一乡之公益,而财力不能举者,则议员可以筹款而办之,估计其需费之多少而醵之于民焉,及其办成也,则将其支用款项列出清单,与众人共见,未有不愿者也。譬之一街之中,不能无击柝之人,于是一街之户宅集议,各出资若干而雇一人为之,一乡之中,欲筑一桥修一路,于是一乡之户宅集议,或按田亩,或按人丁,各出资若干而动工为之,未有不愿者也。推而大之而一县而一省而一国莫不如是,西人即以此道治一国者也。吾中国非不知此法,但仅以之治一乡治一街,未能推广耳。故每月应筹款项,皆待命于下议院,下议院则筹之于民,虽取之极重,而民无以为厉己者。盖合民财以办民事,而为民所信也。民亦知此事之有益于己,非独力所能办,故无不乐输以待上之为我成之也。如一街四十户,每户月输一百,即得四千,可以用一击柝之人以为己保护财产,若非得一人总任其事,则虽每户月自出二百仍不能用一人。故有乡绅为议事,则无事不可办,无款不可筹,而其权则不过议此事之当办与否,及其办法而已,及其办之也,仍责成于有司,如是则安所容其舞文也?至于讼狱等事,则更一委之于官,乡绅只能为和解,或为陪审人员,而不能断其谳,然则又何舞文之有乎?西人举国而行之,不闻有弊,则亦由权限之划定而已。开绅智者何?民间素不知地方公事为何物,一切条理皆未明悉,而骤然之使其自办,是犹乳哺之儿而授之以杯箸,使自饮食,其殆必矣。故必先使其民之秀者日习于公事，然后举而措之裕如也。今中国之绅士使以办公事，有时不如官之为愈也，何也？凡用绅士者，以其于民间情形熟悉，可以通上下之气而已。今其无学无智，既与官等，而情伪尚不如官之周知，然则用之何为也？故欲用绅士，必先教绅士，教之惟何，惟一归之于学会而已，先由学会绅董各举所知品行端方，才识开敏。绅士每州县各数人，咸集省中入南学会。会中广集书籍图器，定有讲期，定有功课，长官时时临莅以鼓励之，多延通人为之会长。发明中国危亡之故，西方强盛之由，考政治之本原，讲办事之条理，或得有电报，奉有部文，非极秘密者，则交与会中俾学习议事，一切新政将举办者，悉交会中议其可办与否，决议其办法，次议其筹款之法，次议其用人之法，日日读书，日日治事，一年之后，会中人可任为议员者过半矣。此等会友亦一年后除酌留为总会议员外，即可分别遣散，归为各州县分会之议员，复另选新班在总会学习。绅智既开，权限亦定，人人既知危亡之故，人人各思自保之道，合全省人之聪明才力，而处心积虑，千方百计，以求办一省之事，除一省之害，捍一省之难，未有不能济者也。

绅权固当务之急矣，然他日办一切事，舍官莫属也，即今日欲开民智，开绅智，而假手于官力者，尚不知凡几也。故开官智又为万事之起点，官贫则不能望之以爱民，官愚则不能望之以治事，闻黄按察思所以养候补官，优其薪水之法，此必当速办者也，既养之则教之，彼官之不能治事，无怪其然也。彼胸中曾未有地球之形状，曾未有欧洲列国之国名，不知学堂工艺商政为何事，不知修道养兵为何政，而国家又不以此考成，大吏又不以此课最，然则彼亦何必知之，何必学之？举一省之事而委之此辈未尝学问无所知识之人之手，而欲其事之有成，是犹然薪以止沸，却行而求前也，而无如不办事则已，苟办事则其势不能不委之此辈之手，又不可以其不能办而不办也,然则将如之何?曰教之而已矣,教官视教士难,彼其年齿已老,视茫发苍,习气极深,宦情熏灼,使之执卷伏案,视学究之训顽童,难殆甚焉。然教官又视教士易,彼其望长官如天帝,觊缺差若九鼎,宫中细腰,四方饿死,但使接见之时,稍为抑扬,差委之间,微示宗旨,虽强之以不情之举,犹将赴汤蹈火以就之,而况于导之以学乎?故课吏堂不可不速立,而必须抚部为之校长,司道为之副校长,其堂即设在密迩抚署之地,每日或间一二日,必便衣到堂,稽察功课,随时教诲。最善者莫如删堂属之礼,以师弟相待,堂中陈设书籍,张挂地图,各官所读之书,皆有一定,大约各国约章,各国史志,及政学、公法、农工商、兵、矿政之书,在所必读。多备报章,以资讲求,各设劄记,一如学堂之例。延聘通人为教习,评阅功课,校长及副校长随意谭论,随意阅劄记,或阅地图而与论其地之事,或任读一书而与论其书之美恶,听其议论而可以得其为人矣。而彼各官者恐功课不及格而获谴,恐见问不能答而失意,莫不争自濯磨,勉强学问矣。教之既熟,必有议论明达,神气坚定者出矣。或因好学而特予优差,或因能任事而委之繁缺,数月之后,家弦诵而人披吟矣。闻曾文正每日必有一小时与幕府纵谭,若有事应商,则集幕府僚属使之各出意见,互相辩论。文正则不发一言,归而采之,既可于此事集思广益,复可见其人之议论见地。骆文忠则每集司道于一圆桌,令以笔墨各陈所见。岑襄勤、丁雨生之办事如训蒙馆然,聚十数幕友于一堂,陈十数几桌,定时刻治事,随到随办,案无留牍,此诚治事之良法也。今日之中国,亦颇苦于礼矣,终日之晷刻,消磨于衣冠应酬迎送之间者不知凡几,交受其劳,而于事一无所补。日日议变法,此之不变,安得有余日以任应办之事乎?是宜每日定有时刻,在课吏堂办事,一切皆用便衣,凡来回事者立谈片刻,不迎不送,除新到省衣冠一见外,其余衙门例期悉予停免，有事咸按时刻在堂中相见，则形骸加适，而治事加多，斯实两得之道也。至实缺各官，关系尤重，既未能尽取而课之，亦必限以功课，指明某书令其取读，必设劄记，读书治事二者并见。须将其读书所有心得，及本县人情物产风俗咸著之劄记中，必须亲笔，查有代笔者严责。难者必以为实缺官身任繁剧，安能有此休暇，不知古人仕优则学，天下断无终年不读书而可以治事之理，每日苟定出时刻，以一两点钟读书，未必即无此暇晷也。频颁手谕，谆谆教诲，如张江陵与疆臣各书，胡文忠示属员各谕，或以严厉行之，或以肫诚出之，未有不能教诲者也。吏治之怠散久矣，参劾则无人可用，亦不可胜劾，其无咎无誉，卧而治之，无大恶可指者，亦常十居六七焉。夫立木偶于庭，并水不饮，其廉可谓至矣，然而不能为吏者。吏者治事者也。吏不治事，即当屏黜，岂待扰民哉？虽然治事者必识与才兼然后可去也。若并不知有此事，不知此事之当办，则曷从治之，未尝讲此事之办法，则曷从治之，西国治一事则有一事之学堂，既学成而后授以事矣，然其每日办事之暇，未尝有一日废书者，不读书则看报，贵至君主，贱至皮匠，莫不皆然。今国人士自其鼓箧之始，则已学非所用，用非所学，及一入宦途，则无不与书卷长别。《传》曰："子有美锦不使人学制焉，一官一邑，身之所庇也，而使学制焉，又况于终其身而不学者乎？"中国一切糜烂，皆起于此，而在位者杳焉不自觉，今日兴一新法，明日兴一新法，而于行法之有人与否，漠然而不之计，此真可为痛哭流涕者也。以上三端，一曰开民智，二曰开绅智，三曰开官智，窃以为此三者乃一切之根本，三者毕举，则于全省之事，若握裘挈领焉矣。至于新政之条理，则多有湖南所已办者，如矿务、轮船、学堂、练兵之类；或克日开办者，如学会、巡捕、报馆之类；或将办而尚有阻力者，如铁路之类；或已办而尚须变通扩充者，如钞票、制造、公司之类。今不必述，而窃以为尚有极要者二事：一曰开马路,通全省之血脉,则全省之风气可以通,全省之商货可以出;二曰设劝工博览场,取各府州县天产人工之货聚而比较之,工艺精者优加奖励。长沙古称贫国,而五代马氏即恃工商以立邦,今欲易贫而富,则非广励工商末由也,今全省无论已办将办未办各事,除绅士协办外,苟经官手,则几无事不责成于一二人。其事至繁,其势至散,一人之精神,有万不能给之势,然舍此则又无可倚畀。鄙意以为宜设一新政局,各省有洋务局之称,其名最不雅驯不可用。一切新政皆总于其中,而使一司道大员为总办,令其自举帮办以下之人,事归一线,有条不紊,或稍易为力也。

此书即为湖南办事之起点,后此湖南一切事,皆依此书次第行之,而南学会尤为全省新政之命脉,虽名为学会,实兼地方议会之规模,先由巡抚派选本地绅士十人为总会长,继由此十人各举所知,展转汲引以为会员。每州每县皆必有会员三人至十人之数,选各州县好义爱国之人为之。会中每七日一演说,巡抚学政率官吏临会,黄遵宪、谭嗣同、梁启超及学长□□□等轮日演说中外大势政治原理行政学等,欲以激发保教爱国之热心,养成地方自治之气力,将以半年之后,选会员之高等,留为省会之会员。其次者则散归各州县为一州一县之分会员,盖当时正德人侵夺胶州之时,列国分割中国之论大起,故湖南志士人人作亡后之图,思保湖南之独立,而独立之举,非可空言,必其人民习于政术,能有自治之实际然后可。故先为此会以讲习之,以为他日之基,且将因此而推诸于南部各省。则他日虽遇分割,而南支那犹可以不亡,此会之所以名为南学也。当时所办各事,南学会实隐寓众议院之规模,课吏堂实隐寓贵族院之规模,新政局实隐寓中央政府之规模,巡抚陈宝箴、按察使黄遵宪皆务分权于绅士,如慈母之煦覆其赤子焉。各国民政之起,大率由民与官争权,民出死力以争之,官出死力以压之,若湖南之事势,则全与此相反，陈、黄两公本自有无限之权，而务欲让之于民，民不自知其当有权，而官乃费尽心力以导之，此其盛德殆并世所希矣。今将黄遵宪在南学会演说之语，及谭嗣同在《湘报》中所撰之论说，照录于下，可以见当时之苦心矣。

黄遵宪南学会第一次讲义：

诸君诸君，何以谓之人？人飞不如禽，走不如兽，而世界以人为贵，则以禽兽不能群，而人能合人之力以为力，以制伏禽兽也，故人必能群而后能为人。何以谓之国？分之为一省一郡，又分之为一邑一乡，而世界之国，只以数十计，则以郡邑不足以集事，必合众郡邑以为国，故国以合而后能为国。

自周以前，国不一国，要之可名为封建之世，世爵世禄世官，即至愚不道。如所谓生于深宫之中，长于妇人之手，骄淫昏昧，至于不辨菽麦，亦觍然肆于民上，而举国受治焉。此宜其倾覆矣，而或传祀六百，传年八百，其大夫士之举国同休戚者无论矣。而农以耕稼世其官，工执艺事以谏其上，一商人耳，亦与国盟约，强邻出师，犒以乘韦而伐其谋。大国之卿，求一玉琼而吝弗与，其上下亲爱，相维相系乃如此。此其故何也？盖国有大政，必谋及卿士，谋及庶人，而国人曰贤，国人曰杀，一刑一赏，亦与众共之也。故封建之世，其传国极秘，而政体乃极公也。

自秦以后，国不一国，要之可名为郡县之世。郡县之世，设官以治民，虑其不学也，先之以学校，虑其不才也，继之以科举，虑其不能也，于是有选法，虑其不法与不肖也，于是有处分之法，有大计之法，求官以治民，亦可谓至周至密至纤至悉矣。然而彼入坐堂皇，出则呵道者，吾民之疾病祸难困苦颠连，问其所以，瞠目不能答也。即官之昏明贤否勤惰清浊，询之于民，民亦不能知也，沟而分之,界而判之,曰此官事,此民事。积日既久,官与民无一相信,寖假而相怨相谤相疑相诽。遂使离心离德,壅蔽否塞,泛泛然若不系之舟,听民之自生自杀自教自养,官若不相与者,而不贤者复舞文以弄法,乘权以肆虐,以民为鱼肉,以己为刀砧,至于晚明有破家县令之称。民反以官为扰,而乐于无官,此其故何也?官之权独揽,官之势独尊也。凡上下相交之政,如所谓亭长、三老、啬夫、里老、粮长近于乡官者,皆无有也。举一府一县数十万人之命,委之于二三官长之手,曰是则是,曰非则非,而此二三官长者,又委之幕友、书吏、家丁、差役之手而卧治焉,而画诺坐啸焉,国乌得而治?故郡县之世,其设官甚公,而政体则甚私也。

诸君诸君,诸君多有读二十四史者,名相、良将、能吏、功臣,可谓繁多矣。惟读至《循吏传》,则不过半卷耳,数十篇耳,二三十人耳。无地无官,无时无官。汉唐宋明,每朝数百年,所谓循吏者只有此数,岂人性殊哉?抑人材不古若欤?尝考其故,一则不相习也。本地之人,不得为本地之官,自汉既有三互之法,如今之回避。至明而有南北互选之法,赴任之官,动数千里,土风不谙,山川不习,一切俗禁,茫然昧然。余尝见一广东粮道,询其惯否,彼谓饮食衣服均不相同,嗜欲不通,言语不达,出都以后,天地异色,妻奴僮仆,日夕怨叹,惟愿北归,以如此之人,而求其治民,能乎不能?此不相习之弊。一则不久任之弊也,今制以三年为一任,道府以下,不离本省,是朝廷固知不久任之弊矣。然而州县各官,员多缺少。朝令附郭,夕治边地,或升或迁,或调或降,或调剂,或署理,或代理,或兼摄,甫知其利,甫知其弊,尚有所作为,而舍此而他去矣。而贤长官量其时之无几,力之所不能,亦遂敛手退缩而不敢动,又况筑台者一篑而九仞,移山者由子而逮孙,凡大政事大兴革,非一朝一夕之所能为,虑其半途而废也,中道而止也,前功之尽弃也,则亦惟置之度外，弃之不顾耳。明之循吏，昔推况钟，其治苏州凡十九年，闻辕门鼓乐嫁女，乃曰吾来此时，此女甫乳哺耳，惟久于其任，乃以循吏称。今安得有十九年之知府耶，诸君试思之，不相习与宴会时之生客何异，不久任与逆旅中之过客何异，然而皆尊之为官矣。

嗟夫嗟夫，余粤人也，粤为边地，谚有之曰，天高帝远，皆不知朝廷，只知有官长耳，亦不知官为谁何名字，但见入坐堂皇，出则呵道者，则骇而避之。举吾等之身家性命田园庐墓，尽交给于其手而受治焉。譬之家有家长，子孙数十人，家长能食我、衣我、妻室我、田宅我，为子弟者将一切惰废，万事不治，尽仰给于家长耶。抑将进德修业，以自有成立耶。诸君诸君！此不烦言而决，不如子弟之自期成立明矣。委之于家长犹且不可，乃举吾之身家性命田园庐墓，委之于宴会之生客，逆旅之过客，而名之为官者，则乌乎其可哉？然则如之何而后可，所求于诸君者，自治其身，自治其乡而已矣。某利当兴，某弊当革，学校当变，水利当筹，商务当兴，农事当修，工业当劝，捕盗当讲求，以闹教滋祸者为家难，以会匪结盟者为己忧。先事而经画，临事而绸缪，此皆诸君之事，孟子有言，匹夫匹妇，不被其泽，若已推而纳之沟中，况吾同乡共井之人，而不思援手耶？范文正做秀才时，便以天下为己任，况一乡一邑之事，而可诿其责耶？顾亭林言风教之事，匹夫与有责焉。曾文正公论才亦以风俗为士夫之责，愿与诸君子共勉之而已。

诸君诸君，能任此事，则官民上下，同心同德，以联合之力，收群谋之益，生于其乡，无不相习，不久任之患，得封建世家之利，而去郡县专政之弊，由一府一县推之一省，由一省推之天下，可以追共和之郅治，臻大同之盛轨。余之言略尽于此，而尚有极切要之语为诸君告者，余今日讲义，誉之者曰开民智，毁之者曰侵官权，欲断其得失,一言以蔽之曰,公与私而已。诸君能以公理求公益,则余此言不为无功,若以私心求私利,彼擅权恃势之官,必且以余为口实,责余为罪魁,乞诸君共鉴之,愿诸君共勉之而已,诸君诸君听者听者。

谭嗣同记官绅集议保卫局事:

今夫舍其官权,略其势位,弃其箝轭民刀俎民之文若法,下与士民勤勤然谋国是,共治理,以全生而远害,初若不知己之为官,而官之可以箝轭刀俎民也者,世必曰天下乌有此不智之官矣。然而舍其官权,略其势位,决弃其箝轭民刀俎民之文若法,下与士民勤勤然谋国是,共治理,以全生而远害,初若不知己之为官,而官之可以箝轭刀俎民也者,而士与民方窃窃焉疑之议之远避之,曰奈何不箝轭我而刀俎我也,则宁得曰此天下之智士之智民乎?善乎唐才常之论保卫局也,曰泰西日本之有警察部也,长官主之,与凡议院章程不同,平心而论,此事本官权可了,而中丞陈公廉访黄公必处处公之绅民者,盖恐后来官长视为具文,遂参以绅权,立吾湘永远不拔之基,此尤大公无我至诚至信之心,可以质鬼神,开金石,格豚鱼。夫欲兴绅权,遂忘其为削己之官权,为人而遗己,宁非世俗所谓愚者乎?而廉访黄公与观察况公桂馨黄公炳离,则犹恐绅之弗受其权也,而集诸绅士于保甲局,反复引喻,终日不倦,且任之曰,某为董事,某为董事,听者感动兴起,皆思有以自效,摅虑发谋,各陈其臆。盖罔不动中机宜矣。顾嗣同尤有大忧奇惧腐心泣血不忍言而又不忍不言者,遂扬言曰:保卫局之善,唐氏言之详矣,吾不赞言,言其大者,事之大有如国之存亡乎?则胡不见台湾乎?一旦割弃,所谓官者皆相率内渡矣。又不见山东乎,虽巡抚总兵之尊,且褫职去位矣。故世变至无常,而官者至不可恃者也,官以遵奉朝旨为忠，以违抗朝旨为罪，不幸复有台湾、山东之事，官惟有袱被而去耳，岂能为我民而少迟回斯须哉？斯时也，则任外人之戎马蹴踏我，任外人之兵刃脔割我，谁为我父母而护翼我，谁为我长上而扞卫我，虽呼天抢地于京观血海之中，宛转哀号，悔向者之不早自为谋，而一听之官之非计，岂有及哉？岂有及哉？然则乘此崦嵫之短景，预防眉睫之急焰，官又假我以有可为之权，我不速出而自任而谁任矣？夫当速出而自任，宁止保卫一局，而保卫局特一切政事之起点，而治地方之大权也。自州县官不事事，于是有保甲局之设，其治地方之权，反重于州县官。今之所谓保卫，即昔之所谓保甲，特官权绅权之异焉耳。夫治地方之大权，官之所以为官者此而已，今不自惜若此，岂真官之不智哉？亦诚自料不能终护翼我扞卫我，又不忍人之蹴踏我脔割我，而出此万不得已之策，以使我合群通力，萃离散，去壅蔽，先清内治，保固元气，庶几由此而自生抵力，以全其身家，此其用意之深而苦，亦至要感矣。且闻之公法家，凡民间所办之事，即他人入室，例不得夺其权，是则历常变而不败者，又舍是末由也。议既终，吾请濡笔记之，且正告吾绅吾士吾民曰：吾愿睹吾属之智何如矣。

盖当时湖南新政办有端绪者，在教育、警察、裁判三事，此保卫局即效警察署之规模也。黄遵宪以为警察一署，为凡百新政之根柢，若根柢不立，则无奉行之人，而新政皆成空言。故首注意于是，先在长沙试办。初办之时，旧党谤议，愚民惊疑，及开办数月，商民咸便之。此次政变以后，百举皆废，惟保卫局因绅民维持，得以不废，此亦兴民权之利益也。黄遵宪为按察使，职司刑狱，故锐意整顿裁判监狱之事，删淫刑之陋俗，定作工之罚规，民甚感之。

中国向来守旧之徒，自尊自大，鄙夷泰西为夷狄者无论矣，即有一二号称通达时务之人,如李鸿章、张之洞之流,亦谓西法之当讲者,仅在兵而已,仅在外交而已,曾无一人以蓄养民力,整顿内治为要务者。此所谓不务本而欲齐其末,故虽日日言新法,而曾不见新法之效也。而彼辈病根之所在,由于不以民为重,其一切法制,皆务压制其民,故不肯注意于内治。盖因欲兴内治,不能不稍伸民权也。观于湖南之事,乃知陈宝箴、黄遵宪等之见识,远过李鸿章、张之洞万万矣。

自时务学堂、南学会等既开后,湖南民智骤开,士气大昌,各县州府私立学校纷纷并起,小学会尤盛,人人皆能言政治之公理,以爱国相砥砺,以救亡为己任,其英俊沉毅之才,遍地皆是。其人皆在二三十岁之间,无科第,无官阶,声名未显著者,而其不可算计。自此以往,虽守护者日事遏抑,然而野火烧不尽,春风吹又生,湖南之士之志不可夺矣。虽全国瓜分,而湖南亡后之图,亦已有端绪矣。今并将启超所撰南学会序附载于下,阅者可以知立此会之宗旨焉。

岁十月,启超以湘中大夫君子之督责,辞不获命,乃讲学于长沙,既至而湘之大夫君子,适有南学会之设,不以启超为不文也,而使为之序,序曰:呜呼!今之策时变者,则曰八股不废,学校不兴,商政不修,农工不饬,民愚矣,未有能国者也。蒙则谓八股即废,学校即兴,商政即修,农工即饬,而上下之弗矩絜,学派之弗沟通,人心之无势力,虽智其民而不能国其国也。敢问国,曰有君焉者,有官焉者,有士焉者,有农焉者,有工焉者,有商焉者,有兵焉者。万其目,一其视,万其耳,一其听,万其手,万其足,一其心,万其心,一其力,万其力,一其事。其位望之差别也万,其执业之差别也万,而其知此事也一,而其志此事也一,而其治此事也一,心相构,力相摩,点相切,线相交,是之谓万其涂,一其归,是之谓国。有国于此,君与君不相接,官与官不相接,官与士不相接,士与士不相接,士与农与工与商与兵不相接,农与农工与工商与商兵与兵不相接,如是乃至士与君不相接,农工商兵与官不相接,之国者何国矣,曰使其国千人也,则为国者千,使其国万人也,则为国者万,呜呼不得谓有国焉矣。今夫躯万也,心万也,力万也,位望万也,执业万也,虽欲一之,孰从而一之。吾乃远稽之三代,乃博观于泰西。彼其有国也必有会,君于是焉会,官于是焉会,士于是焉会,民于是焉会,旦旦而讲之,昔昔而摩厉之,虽天下之大,万物之多,而惟强吾国之知,故夫能齐万而为一者,舍学会其曷从与于斯。昔普之覆于法也,普不国也,时乃有良民会,卒报大仇也。法之覆于普也,法不国也,时乃有记念会,不数年而法之强若畴昔也。意大利之轭于教皇也,希腊之轭于突厥也,意与希不国也,时乃有保国会、保种会,卒克自立,光复旧物也。日本之劫盟于三国也,日不国也,时乃有萨摩长门诸藩侯激厉其藩士,畜养其豪杰,汗且喘走国中,以倡大义,一啸百吟,一伸百问疾,时乃有尊攘革政改进自由诸会党,继轨并作,遂有明治之政也。令夫以地之小如日本,民之寡如日本,幕府秉政以来,士之偷民之靡国之贫兵之弱,如日本,君相争权,内外交讧,时务之危蹙如日本,当彼之时,其去亡也不容发,而卒有今日,则岂非会之为功,有以苏已死之国,而完瓦裂之区者乎?嗟夫!吾中国四万万人,为四万万国之日盖已久矣。甲午、乙未之间,敌氛压境,沿海江十数省,风声鹤唳,草木兵甲,举国自上达下,抱头护颈,呼妻唤子,苍黄涕泣,戢戢待絷封,犹可言也。曾不数月,和议既定,偿币犹未纳,戍卒犹未撤,则已以歌以舞,以遨以嬉,如享太牢,如登春台,其官焉者依然惟差缺之肥瘠是问,其士焉者依然惟八股、八韵大卷、白折之工窳是讲,即有一二号称知学之英,忧时之彦,而汉宋有争,儒墨有争,彝夏有争,新旧学有争,君民权有争,乃至兴一利源,则官与商争,绅与民又争,举一新政,则政府与行省争,此省与彼省又争，议一创举，则意见歧而争，意见不歧而亦争。究之阴血周作，张脉偾兴，旋动旋止，只视为痛痒无关之事，而其心之热力，久冰销雪释于亡何有之乡，而于国之耻，君父之难，身家之危，其忘之也抑已久矣，曾不知中国股分之票，已骈阗于西肆，瓜分中国之图，已高张于议院。持此以语天下，天下人士犹瞠目莫之信，果未两载，而德人又见告矣，今山东胶湾之据，闽海船岛之割，予取予携，拱手以献，不待言矣。而其欲犹未厌，其祸犹未息，试问德人今日必索山东全省改隶德版，我何以拒之？试问俄人今日以一旅兵收东三省直隶山陕，我何以拒之？试问法人今日以一介使索云贵两广，我何以拒之？试问英人今日以一纸书取楚蜀吴越，我何以拒之？然则所恃以延一线之息，偷一日之活者，恃敌之不来而已。敌无日不可以来，国无日不可以亡，数年以后，乡井不知谁氏之藩，眷属不知谁氏之奴，血肉不知谁氏之俎，魂魄不知谁氏之鬼。及今犹不思洗常革故，同心竭虑，摩荡热力，震摅精神，致心皈命，破釜沉船，以图自保于万一，而犹禽视鸟息，行尸走肉，毛举细故，瞻前顾后，相妒相轧，相距相离，譬犹蒸水将沸于釜，而鯈鱼犹作莲叶之戏，燎薪已及于栋，而燕雀犹争稻粱之谋，不亦哀乎？今夫西人不欲分裂中国，斯亦已矣，苟其欲之，如以千钧之弩溃痈，何求不得，何愿不成，然又必迟回审顾，累岁而不发者，则岂不以彼之所重者在商务，一旦事起，沦胥糜烂，而于彼固非有所大利，故苟可已则无宁已也。而无如中国终不自振，终不自保，则其所谓沦胥糜烂者，终不能免，而彼之商务，无论迟速，而必有受牵之一日。故熟思审处，万无得已，而势殆必出于瓜分云尔。然则吾苟确然示之以可以自振可以自保之机，则其谋可立戢，而其祸可立弭，昭昭然矣。此所以中东之役以后，而泰西诸国犹徘徊莫肯先动，以待我中国之有此一日，乃至三年，一无所闻，而德人之事，乃复见也。夫所谓可以自振可以自保之机者何也？即吾向者所谓齐万而为一，而心相构而力相摩而点相切而线相交，盖非是而一利不能兴，一弊不能革，一事不能办。虽曰呼号痛哭，奔走骇汗，而其无救于危亡一也。吾闻日本幕府之末叶，诸侯拥土者数十，而惟萨长土肥四藩者，其士气横溢，热血奋发，风气已成，浸假遍于四岛。今以中国之大，积弊之久，欲一旦联而合之，吾知其难矣，其能如日本之已事，先自数省者起，此数省者其风气成，其规模立，然后浸淫披靡，以及于他省，苟万夫一心，万死一生以图之，以力戴王室，保全圣教，噫或者其犹可为也。湖南天下之中，而人才之渊薮也。其学者有畏斋、船山之遗风，其任侠尚气，与日本萨摩长门藩士相仿佛，其乡先辈若魏默深、郭筠仙、曾劼刚诸先生为中土言西学者所自出焉。两岁以来，官与绅一气，士与民一心，百废具举，异于他日，其可以强天下而保中国者，莫湘人若也。今诸君子既发大愿，先合南部诸省而讲之，庶几官与官接，官与士接，士与士接，士与民接，省与省接，为中国热力之起点，而上下从兹其矩絜，学派从兹其沟通，而数千年之古国，或尚可以自立于天地也。则启超日日执鞭以从诸君子之后所忻慕焉。

光绪圣德记

第一章 上舍位忘身而变法

上以变法被废，仁至义尽，其委曲苦衷，罕有知之者。乙未年上欲变政，旋为西后所忌。杖二妃，逐侍郎长麟、汪鸣銮，流妃兄侍郎志锐，褫学士文廷式，永不叙用，皆以诸臣请收揽大权之故。太监寇连材请归政，则杀之。于是上几废，以醇酒自晦仅免，乃能延至今岁。长麟者素亢直,恭亲王倚用之人也。及革长麟奉懿旨时,上述旨,恭亲王跪哭问何故,上挥手曰"不必问",君臣相向对哭,恭邸哭至不能起。文廷式请上收大权,上摇手嘱勿言,上知一揽政权,西后必见忌也久矣。及旅大继割,上曰:"我不能为亡国之君,若不假我权,我宁逊位。"盖明知西后之忌,而至是亦不能避也,惟有致命遂志,冀补救而已。四月二十三日,甫下国是之诏,而二十七日西后即逐师傅翁同龢,命荣禄出督直隶,总制董、聂、袁三军,下诏阅兵,令二品以上大臣递折召见,于是训政废立之局定矣。夫翁同龢为上二十余年师傅,上之亲臣只此一人,既逐矣。西后亲见大臣,令其明递折矣。散督办处令其私人统诸军矣。训政幽废之事,上岂不知,盖以坐听西后之纵肆守旧,地必尽割,而国必偕亡,与其亡国而为轵道之降,煤山之续,既丧国辱身,贻谤千古,不如姑冒险而变法,幸则犹可望收政权而保国土,不幸亦可大开民智,而待之将来,中国或可存一线焉。当是时也,社稷为重,而君位为轻,以民为贵而身为贱,无人与谋,独断圣心,决然冒险犯难而行之。如项羽之破釜沉舟,如宾须无之背城借一,其济则祖宗之灵也,其不济则听其废听其幽听其弑,其以死殉社稷,以死告祖宗,以死对四万万臣民,宁甘为唐中宗、魏显宗之废弑于淫妾,以白其志于天下,而不忍为刘禅之归命,徽钦之青衣,以一身任亡国之耻辱。盖自归政十年,隐忍踌躇,盘桓待时,一恨于失安南,再恨于割辽台,三恨于割胶旅,与其中割铁路、轮船、矿产、商务、兵权,种种怀羞蒙耻,抱恨含怒,郁积沉详,深思熟权,不得已而后以身殉天下。于是皇上誓不为天津阅兵之行,盖亦留以有待,不幸为权奸变而早发,将帅不忠,遂至幽废。然八股既废,学堂、学会、报馆,云滃波沸,数千万人士腾奋踊跃,竞共讲求,即使复废,而开数千万人士之智,成效既睹,不能得抑,中国一线之不亡,或赖于此。维新爱民之诏书,朝发暮下,海内外读诏书者为之流涕,人人皆有中国自强之望,及闻幽废,咸哭泣失声,涕不可仰。横滨商人大同学校学生则已然矣。咸哀失我圣主,如丧慈母，且虑中国从此亡，盛德遗爱如此。呜呼！我皇上之舍位忘身，以救天下，自古之至仁大慈，岂有过此者哉？宁幽废篡弑于妾母，而不忍含垢蒙羞于亡国，其权衡至当，大义明决，岂有过此哉？而说者或疑为急激，或讥不能坚忍。夫忍之十年，淫肆听之，土木听之，纵宦寺开货贿听之，任权奸用昏谬听之，尽亡属国听之，丧师辱国听之，遍割边地听之，尽输宝藏尽失权利听之。日日熟视，年年画押，以一身任祖宗之统，人民之寄，坐受天下万世之责，敌国外患之侮，若是者十年。日甚一日，年甚一年，自视其国将为土崩，将为瓦解，将为豆剖，将为瓜分，将为鱼烂，将为波兰，将为印度，将为安南，将为缅甸。祖宗大业，从此陨堕，神州民庶，从此陆沉，宗庙社稷，将不血食，钟虡将堕顿，衣冠将涂炭，宫阙将禾黍。若是者无所知识，酣寝薪火则已，令稍有知识，每一念至，发愤汗下，怒发上指，目眦欲裂，不可一旦忍，况圣明如我皇上者，观万国若观火，念万民在涂炭，既仁且智，又安能忍？然而沉几待变，忍辱负重，含垢忍尤，于今十年，至待之无可待，忍之无可忍，而后出此。即不然则安坐以待之，从容以忍之，一切再听西后之所为，则九月天津阅兵幽废如故，而圣明英武不著，盛德不暴于天下，遗爱不留于百姓，更附益以谤言，则真为昌邑之续耳。况加以有割地削权之辱，则诬为得罪于祖宗，得罪于天下，亦何能见白于天下后世哉？固以为废之为宜耳。即幸而不废，再坐听西后之恣肆游侈，兴土木，纵宦寺，任权奸，用昏耄，但保颐和咫尺之园，而日日割地失权，坐亡万里祖宗之天下而不顾，则终之亦为子婴之舆榇，怀愍之行酒，幸亦仅为安南之虚名，不幸则为缅甸之被虏，其知者责以敝笱不能制大鱼，比于鲁庄不能防文姜，六极之弱，失天下不能无罪。其不知者则傅会文致，尽以魏胡灵后之行事之丑归之于明庄烈帝，责以无道亡国，亦复谁能辩者，岂若今即幽废，而激天下之怒，则朱虚平勃柬之敬业，犹有望焉以保国祚。呜呼！我皇上处至难之境，难白之地，而卒以仁智垂功德于天下，舍身轻万乘，而思以保国救民,自非至圣仁人,孰能若此者乎?

第二章　新政皆无人辅佐而独断

皇上英断绝人,当五月以来,变行新法,上之亲臣只翁同龢一人,早已驱逐,其枢臣中皆守旧庸懦,无一通古今中外之才,无一人愿赞维新,并无一人能备顾问者,乃至内外诸大臣皆然。以上之明,日与诸守旧衰谬之臣相见相接,无一能稍酬圣意,稍答圣问者,行事无所与谋,画策无可与决,立法无可与议,疑义无可与难,掌故新法无可与问。当是时,上读古今中外之书甚多,讲西法甚熟,皆远出诸大臣千万,而诸臣非惟不能佐助,若刚毅且挟西后李莲英之势,每事必与上忤。而上无逐大臣之权,无用人之权,虽有所善,不能置一人于左右,朝夕谋议,以问天下之人才,知天下之情势,考中外之形局,斟酌损益变法之宜,条理构画新法之全局,虽欲开制度局懋勤殿而不能也。即有可信任之人,非徒不敢用,且避嫌不敢多见,以备顾问。谋议一事,仅藉奏折以通之,而奏折皆与天下共之,故上有欲疑问谋议而不能,下欲请委曲措施而不可,以新法之重大,用人行政之要,从古所难,未有不藉一人毗赞谋议,而能敷政优优者,上乃一切独断,裁自圣心。五月至七月九十日之中,新政大行,从善如转圜,受言如流水,虽上压于西后,下阻于群臣,而规模广大,百度维新,扫千载之秕政弊风,开四万万人之聪明才智,流风善政,美不胜书。民望蒸蒸,国势日起,以二千年来之贤君英主,在位数十年之久,贤才数十人之多,可书之事,可传之政,未有若我皇上无权无助行政九十日之多者,令有全权,多贤辅而久道化成,岂止孕虞育夏,甄殷陶周哉?算学家之反正比例可以推矣。

第三章　群僚士民皆许上书

国朝天泽极严,君臣远隔,自内而公卿台谏,外而督抚,数百十人外，不能递折，其庶僚名虽许由堂官代递，士民许由察院代递，而承平无事，大臣亦稀谏书，故壅闭成风，庶僚士民既不上书，堂官察院亦不肯代递，故虽有四万万人，实数十资格老人支拄掩塞之而已。圣祖世宗时，各道尚间有递折者，嘉道后则绝无之。故疾苦如山，积弊如海，九重万里，无由闻知。向来譬之如十七重浮屠，层层塞隔，虽有才人志士，扼腕嗟叹，而敌患民隐，无由达于上听，良言嘉谟，无由入告于后，即以恭亲王虽为亲藩，位犹人臣，而士夫不能见，不能上书。故在总署三十余年，聪明绝人，而万国情事不能解，舆图亦未能详考，盖尊贵太甚，壅蔽必多故也。余若宰相、大臣、督抚、司道，皆士民所不能上书者，盖蔽塞甚矣。即前朝间有太学生上书，亦绝无民人上书者，皇上乃欲尽知民隐，欲尽觇天下人才，识破尽壅塞，荡开堂壁，既劝开报馆以求昌言，复许藩臬道府上折，既许群僚及州县递奏，并许士民上书，又恐诣阙为难，听在外由州县封递，非徒国朝所无，亦千古所未有，考通史而不得见者也。于是怀才抱志之士，望风云集，咸得吐胸臆纾实学于圣主之前，九流并凑，百孔同和，上备嘉纳，见之施行，真千古未有之盛遇也。四万万人中，凡有疾苦，凡有积滞，凡有才贤，孰不呈露破除于圣主之前乎？广闻见而决积壅，通下情而达民隐，坐一室而知四海，不窥户牖而知天下，非圣人而能若是乎？

第四章　豁达大度

国朝堂陛既严，又承平日久，权臣和珅穆彰阿之流，以督责箝群臣之口，奏折中一字之失，一画之误，体裁少谬，非徒严谴，有得重祸者，故群僚畏谨恐不自保，石庆马五尾之获罪也久矣。当群僚上书之日，多出草野，不谙奏折体式，或有官衔在上，或称职不称臣，或称呈不称奏，体裁杂沓，上皆不问，明降上谕曰："吾欲觇举国人才识耳，体式何责焉？"至有野民渔人上书，用二尺之长条，称及皇上亦不抬头，皇上笑而置之，求言之深,求才之切,宽小故而举大谊,大度容人,盖自古所未见焉。

第五章　日昃勤政

承平日久,大臣皆以资格进用,偷惰度日,阻隔言路,章奏日稀,入直即退。既许群僚及士民上书后,都察院每日递折数十,各署亦然,折厚有至百数十开者。上鸡鸣而起,日哺乃罢,犹不能尽。上乃自阅其要者,除令谭嗣同四京卿入军机览阅,然每日犹不能毕。或请少加制限,上终不倦,不肯限制,此又自古所无。先是章奏或少,上端坐穆思前日之折,斟酌施行,退朝则考读西法新政之书,日昃不遑,其勤政如此。

第六章　求才若渴

唐宋皆五日一朝群臣,明世见大臣尤稀,神宗乃至二十九年不见臣下,国朝立法,每日必召群臣,不间寒暑,皇上求才若渴,海内豪俊,日有荐举。每日除枢臣大臣及值员外,召见荐举人才,垂问勤勤,或过一二时许称旨者擢用,拟开懋勤殿以谋议制度,用外国通才以备充顾问,考数月内荐举之多,为国朝所未见,上之求才若渴如此。

第七章　破格用人

资格用人,至国朝而极矣。汉人举孝廉为郎,擢议郎为守,入朝即可为三公,我朝则御史九转乃致五品卿,侍郎则左右遍历乃能陟都宪,编检郎曹十余年乃得补缺开放,若循资久者皆至大僚,以是士气易萎。夫汉武帝明太祖擢用英豪,皆有不次之擢以厉士气,故人人有进取之心。皇上于袁昶、岑春煊一言,皆超授藩司,王照不畏强御,则以主事而擢四品卿。江标督湖南学政唱新政有声,则擢四品卿。黄遵宪官湖南有声,则擢三品卿,使日本。郑孝胥召见称旨,则由同知超授道员。若四军机,则杨锐以内阁侍读,刘光第以刑部主事,谭嗣同以知府,林旭仅以会试举人中书，并授四品卿，参预新政。参预新政者，实为宰相矣。其徐致靖、王锡蕃以少詹学士作署礼部侍郎，固为超授，即李端棻以仓督授礼部尚书，尚是超擢，以礼尚多由兵、刑、工三部推移，无有由侍郎上擢者也。若袁世凯之由按察使擢侍郎，吴懋鼎、端方、徐建寅以道员擢三品卿，皆不吝通爵显官，以待天下之士。令士气耸动，人人有拔用之望，相与讲求。即康有为以主事召见，已为咸丰以来四十余年未有之创举，若以主事专折奏事，尤为国朝旷典所无，其破格以待天下之士，实有汉武帝明太祖之风。高武远蹠，可以为开创之规模焉。

第八章　明罚敕法

二品大臣以上，向请命于西后，上无权焉。然明罚敕法，尚有雷霆振厉之风，以壅塞言路之故，尽褫礼部全堂尚书侍郎六人，逐敬信李鸿章出总署，实有大明黜陟之力，无权犹如此。若有全权，则守旧迂谬之人，必难偷惰取容者矣。荣禄深畏英明，自恐不保，故及于难。然深宫隔绝，无人与谋，不知外事，但观英断，已合武人志刚之义，可以见英绝之才矣。

第九章　用人不惑

皇上信用英贤，不摇于疑谤。翁同龢为上二十余年之师傅，尊信固矣。康有为以一新进小臣开保国会事，潘庆澜、黄桂鋆、李盛铎三人言之，上不及问召见一次，而尚书许应骙，御史文悌叠攻之，上皆不惑，且因此而罪许文，大学士孙家鼐亦有言，其余谗谤之说，或诬其自为教主，自为民主，不可听闻，上皆不惑。湖南举人曾廉请杀有为，又诬引梁启超言行一切民主民权之说，加诬以《扬州十日记》攻满洲之言，上非徒不惑，尚虑西后见折而怒，特命谭嗣同条条议驳，长至千余言，乃以折呈西后。及西后听谣谤欲害有为，上即促令出上海以俾之行，其曲折保全之意,绝出人意表,又非徒不为谗间所入而已。湖南抚臣陈宝箴、学臣江标、臬臣黄遵宪、绅士谭嗣同,皆为湖南旧党士大夫攻,都御史徐树铭、御史黄均隆前后劾之,其后劾者叠起,上非徒不问,江黄皆超擢京卿,陈宝箴又特旨嘉奖,于是言者少息。上之用人不疑如此。

第十章 从善如流

士无贵贱,凡有献纳,莫不降旨立行,从善如转圜,九十日中,亲政无数,去数千年之积弊,虽向来英君令辟,临政数十年,可书之事,未有皇上九十日之多者,岂非绝世间出之圣主哉?

第十一章 俭德谨行

皇上向来俭德,岁费数万金,御案破而不修,案上黄布旧而不换,地或无毡。西后之宫,日兴土木,而上御之殿,破坏不少修,即文华殿常见外国使臣,而尘旧不堪,不加涂黝,内务府惟知媚西后,不顾上之服御,上亦不问也。西后日纵嗜欲,日日传戏。上雅不好妃嫔,仅珍瑾二妃,瑾妃死矣,今仅珍妃一人,太监寥寥。上绝无他嗜,目不邪视,足不妄行,口无妄语,惟好读书,间及西国新式精奇器物,以考其制造之奇而已。盖俭德端行,出自天性也。

第十二章 好学强记

皇上圣德睿明,学问渊深,枢臣某公曾语予曰:“上性强记,阅奏折极敏速,偶有奏折稍少之日,即端坐追思旧折。有及数月前数年前者,枢臣皆忘之,上犹能指出某人所奏某事,故枢臣多以此被谴责。”梁启超所著《变法通议》,进呈两日,梁启超召见,上发出其书,令订正漏误,皆粘出片纸,其精细勤敏如此,有为进呈之《日本变政考》,连日被促,一册甫上,阅日即催,盖读书之敏可见,盖所从之师傅,学问深博,故上之文学本源极厚，书法钟颜，端厚浑朴，诗文极稚。今上谕多上亲笔，丙戌会试，传诵斋官御制诗已极雅，外论疑上之文学，或言及游戏之事，皆李莲英欲倾上造谣，以散人心，无是事也。上退朝之暇，手不释卷，绝无嗜好，既无权则惟以读书为事，故读书极多。昔岁无事，旁及宋元版本，皆置懋勤殿左右，以及汉学经说，并加流览。及胶旅变后，上怒甚，谓此皆无用之物，命左右焚之，太监跪请不许，大购西人政书览之，遂决变政。上焚宋元版书事，多有议上之太过激者，太监多走告西后，以上讲西书，又谓上人西教者，谣谤纷纭，然从古英主刚决多如此，焚雉裘以戒奢，破釜舟以作勇，岂能议其暴殄天物乎？偶一举事以著其发愤之心，正以见蹈厉之意也，守旧者以常例訾之，何足算哉？

第十三章 养晦潜藏

自归政后十日，上不甚决政事，大臣或谓上性质弱，明而不英，多误信之。及观新政之行，督责大臣，推布新政，日新月盛，及黜权奸壅蔽之罪，擢通达英勇之士，施破格之赏罚，若雷动而雨注，于是知昔者不决政事，盖以事权不属，养晦待时也。今以英明一露，即被废立，然后知上十年来之忍辱养晦，为不可及也。

第十四章 特善外交

中国夷夏之戒，从古极严。自宋人败割于金，汴京屡破，二帝蒙尘，饮恨吞声，胡安国之传春秋，专发此义。而大地未通，未知万国别有文明一例，以匈奴突厥视之，此守旧诸人之心识，所以不肯变法，而傲侮强邻，不通外交者也。上博览西书，深通万国，意存平等，亲视友邦，其文明之国，尤能重视，独明大局，破弃小嫌。日本新有割台湾之事，国人咸疏恶之，而上知其变法文明，昔急自立，今欲亲好，于黄遵宪之东来，亲以朱笔改定国书，为同洲至亲至爱之国六字。德主之弟亲王轩利来觐，群臣斤斤争典礼，上独曰：不必争小节，失大局，许赐之坐。起立见之，亲与握手,此国朝所未有。非德人所争,而上自定之者。暨日相伊藤博文来游,请觐,上亦赐之坐。朝鲜故吾属国,经事后,听其自立,然以旧体不肯与通国书,上亦慨然许之,廷臣拟国书犹靳其称,称为朝鲜国主,上亲改之,还其帝号。其不计小节,能亲外交,破旧日疏傲之虚文,而务行保国爱民之新政,以国之自立,在此不在彼也。

第十五章　爱民忘位

中国以孔学教士夫,以老学治国,二者相持二千年。其务施仁政,除苛虐以惠民生者,诸儒日持经义,争之于朝,而积久历渐,以有宽政及今日之民者也。然自韩非倡督责术私国愚民术,而秦用之,汉人从之,后世帝王皆以私国愚民督责术为传子孙秘策,外虽间施孔学大义以结民心,实皆欲固权位以箝制其下,故虽知有开民智听民议之善政而不欲行。夫以四万万之民,二万里之地,而弱至此,惟愚民之故。皇上蒿目时艰,殷忧危亡,亟亟变法,群臣言者除大乖谬无不立从,大学士孙家鼐病之,谏曰:"方今外患殷迫,诚不可不变法,然臣恐变法后,君权从此替矣。"时各报多有言民权者,上又欲开议院,故孙家鼐言及此,上曰:"吾变法但欲救民耳,苟能救民,君权之替不替何计焉。"呜呼!皇上无私其位之心,但有救民之志,虽尧舜之圣,岂有加诸?又议院者皆各国之民以死争之而后得,俄罗斯之民以死争之百年而不能得者,而我皇上乃自欲开之,好善如不及,而无一丝毫之私心。上谕有一民不被泽,朕躬未为尽职,又有使天下知其君之可恃语。呜呼!至公至仁,孰有若我皇上者乎?后以臣下言民智未开,守旧太多,开议院则益阻挠新政,上乃悟曰:待后数年乃行之。然命众至庭,谋及庶人,辟门吁俊,合宫总章,明堂之良法美意,上固已躬先之矣。

中国四十年来大事记

（一名李鸿章）

序　例

一、此书全仿西人传记之体，载述李鸿章一生行事，而加以论断，使后之读者知其为人。

一、中国旧文体，凡记载一人事迹者，或以传，或以年谱，或以行状，类皆记事，不下论赞，其有之则附于篇末耳。然夹叙夹论，其例实创自太史公，《史记·伯夷列传》、《屈原列传》、《货殖列传》等篇皆是也。后人短于史识，不敢学之耳。著者不敏，窃附斯义。

一、四十年来中国大事，几无一不与李鸿章有关系。故为李鸿章作传，不可不以作近世史之笔力行之。著者于时局稍有所见，不敢隐讳，意不在古人，在来者也。恨时日太促，行箧中无一书可供考证，其中记述谬误之处，知所不免。补而正之，愿以异日。

一、平吴之役，载湘军事迹颇多，似涉支蔓。但淮军与湘军，其关系极繁杂，不如此不足以见当时之形势，读者谅之。

一、《中东和约》、《中俄密约》、《义和团和约》皆载其全文，因李鸿章事迹之原因结果与此等公文关系者甚多，故不辞拖沓，尽录入之。

一、合肥之负谤于中国甚矣。著者与彼，于政治上为公敌，其私交亦泛泛不深，必非有心为之作冤词也。顾书中多为解免之言，颇有与俗论异同者,盖作史必当以公平之心行之,不然,何取乎祸梨枣也。英名相格林威尔尝呵某画工曰:“Paint me as I am.”言勿失吾真相也!吾著此书,自信不至为格林威尔所呵。合肥有知,必当微笑于地下曰:“孺子知我。”

光绪二十七年十一月既望　著者自记

第一章　绪　论

天下惟庸人无咎无誉。举天下人而恶之,斯可谓非常之奸雄矣乎?举天下人而誉之,斯可谓非常之豪杰矣乎?虽然,天下人云者,常人居其千百,而非常人不得其一,以常人而论非常人,乌见其可?故誉满天下,未必不为乡愿;谤满天下,未必不为伟人。语曰:盖棺论定。吾见有盖棺后数十年、数百年而论犹未定者矣。各是其所是,非其所非,论人者将乌从而鉴之。曰:有人于此,誉之者千万,而毁之者亦千万;誉之者达其极点,毁之者亦达其极点;今之所毁,适足与前之所誉相消;他之所誉,亦足以此之所毁相偿;若此者何如人乎?曰,是可谓非常人矣。其为非常之奸雄与为非常之豪杰姑勿论,而要之其位置行事,必非可以寻常庸人之眼之舌所得烛照而雌黄之者也。知此义者,可以读我之《李鸿章》。

吾敬李鸿章之才,吾惜李鸿章之识,吾悲李鸿章之遇。李之历聘欧洲也,至德,见前宰相俾斯麦,叩之曰:“为大臣者,欲为国家有所尽力,而满廷意见,与己不合,群掣其肘,于此而欲行厥志,其道何由?”俾斯麦应之曰:“首在得君。得君既专,何事不可为?”李鸿章曰:“譬有人于此,其君无论何人之言皆听之,居枢要侍近习者,常假威福,挟持大局。若处此者当如之何?”俾斯麦良久曰:“苟为大臣,以至诚忧国,度未有不能格君心者，惟与妇人孺子共事，则无如何矣。”李默然云。此语据西报译出，寻常华文所登于《星轺日记》者，因有所忌讳，不敢译录也。呜呼！吾观于此，而知李鸿章胸中块垒，牢骚郁抑，有非旁观人所能喻者。吾之所以责李者在此，吾之所以恕李者亦在此。

自李鸿章之名出现于世界以来，五洲万国人士，几于见有李鸿章，不见有中国。一言蔽之，则以李鸿章为中国独一无二之代表人也。夫以甲国人而论乙国事，其必不能得其真相，固无待言，然要之李鸿章为中国近四十年第一流紧要人物，读中国近世史者，势不得不口李鸿章，而读李鸿章传者，亦势不得不手中国近世史，此有识者所同认也。故吾今此书，虽名之为“同光以来大事记”可也。

不宁惟是。凡一国今日之现象，必与其国前此之历史相应，故前史者现象之原因，而现象者前史之结果也。夫以李鸿章与今日之中国，其关系既如此其深厚，则欲论李鸿章之人物，势不可不以如炬之目，观察夫中国数千年来政权变迁之大势，民族消长之暗潮，与夫现时中外交涉之隐情，而求得李鸿章一身在中国之位置。孟子曰：“知人论世。”世固不易论，人亦岂易知耶？

今中国俗论家，往往以平发、平捻为李鸿章功，以数次和议为李鸿章罪。吾以为此功罪两失其当者也。昔俾斯麦又尝语李曰：“我欧人以能敌异种者为功。自残同种以保一姓，欧人所不贵也。”夫平发、平捻者，是兄与弟阋墙而盬弟之脑也，此而可功，则为兄弟者其惧矣。若夫吾人积愤于国耻，痛恨于和议，而以怨毒集于李之一身，其事固非无因，然苟易地以思，当夫乙未二三月庚子八九月之交，使以论者处李鸿章之地位，则其所措置，果能有以优胜于李乎？以此为非，毋亦旁观笑骂派之徒快其舌而已。故吾所论李鸿章有功罪于中国者，正别有在。

李鸿章今死矣。外国论者，皆以李为中国第一人。又曰，李之死也，于中国今后之全局，必有所大变动。夫李鸿章果足称为中国第一人与否，吾不敢知，而要之现今五十岁以上之人，三四品以上之官，无一可以望李之肩背者，则吾所能断言也。李之死，于中国全局有关系与否，吾不敢知，而要之现在政府失一李鸿章，如虎之丧其伥，瞽之失其相，前途岌岌，愈益多事，此又吾之所敢断言也。抑吾冀夫外国人之所论非其真也。使其真也，则以吾中国之大，而惟一李鸿章是赖，中国其尚有瘳耶？

西哲有恒言曰：时势造英雄，英雄亦造时势。若李鸿章者，吾不能谓其非英雄也。虽然，是为时势所造之英雄，非造时势之英雄也。时势所造之英雄，寻常英雄也。天下之大，古今之久，何在而无时势？故读一部《二十四史》，如李鸿章其人之英雄者，车载斗量焉；若夫造时势之英雄，则阅千载而未一遇也。此吾中国历史，所以陈陈相因，而终不能放一异彩以震耀世界也。吾著此书，而感不绝于余心矣。

史家之论霍光，惜其不学无术。吾以为李鸿章所以不能为非常之英雄者，亦坐此四字而已。李鸿章不识国民之原理，不通世界之大势，不知政治之本原，当此十九世纪竞争进化之世，而惟弥缝补苴，偷一时之安，不务扩养国民实力，置其国于威德完盛之域，而仅摭拾泰西皮毛，汲流忘源，遂乃自足，更挟小智小术，欲与地球著名之大政治家相角，让其大者，而争其小者，非不尽瘁，庸有济乎？孟子曰“放饭流歠，而问无齿决，此之谓不知务”，殆谓是矣。李鸿章晚年之著著失败，皆由于是。虽然，此亦何足深责？彼李鸿章固非能造时势者也，凡人生于一社会之中，每为其社会数千年之思想、习俗、义理所困而不能自拔。李鸿章不生于欧洲而生于中国，不生于今日而生于数十年以前，先彼而生并彼而生者，曾无一能造时势之英雄以导之翼之，然则其时其地所孕育之人物止于如是，固不能为李鸿章一人咎也。而况乎其所遭遇，又并其所志而不能尽行哉？吾故曰：敬李之才，惜李之识，而悲李之遇也。但此后有袭李而起者乎，其时势既已一变，则其所以为英雄者亦自一变，其勿复以吾之所以恕李者而自恕也。

第二章　李鸿章之位置

中国历史与李鸿章之关系　本朝历史与李鸿章之关系

欲评骘李鸿章之人物，则于李鸿章所居之国，与其所生之时代，有不可不熟察者两事：

一曰李鸿章所居者，乃数千年君权专制之国，而又当专制政体进化完满，达于极点之时代也；

二曰李鸿章所居者，乃满洲人入主中夏之国，而又当混一已久，汉人权利渐初恢复之时代也。

论者动曰：李鸿章，近世中国之权臣也。吾未知论者所谓权臣，其界说若何。虽然，若以李鸿章比诸汉之霍光、曹操，明之张居正，与夫近世欧美日本所谓立宪君主国之大臣，则其权固有迥不相侔者。使鸿章而果为权臣也，以视古代中国权臣，专擅威福，挟持人主，天下侧目，危及社稷，而鸿章乃匪躬蹇蹇，无所觊觎，斯亦可谓纯臣也矣。使鸿章而果为权臣也，以视近代各国权臣，风行雷厉，改革庶政，操纵如意，不避怨嫌，而鸿章乃萎靡因循，畏首畏尾，无所成就，斯亦可谓庸臣也矣。虽然，李鸿章之所处，固有与彼等绝异者，试与读者然犀列炬，上下古今，而一论之。

中国为专制政体之国，天下所闻知也。虽然，其专制政体，亦循进化之公理，以渐发达，至今代而始完满，故权臣之权，迄今而剥蚀几尽。溯夫春秋战国之间，鲁之三桓，晋之六卿，齐之陈田，为千古权臣之巨魁。其时纯然贵族政体，大臣之于国也，万取千焉，千取百焉。枝强伤干,势所必然矣。洎夫两汉,天下为一,中央集权之政体既渐发生,而其基未固,故外戚之祸特甚,霍、邓、窦、梁之属接踵而起,炙手可热,王氏因之以移汉祚,是犹带贵族政治之余波焉。苟非有阀阅者,则不敢觊觎大权。范晔《后汉书》论张奂、皇甫规之徒,功定天下之半,声驰四海之表,俯仰顾盼,则天命可移,而犹鞠躬狼狈,无有悔心,以是归功儒术之效,斯固然矣。然亦贵族柄权之风未衰,故非贵族者不敢有异志也。斯为权臣之第一种类。及董卓以后,豪杰蜂起,曹操乘之以窃大位,以武功而为权臣者自操始。此后司马懿、桓温、刘裕、萧衍、陈霸先、高欢、宇文泰之徒,皆循斯轨。斯为权臣之第二种类。又如秦之商鞅,汉之霍光、诸葛亮,宋之王安石,明之张居正等,皆起于布衣,无所凭借,而以才学结主知,委政受成,得行其志,举国听命,权倾一时,庶几有近世立宪国大臣之位置焉。此为权臣之第三种类。其下者则巧言令色,献媚人主,窃弄国柄,荼毒生民,如秦之赵高,汉之十常侍,唐之卢杞、李林甫,宋之蔡京、秦桧、韩侂胄,明之刘瑾、魏忠贤,穿窬斗筲,无足比数。此为权臣之第四种类。以上四者,中国数千年所称权臣,略尽于是矣。

要而论之,愈古代则权臣愈多,愈近代则权臣愈少,此其故何也?盖权臣之消长,与专制政体之进化成比例,而中国专制政治之发达,其大原力有二端:一由于教义之浸淫,二由于雄主之布画。孔子鉴周末贵族之极敝,思定一尊以安天下,故于权门疾之滋甚,立言垂教,三致意焉。汉兴,叔孙通、公孙弘之徒缘饰儒术,以立主威。汉武帝表六艺,黜百家,专弘此术以化天下,天泽之辨益严,而世始知以权臣为诟病。尔后二千年来,以此义为国民教育之中心点。宋贤大扬其波,基础益定,凡缙绅上流,束身自好者,莫不兢兢焉。义理既入于人心,自能消其枭雄跋扈之气,束缚于名教以就围范。若汉之诸葛、唐之汾阳,及近世之曾、左以至李鸿章,皆受其赐者也。又历代君主,鉴兴亡之由,讲补救之术,其法日密一日,故贵族柄权之迹,至汉末而殆绝。汉光武宋艺祖之待功臣，优之厚秩，解其兵柄；汉高祖、明太祖之待功臣，摭其疑似，夷其家族。虽用法宽忍不同，而削权自固之道则一也。洎乎近世，天下一于郡县，采地断于世袭，内外彼此，互相牵制，而天子执长鞭以笞畜之。虽复侍中十年，开府千里，而一诏朝下，印绶夕解，束手受吏，无异匹夫，故居要津者无所几幸，惟以持盈保泰守身全名相劝勉，岂必其性善于古人哉？亦势使然也。以此两因，故桀黠者有所顾忌，不敢肆其志，天下藉以少安焉。而束身自爱之徒，常有深渊薄冰之戒，不欲居嫌疑之地，虽有国家大事，明知其利当以身任者，亦不敢排群议逆上旨以当其冲。谚所谓“做一日和尚撞一日钟”者，满廷人士，皆守此主义焉，非一朝一夕之故，所由来渐矣。

逮于本朝，又有特别之大原因一焉。本朝以东北一部落，崛起龙飞，入主中夏，以数十万之客族，而驭数万万之生民，其不能无彼我之见，势使然也。自滇、闽、粤三藩，以降将开府，成尾大不掉之形，竭全力以克之，而后威权始统于一，故二百年来，惟满员有权臣，而汉员无权臣。若鳌拜，若和珅，若肃顺、端华之徒，差足与前代权门比迹者，皆满人也。计历次军兴除定鼎之始不俟论外，若平三藩，平准噶尔，平青海，平回部，平哈萨克布鲁特敖罕巴达克爱乌罕，平西藏廓尔喀，平大小金川，平苗，平白莲教、天理教，平喀什噶尔，出师十数，皆用旗营，以亲王贝勒或满大臣督军。若夫平时，内而枢府，外而封疆，汉人备员而已，于政事无有所问。如顺治康熙间之洪承畴，雍正乾隆间之张廷玉，虽位尊望重，然实一弄臣耳。自余百僚，更不足道。故自咸丰以前，将相要职，汉人从无居之者。将帅间有一二则汉军旗人也。及洪杨之发难也，赛尚阿、琦善皆以大学士为钦差大臣，率八旗精兵以远征，迁延失机，令敌坐大，至是始知旗兵之不可用，而委任汉人之机，乃发于是矣。故金田一役，实满汉权力消长之最初关头也。及曾、胡诸公，起于湘、鄂，为平江南之中坚，然犹命官文以大学士领钦差大臣。当时朝廷虽不得不倚重汉人,然岂能遽推心于汉人哉?曾、胡以全力交欢官文,每有军议奏事,必推为首署,遇事归功,报捷之疏,待官乃发,其抝谦固可敬,其苦心亦可怜矣。试一读《曾文正集》,自金陵克捷以后,战战兢兢,若芒在背。以曾之学养深到,犹且如是,况李鸿章之自信力犹不及曾者乎?吾故曰:李鸿章之地位,比诸汉之霍光、曹操,明之张居正,与夫近世欧洲、日本所谓立宪君主国之大臣,有迥不相侔者,势使然也。

且论李鸿章之地位,更不可不明中国之官制。李鸿章历任之官,则大学士也,北洋大臣也,总理衙门大臣也,商务大臣也,江苏巡抚、湖广两江两广直隶总督也。自表面上观之,亦可谓位极人臣矣。虽然,本朝自雍正以来,政府之实权,在军机大臣,自同治以后,督抚之权虽日盛,然亦存乎其人,不可一例。故一国政治上之功罪,军机大臣当负其责任之大半。虽李鸿章之为督抚,与寻常之督抚不同,至若举近四十年来之失政,皆归于李之一人,则李固有不任受者矣。试举同治中兴以来军机大臣之有实力者如下:

第一　文祥、沈桂芬时代　同治初年

第二　李鸿藻、翁同龢时代　同治末年及光绪初年

第三　孙毓汶、徐用仪时代　光绪十年至光绪廿一年

第四　李鸿藻、翁同龢时代　光绪廿一年至光绪廿四年

第五　刚毅、荣禄时代　光绪廿四年至今

案观此表,亦可见满汉权力消长之一斑。自发捻以前,汉人无真执政者,文文忠汲引沈文定,实为汉人掌政权之嚆矢。其后李文正、翁师傅、孙徐两尚书继之,虽其人之贤否不必论,要之同治以后,不特封疆大吏,汉人居其强半,即枢府之地,实力亦骤增焉。自戊戌八月以后,形势又一变矣,此中消息,言之甚长,以不关此书本旨,不具论。

由此观之，则李鸿章数十年来共事之人可知矣。虽其人贤否才不才未便细论，然要之皆非与李鸿章同心同力同见识同主义者也，李鸿章所诉于俾斯麦之言，其谓是耶！其谓是耶！而况乎军机大臣之所仰承风旨者，又别有在也，此吾之所以为李鸿章悲也。抑吾之此论，非有意袒李鸿章而为之解脱也。即使李鸿章果有实权，尽行其志，吾知其所成就亦决无以远过于今日。何也？以鸿章固无学识之人也。且使李鸿章而真为豪杰，则凭藉彼所固有之地位，亦安在不能继长增高，广植势力以期实行其政策于天下。彼格兰斯顿、俾斯麦，亦岂无阻力之当其前者哉？是固不得为李鸿章作辩护人也。虽然，若以中国之失政而尽归于李鸿章一人，李鸿章一人不足惜，而彼执政误国之枢臣，反得有所诿以辞斧钺，而我四万万人放弃国民之责任者，亦且不复自知其罪也。此吾于李鸿章之地位，所以不得齗齗置辩也。若其功罪及其人物如何，请于末简纵论之。

第三章　李鸿章未达以前及其时中国之形势

李鸿章之家世　欧力东渐之势　中国内乱之发生　李鸿章与曾国藩之关系

李鸿章，字渐甫，号少荃，安徽庐州府合肥县人。父名进文，母沈氏，有子四人，瀚章官至两广总督，鹤章、昭庆皆从军有功。鸿章其仲也，生于道光三年癸未（西历一千八百二十三年）正月五日，幼受学于寻常塾师，治帖括业，年二十五，成进士，入翰林，实道光二十七年丁未也。

李鸿章之初生也，值法国大革命之风潮已息，绝世英雄拿破仑窜死于绝域之孤岛。西欧大陆之波澜,既已平复,列国不复自相侵掠,而惟务养精蓄锐,以肆志于东方。于是数千年一统垂裳之中国,遂日以多事,伊犁界约,与俄人违言于北,鸦片战役,与英人肇衅于南。当世界多事之秋,正举国需才之日。加以瓦特氏新发明汽机之理,艨艟轮舰,冲涛跋浪,万里缩地,天涯比邻,苏伊士河,开凿功成,东西相距骤近,西力东渐,奔腾澎湃,如狂飓,如怒潮,啮岸砰崖,黯日蚀月,遏之无可遏,抗之无可抗。盖自李鸿章有生以来,实为中国与世界始有关系之时代,亦为中国与世界交涉最艰之时代。

翻观国内之情实,则自乾隆以后,盛极而衰,民力凋敝,官吏骄横,海内日以多事。乾隆六十年,遂有湖南、贵州红苗之变,嘉庆元年,白莲教起,蔓延及于五省,前后九年,(嘉庆九年)耗军费二万万两,乃仅平之。同时海寇蔡牵等,窟穴安南,侵扰两广、闽、浙诸地,大遭蹂躏,至嘉庆十五年,仅获戡定。而天理教李文成、林清等旋起,震扰山东、直隶,陕西亦有箱贼之警。道光间又有回部张格尔之乱,边境骚动,官军大举征伐,亘七年仅乃底定。盖当嘉道之间,国力之疲弊,民心之蠢动已甚,而举朝醉生梦死之徒,犹复文恬武熙,太平歌舞,水深火热,无所告诉,有识者固稍忧之矣。

抑中国数千年历史,流血之历史也,其人才,杀人之人才也。历睹古今以往之迹,惟乱世乃有英雄,而平世则无英雄。事势如是。至道咸末叶,而所谓英雄者,乃始磨刀霍霍,以待日月之至矣。盖中国自开辟以来,无人民参与国政之例,民之为官吏所凌逼,憔悴虐政,无可告诉者,其所以抵抗之术,只有两途,小则罢市,大则作乱,此亦情实之无可如何者也。而又易姓受命,视为故常,败则为寇,成则为王。汉高、明太,皆起无赖,今日盗贼,明日神圣,惟强是崇,他靡所云,以此习俗,以此人心,故历代揭竿草泽之事,不绝于史简。其间有承平百数十年者,不过经前次祸乱屠戮以后,人心厌乱,又户口顿少,谋生较易,或君相御下有术，以小恩小惠徼结民望，弥缝补苴，聊安一时而已。实则全国扰乱之种子，无时间绝，稍有罅隙，即复承起，故数千年之史传，实以脓血充塞，以肝脑涂附，此无可为讳者也。本朝既龙兴关外，入主中华，以我国民自尊自大蔑视他族之心，自不能无所芥蒂，故自明亡之后，其遗民即有结为秘密党会以图恢复者，二百余年不绝，蔓延于十八行省，所在皆是。前此虽屡有所煽动，面英主继踵，无所得逞，郁积既久，必有所发。及道咸以后，官吏之庸劣不足惮，既已显著，而秕政稠叠，国耻纷来，热诚者欲扫雰雾以立新猷，桀黠者欲乘利便以觊非分，此殆所谓势有必至、理有固然者耶？于是一世之雄洪秀全、杨秀清、李秀成等因之而起；于是一世之雄曾国藩、左宗棠、李鸿章等因之而起。

鸿章初以优贡客京师，以文学受知于曾国藩。因师事焉，日夕过从，讲求义理经世之学，毕生所养，实基于是。及入翰林，未三年，而金田之乱起，洪秀全以一匹夫揭竿西粤，仅二年余，遂乃蹂躏全国之半；东南名城，相继陷落，土崩瓦解，有岌岌不可终日之势。时鸿章适在安徽原籍，赞巡抚福济及吕贤基军事。时庐州已陷，敌兵分据近地，为犄角之势，福济欲复庐州，不能得志。鸿章乃建议先取含山、巢县以绝敌援，福济即授以兵，遂克二县。于是鸿章知兵之名始著，时咸丰四年十二月也。

当洪秀全之陷武昌也，曾国藩以礼部侍郎丁忧在籍，奉旨帮办团练，慨然以练劲旅、靖大难为己任，于是湘军起。湘军者，淮军之母也。是时八旗、绿营旧兵，皆窳惰废弛，怯懦阘冗，无所可用；其将校皆庸劣无能，暗弱失职。国藩深察大局，知非扫除而更张之必不奏效，故延揽人才，统筹全局，坚忍刻苦，百折不挠，恢复之机，实始于是。

秀全既据金陵，骄汰渐生，内相残杀，腐败已甚。使当时官军得人，以实力捣之，大难之平，指顾间事耳。无如官军之骄汰腐败，更甚于敌。咸丰六年，向荣之金陵大营一溃；十年，和春、张国梁之金陵大营再溃；

驯至江浙相继沦陷，敌氛更甚于初年。加以七年丁未以来，与英国开衅，当张国梁、和春阵亡之时，即英法联军入北京烧圆明园之日。天时人事，交侵洊逼，盖至是而祖宗十传之祚，不绝者如线矣。

曾国藩虽治兵十年，然所任者仅上游之事，固由国藩深算慎重，不求急效，取踏实地步节节进取之策；亦由朝廷委任不专，事权不一，未能尽行其志也。故以客军转战两湖江皖等省，其间为地方大吏掣肘失机者，不一而足，是以功久无成。及金陵大营之再溃，朝廷知舍湘军外无可倚重。十年四月，乃以国藩署两江总督，旋实授，并授钦差大臣，督办江南军务，于是兵饷之权始归于一，乃得与左、李诸贤合力以图苏皖江浙，大局始有转机。

李鸿章之在福济幕也，福尝疏荐道员，郑魁士沮之，遂不得授。当时谣诼纷纭，谤渎屡起，鸿章几不能自立于乡里。后虽授福建延邵建遗缺道，而拥虚名，无官守。及咸丰八年，曾国藩移师建昌，鸿章来谒，遂留幕中。九年五月，国藩派调湘军之在抚州者，旧部四营，新募五营，使弟国荃统领之，赴景德镇助剿，而以鸿章同往参赞。江西肃清后，复随曾国藩大营两年有奇。十年，国藩督两江，议兴淮扬水师，请补鸿章江北司道，未行；复荐两淮运使，疏至，文宗北行，不之省。是时鸿章年三十八，怀才郁抑，抚髀蹉跎者，既已半生，自以为数奇，不复言禄矣。呜呼，此天之所以厄李鸿章欤？抑天之所以厚李鸿章欤？彼其偃蹇颠沛十余年，所以练其气、老其才，以为他日担当大事之用。而随赞曾军数年中，又鸿章最得力之实验学校，而终身受其用者也。

第四章　兵家之李鸿章 上

李鸿章之崛起与淮军之成立　当时官军之弱及饷源之竭　江

浙两省得失之关系　常胜军之起　李鸿章与李秀成之劲敌　淮军平吴之功　江苏军与金陵军浙江军之关系　金陵之克复

秦末之乱，天下纷扰，豪杰云起，及项羽定霸后，而韩信始出现；汉末之乱，天下纷扰，豪杰云起，及曹操定霸后，而诸葛亮始出现。自古大伟人，其进退出处之间，天亦若有以靳之，必待机会已熟，持满而发，莫或使之若或使之。谢康乐有言：诸公生天虽在灵运先，成佛必居灵运后。吾观中兴诸大臣，其声望之特达，以李鸿章为最迟，而其成名之高，当国之久，亦以李鸿章为最盛。事机满天下，时势造英雄，李鸿章固时代之骄儿哉。

当咸丰六、七年之交，敌氛之盛，达于极点，而官军凌夷益甚，庙算动摇无定，各方面大帅，互相猜忌，加以军需缺乏，司农仰屋，惟恃各省自筹饷项，支支节节，弥东补西，以救一日之急。当此之时，虽有大忠雄才，其不能急奏肤功，事理之易明也。于是乎出万不得已之策，而采用欧美军人助剿之议起。

先是洪杨既据南京，蹂躏四方，十八行省，无一寸干净土，经历十年，不克戡定。北京政府之无能力，既已暴著于天下。故英国领事及富商之在上海者，不特不目洪秀全为乱贼而已，且视之于欧洲列国之民权革命党同一例，以文明友交待之，间或供给其军器弹药粮食。其后洪秀全骄侈满盈，互相残杀，内治废弛，日甚一日。欧美识者，审其举动，乃知其所谓太平天国，所谓四海兄弟，所谓平和博爱，所谓平等自由，皆不过外面之假名，至其真相，实于中国古来历代之流寇毫无所异，因确断其不可以定大业。于是英法美各国，皆一变其方针，咸欲为北京政府假借兵力，以助戡乱。具述此意以请于政府，实咸丰十年事也。而俄罗斯亦欲遣海军小舰队，运载兵丁若干，溯长江以助剿，俄公使伊格那面谒恭亲王以述其意。

按欧美诸邦,是时新通商于中国,必其不欲中国之扰乱固也。故当两军相持,历年不决之际,彼等必欲有所助以冀速定。而北京政府之腐败,久已为西人所厌惮,其属望于革命军者必加厚,亦情势之常矣。彼时欧美诸国,右投则官军胜,左投则敌军胜,胜败之机,间不容发。使洪秀全而果有大略,具卓识,内修厥政,外谙交涉,速与列国通商定约,因假其力以定中原,天下事未可知也。竖子不悟,内先腐败,失交树敌,终为夷戮,不亦宜乎。而李文忠等之功名,亦于此成矣。

时英法联军新破北京,文宗远在热河,虽和议已定,而猜忌之心犹盛。故恭亲王关于借兵助剿之议,不敢专断,一面请之于行在所,一面询诸江南、江北钦差大臣曾国藩、袁甲三及江苏巡抚薛焕、浙江巡抚王有龄等,使具陈其意见。当时极力反对之,谓有百害而无一利者,惟江北钦差大臣袁甲三。袁世凯之父也。薛焕虽不以为可,而建议雇印度兵,使防卫上海及其附近,并请以美国将官华尔、白齐文为队长。曾国藩覆奏,其意亦略相同,谓当中国疲弊之极,外人以美意周旋,不宜拂之。故当以温言答其助剿之盛心,而缓其出师来会之期日,一面利用外国将官,以收剿贼之实效。于是朝廷依议,谢绝助剿,而命国藩任聘请洋弁训练新兵之事,此实常胜军之起点。而李鸿章勋名发轫之始,大有关系者也。

华尔者,美国纽约人也,在本国陆军学校卒业,为将官,以小罪去国,潜匿上海。当咸丰十年,洪军蹂躏江苏,苏、常俱陷。上海候补道杨坊知华尔沈毅有才,荐之于布政使吴煦。煦乃请于美领事,赦其旧罪,使募欧美人愿为兵者数十人,益以中国应募者数百,使训练之以防卫苏、沪。其后屡与敌战,常能以少击众,所向披靡,故官军敌军皆号之曰“常胜军”。常胜军之立,实在李鸿章未到上海以前也。

今欲叙李鸿章之战绩，请先言李鸿章立功之地之形势。

江浙两省，中国财赋之中坚也，无江浙则是无天下。故争兵要则莫如武汉，争饷源则莫如苏杭，稍明兵略者所能知也。洪秀全因近来各地官军声势颇振，非复如前日之所可蔑视，且安庆新克复（咸丰十一年辛酉八月曾国荃克复），金陵之势益孤，乃遣其将李秀成、李世贤等分路扰江浙，以牵制官军之兵力。秀成军锋极锐，萧山、绍兴、宁波、诸暨、杭州皆连陷，浙抚王有龄死之，江苏城邑，扰陷殆遍，避乱者群集于上海。

安庆克复之后，湘军声望益高。曩者廷臣及封疆大吏有不慊于曾国藩者，皆或死或罢，以故征剿之重任，全集于国藩之一身。屡诏敦促国藩移师东指，规复苏、常、杭失陷郡县，五日之中，严谕四下。国藩既奏荐左宗棠专办浙江军务，而江苏绅士钱鼎铭等，复于十月以轮船溯江赴安庆面谒国藩，哀乞遣援，谓吴中有可乘之机而不能持久者三端：曰乡团、曰枪船、曰内应是也；有仅完之土而不能持久者三城：曰镇江、曰湖州、曰上海是也。国藩见而悲之。时饷乏兵单，楚军无可分拨，乃与李鸿章议，期以来年二月济师。

咸丰十一年十一月，有旨询苏帅于国藩，国藩以李鸿章对，且请酌拨数千军，使驰赴下游，以资援剿。于是鸿章归庐州募淮勇。既到安庆，国藩为定营伍之法，器械之用，薪粮之数，悉仿湘勇章程，亦用楚军营规以训练之。

先是淮南迭为发捻所蹂躏，居民大困，惟合肥县志士张树声、树珊兄弟，周盛波、盛传兄弟，及潘鼎新、刘铭传等，自咸丰初年，即练民团以卫乡里，筑堡垒以防寇警，故安徽全省糜烂，而合肥独完。李鸿章之始募淮军也，因旧团而加以精练，二张、二周、潘、刘咸从焉。淮人程学启者，向在曾国荃部下，官至参将，智勇绝伦，国藩特选之使从鸿章，其后以勇敢善战，名冠一时。又淮军之初成也，国藩以湘军若干营为之附援，而特于湘将中选一健者统之，受指挥于鸿章麾下，即郭松林是也。

以故淮军名将,数程、郭、刘、潘、二张、二周。

同治元年二月,淮军成,凡八千人,拟濒江而下,傍贼垒冲过以援镇江,计未决。二十八日,上海官绅筹银十八万两,雇轮船七艘,驶赴安庆奉迎。乃定以三次载赴上海。三月三十日,鸿章全军抵沪,得旨署理江苏巡抚,以薛焕为通商大臣,专办交涉事件。薛焕,原江苏巡抚也。

此时常胜军之制尚未整备,华尔以一客将,督五百人守松江。是年正月,敌众万余人来犯松江,围华尔数十匝,华尔力战破之。及鸿章之抵上海也,华尔所部属焉,更募华人壮勇附益之,使加训练,其各兵勇俸给,比诸湘、淮各军加厚。自是常胜军之用,始得力矣。

松江府者,在苏浙境上,提督驻札之地,而江苏之要冲也。敌军围攻之甚急,李鸿章乃使常胜军与英法防兵合,当时英法有防兵若干,专屯上海自保租界。攻松江南之金山卫及奉贤县;淮军程学启、刘铭传、郭松林、潘鼎新诸将,攻松江东南之南汇县。敌兵力斗,英法军不支退却,嘉定县又陷,敌乘胜欲进迫上海,程学启邀击大破之,南汇之敌将吴建瀛、刘玉林等开城降。川沙厅在吴淞口南岸。敌军万余又来犯,刘铭传固守南汇,大破之,遂复川沙厅。然敌势犹雄劲不屈,以一队围松江、青浦,以一队屯广福、塘桥,集于泗滨以窥新桥。五月,程学启以孤军屯新桥,当巨敌之冲,连日被围甚急。鸿章闻之,自提兵赴援,与敌军遇于徐家汇,奋斗破之。学启自营中望见鸿章帅旗,遽出营夹击,大捷,斩首三千级,俘馘四百人,降者千余。敌军之屯松江府外者,闻报震骇,急引北走,围遂解,沪防解严。

淮军之初至上海也,西人见其衣帽之粗陋,窃笑嗤之。鸿章徐语左右曰:"军之良窳,岂在服制耶?须彼见吾大将旗鼓,自有定论耳。"至是欧美人见淮军将校之勇毅,纪律之整严,莫不改容起敬,而常胜军之在部下者,亦始帖然服李之节制矣。

当时曾国藩既以独力拜讨贼之大命,任重责专,无所旁贷,无所掣肘，于是以李鸿章图苏，左宗棠图浙，曾国荃图金陵。金陵，敌之根据地也，而金陵与江浙两省，实相须以成其雄。故非扫荡江苏之敌军，则金陵不能坐困，而非攻围金陵之敌巢，则江苏亦不能得志。当淮军之下沪也，曾国荃与杨载福（后改名岳斌）、彭玉麟等，谋以水陆协进，破长江南北两岸之敌垒。四月，国荃自太平府沿流下长江，拔金柱关，夺东梁山营寨，更进克秣陵关、三汊河、江心洲、蒲包洲。五月，遂进屯金陵城外雨花台。实李鸿章解松江围之力也。故论此役之战绩，当知湘军之能克金陵歼巨敌非曾国荃一人之功，实由李鸿章等断其枝叶，使其饷源兵力，成孤立之势，而根干不得不坐凋。淮军之能平全吴奏肤功，亦非李鸿章一人之功，实由曾国荃等捣其巢穴，使其雄帅骁卒有狼顾之忧，而军锋不得不坐顿。东坡句云："江山如画，一时多少豪杰。"同治元二年间，亦中国有史以来之一大观矣。

李秀成者，李鸿章之劲敌，而敌将中后起第一人也。洪秀全之初起也，其党中杰出之首领，曰东王杨秀清、南王冯云山、西王萧朝贵、北王韦昌辉、翼王石达开，当时号为五王。既而冯、萧战死于湖南；杨、韦金陵争权，互相屠杀；石达开独有大志，不安其位，别树一帜，横行湖南、江西、广西、贵州、四川诸省，于是五王俱尽。咸丰四五年之间，官军最不振，而江南之敌势亦浸衰矣。李秀成起于小卒，位次微末，当金陵割据以后，尚不过杨秀清帐下一服役童子。然最聪慧明敏，富于谋略，胆气绝伦，故洪氏末叶，得以扬余烬、簸浩劫，使官军疲于奔命，越六七载而后定者，皆秀成与陈玉成二人之力也。玉成纵横长江上游，起台飓于豫皖湘鄂，秀成出没长江下口，激涛浪于苏杭常扬。及玉成既死，而洪秀全所倚为柱石者，秀成一人而已。秀成既智勇绝人，且有大度，仁爱驭下，能得士心，故安庆虽克复，而下游糜烂滋甚。自曾军合围雨花台之后，而于江苏地方及金陵方面之各战，使李鸿章、曾国荃费尽心力，以非常之巨价，仅购得战胜之荣誉者，惟李秀成之故。放语李鸿章者，不可不知李秀成。

李鸿章自南汇一役以后,根基渐定,欲与金陵官军策应,牵制敌势,选定进攻之策。是岁七月,使程学启、郭松林等急攻青浦县城,拔之,并发别军驾汽船渡海攻浙江绍兴府之余姚县,拔之。八月,李秀成使谭绍洸拥众十余万犯北新泾,江苏地,去上海仅数里。刘铭传邀击大破之,敌遂退保苏州。

其月,淮军与常胜军共入浙江,攻慈溪县,克之。是役也,常胜军统领华尔奋战先登,中弹贯胸卒,遗命以中国衣冠殓。美国人白齐文代领常胜军。

是岁夏秋之变,江南疠疫流行,官军死者枕籍。李秀成乘之,欲解金陵之围,乃以闰八月选苏州、常州精兵十余万赴金陵,围曾国荃大营,以西洋开花大炮数十门并力轰击,十五昼夜,官军殊死战,气不稍挫。九月,秀成复使李世贤自浙江率众十余万合围金陵,攻击益剧。曾国藩闻报,大忧之,急征援于他地。然当时浙江及江北各方面之官军,皆各有直接之责任,莫能赴援。此役也,实军兴以来两军未曾有之剧战也。当时敌之大军二十余万,而官军陷于重围之中者不过三万余,且将卒病死、战死及负伤者殆过半焉。而国荃与将士同甘苦,共患难,相爱如家人父子,故三军乐为效死,所以能抗十倍之大敌以成其功也。秀成既不能拔,又以江苏地面官军之势渐振,恐江苏失而金陵亦不能独全,十月,遂引兵退,雨花台之围乃解。

案自此役以后,洪秀全之大事去矣。夫屯兵于坚城之下,兵家所大忌也。向荣、和春既两度以此致败,故曾文正甚鉴之,甚慎之。曾忠襄之始屯雨花台,文正屡戒焉。及至此役,外有十倍强悍之众,内有穷困决死之寇,官军之危,莫此为甚。乃敌军明知官军之寡单如此,其疮痍又如彼,而卒不敢肉薄突入,决一死命,以徼非常之功于俄顷，而顾亏此一篑，忽焉引去，遂致进退失据，随以灭亡，何也？盖当时敌军将帅富贵已极，骄侈淫佚，爱惜生命，是以及此。此亦官军所始念不及也。曾文正曰：凡军最忌暮气。当道咸之交，官军皆暮气，而贼军皆朝气，及同治初元，贼军皆暮气，而官军皆朝气。得失之林，皆在于是。谅哉言乎，以李秀成之贤，犹且不免，若洪秀全者，冢中枯骨，更何足道。所谓灭六国者，六国也，非秦也，族秦者，秦也，非天下也。殷鉴不远，有志于天下者，其可以戒矣。洪秀全以市井无赖，一朝崛起，不数岁而蹂躏天下之半，不能以彼时风驰云卷，争大业于汗马之上，遂乃苟安金陵，视为安乐窝，潭潭府第，真陈涉之流亚哉！株守一城，坐待围击。故向荣、和春之溃，非洪秀全自有可以不亡之道，特其所遇之敌，亦如唯与阿，相去无几，故得以延其残喘云尔。呜呼！洪秀兴废之间，天耶？人耶？君子曰：人也。

又案此役为湘、淮诸将立功之最大关键。非围金陵，则不能牵江浙之敌军，而李文忠新造之军，难遽制胜，非攻江浙，则不能解金陵之重围，而曾忠襄久顿之军，无从保全。读史者不可不于此着眼焉。

李秀成之围金陵也，使其别将谭绍洸、陈炳文留守苏州。九月，绍洸等率众十余万，分道自金山、太仓而东，淮军诸将防之，战于三江口、四江口，互有胜败。敌复沿运河设屯营，亘数十里，驾浮桥于运河，及其支流，以互相往来，进攻黄渡，围四江口之官军甚急。九月廿二日，鸿章部署诸将，攻其本营。敌强悍善战，淮军几不支。刘铭传、郭松林、程学启等身先士卒，挥剑奋斗，士气一振，大破之，擒斩万余人，四江口之围解。

常胜军统领华尔之死也，白齐文以资格继其任。白氏之为人，与华氏异,盖权谋黠猾之流也。时见官军之窘蹙,乃窃通款于李秀成。十月,谋据松江城为内应。至上海胁迫道台杨坊,要索军资巨万,不能得,遂殴打杨道,掠银四万两而去。事闻,李鸿章大怒,立与英领事交涉,黜白齐文,使偿所攫金,而以英国将官戈登代之,常胜军始复为用。时同治二年二月也。此实为李鸿章与外国办交涉第一事,其决断强硬之概,论者韪之。

白齐文黜后,欲杀之,而为美领事所沮,遂放之。复降于李秀成,为其参谋,多所策画,然规模狭隘。盖劝秀成弃江浙,斩其桑茶,毁其庐舍,而后集兵力北向,据秦晋齐豫中原之形势,以控制东南,其地为官军水师之力所不及,可成大业云云。秀成不听。白齐文又为敌军购买军械,窃掠汽船,得新式炮数门,献之秀成。以故苏州之役,官军死于宝带桥者数百人。其后不得志于秀成,复往漳州投贼中,卒为郭松林所擒死。

先是曾国藩获敌军谍者,得洪秀全与李秀成手谕,谓湖南北及江北今正空虚,使李秀成提兵二十万,先陷常熟,一面攻扬州,一面窥皖楚。国藩乃驰使李鸿章使先发制之,谓当急取太仓州以扰常熟,牵制秀成,使不得赴江北。鸿章所见适同。同治二年二月,乃下令常熟守将,使死守待援,而遣刘铭传、潘鼎新、张树珊率所部驾轮船赴福山,与敌数十战皆捷。别遣程学启、李鹤章攻太仓、昆山县以分敌势,而使戈登率常胜军与淮军共攻福山,拔之,常熟围解。三月,克复太仓、昆山,擒敌七千余,程学启之功最伟。戈登自此益敬服学启焉。

五月,李秀成出无锡,与五部将拥水陆兵数十万图援江阴,据常熟。李鸿章遣其弟鹤章及刘铭传、郭松林等分道御之。铭传、松林与敌之先锋相遇,击之,获利。然敌势太盛,每战死伤相当。时敌筑连营于运河之涯,北自北涸,南至张泾桥,东自陈市,西至长寿,纵横六七十里,垒堡百数，皆扼运河之险，尽毁桥梁，备炮船于河上、水陆策应，形势大炽。

鹤章与铭传谋，潜集材木造浮桥，夜半急渡河袭敌，破敌营之在北涸者三十二。郭松林亦进击力战，破敌营之在南涸者三十五。周盛波之部队，破敌营之在麦市桥者二十三。敌遂大溃，死伤数万，河为不流，擒其酋将百余人，马五百匹，船二十艘，兵器弹药粮食称是，自是顾山以西无敌踪。淮军大振。六月吴江敌将望风降。

程学启率水陆万余人，与铭传谋复苏州。进破花泾港，降其守将，屯滩亭。七月，李鸿章自将，克复太湖厅，向苏州进发，先使铭传攻江阴。敌之骁将陈坤书与湖南、湖北、山东四大股十余万众，并力来援。鸿章、铭传亲觇敌势，见其营垒大小棋列，西自江滨，东至山口，乃定部署猛进攻之。敌抵抗甚力，相持未下。既而城中有内变者，开门纳降，江阴复。

时程学启别屯苏州附近，连日力战，前后凡数十捷。敌垒之在宝带桥、五龙桥、蠡口、黄埭、浒关、王瓜泾、十里亭、虎邱、观音庙者十余处皆陷。而郭松林之军，亦大捷于新塘桥，斩伪王二名，杀伤万余人，夺船数百艘，敌水军为之大衰。李秀成痛愤流涕，不能自胜。自是淮军威名震天下。

敌军大挫后，李秀成大举图恢复，使其部将纠合无锡、溧阳、宜兴等处众八万余，船千余只，出运河口，而自率精锐数千，据金匮援苏州，互相策应，与官军连战，互有胜败。十月十九日（二年），李鸿章亲督军，程学启、戈登为先锋，进迫苏州城，苦战剧烈，遂破其外郭。秀成及谭绍洸等引入内城，死守不屈。既而官军水陆并进，合围三面，城中粮尽，众心疑惧。其裨将部云官等猜疑携贰，遂通款于程学启，乞降。于是学启与戈登亲乘轻舸造城北之阳澄湖，与云官等面订降约，使杀秀成、绍洸以献，许以二品之赏，戈登为之保人，故云官等不疑。然卒不忍害秀成，乃许斩绍洸而别。

李秀成微觉其谋，然事已至此，无可奈何，乃乘夜出城去(十月廿三夜)。廿四日，谭绍洸以事召云官于帐中，云官乃与骁将汪有为俱，见绍洸，即刺杀之，并掩击其亲军千余人，遂开门降。廿五日，云官等献绍洸首，请程学启入城验视。其降酋之列衔如下：

一、纳王部云官　　二、比王伍贵文　　三、康王汪安均

四、宁王周文佳　　五、天将军范起发　六、天将军张大洲

七、天将军汪环武　八、天将军汪有为

当时此八将所部兵在城中者尚十余万人，声势汹汹。程学启既许以总兵、副将等职，至是求如约。学启细察此八人，谓狼子野心，恐后不可制，乃与李鸿章密谋，设宴大飨彼等于坐舰，号炮一响，伏兵起而骈戮之，并杀余党之强御者千余，余众俱降，苏州定。鸿章以功加太子少保。

先是八酋之降也，戈登实为保人，至是闻鸿章之食言也，大怒，欲杀鸿章以偿其罪，自携短铳以觅之。鸿章避之，不敢归营。数日后，怒渐解，乃止。

案李文忠于是有惭德矣。夫杀降已为君子所不取，况降而先有约，且有保人耶？故此举有三罪焉，杀降背公理一也，负约食言二也，欺戈登负友人三也。戈登之切齿痛恨，至欲弑刃其腹以泄大忿，不亦宜乎？虽彼鉴于苗沛霖、李世忠故事，其中或有所大不得已者存，而文忠生平好用小智小术，亦可以见其概矣。

苏州之克复，实江南戡定第一关键也。先是曾国荃、左宗棠、李鸿章各以孤军东下深入重地，彼此不能联络策应，故力甚单而势甚危。苏州之捷，李鸿章建议统筹全局，欲乘胜进入浙地，与曾、左两军互相接应，合力大举，是为官军最后结果第一得力之着。十一月，刘铭传、郭松林、李鸿章进攻无锡，拔之，擒斩其将黄子隆父子。于是鸿章分其军为三大部队：其甲队，自率之；乙队，程学启率之，入浙，拔平湖、乍浦、澉

浦、海盐、嘉善，迫嘉兴府，左宗棠之军（浙军）亦进而与之策应，入杭州界，攻余杭县，屡破敌军；丙队，刘铭传、郭松林等率之，与常胜军共略常州，大捷，克复宜兴、荆溪，擒敌将黄靖忠。鸿章更使郭松林进攻溧阳，降之。

时敌将陈坤书，有众十余万，据常州府，张其翼以捣官军之后背。李鸿章与刘铭传当之，敌军太盛，官军颇失利。坤书又潜兵迂入江苏腹地，出没江阴、常熟、福山等县，江阴、无锡戒严，江苏以西大震。李鸿章乃使刘铭传独当常州方面，而急召郭松林弃金坛，昼夜疾赴，归援苏州。又使李鹤章急归守无锡，杨鼎勋、张树声率别军扼江阴之青阳、焦阴，断敌归路。时敌军围常熟益急，苦战连日，仅支。又并围无锡，李鸿章婴壁固守几殆。数日，郭松林援军至，大战破敌，围始解。松林以功授福山镇总兵。

先是程学启围嘉兴（此年正月起）极急，城中守兵锋锐相当，两军死伤枕籍。二月十九日，学启激励将士，欲速拔之，躬先陷阵，越浮桥，肉搏梯城。城上敌兵死守，弹丸如雨，忽流弹中学启左脑仆。部将刘士奇见之，立代主将督军，先登入城。士卒怒愤，勇气百倍。而潘鼎新、刘秉璋等亦水陆交进，遂拔嘉兴。

> 程学启被伤后，卧疗数旬，遂不起，以三月十日卒，予谥忠烈。李鸿章痛悼流涕。

嘉兴府之克复也，杭州敌焰大衰，遂以二月二十三日（十九嘉兴克复），敌大队乘夜自北门脱出。左军以三月二日入杭州城，至是苏军（李军）与浙军（左军）之连络全通，势始集矣。

程学启之卒也，鸿章使其部将王永胜、刘士奇分领其众，与郭松林会，自福山镇进击沙山，连战破之。至三河口，斩获二万人。鸿章乃督诸军合围常州，使刘铭传击其西北，破之；郭松林攻陈桥渡大营，破之；

张树声、周盛波、郑国楹等袭河边敌营廿余;皆破之。败军溃走,欲还入城,陈坤书拒之,故死城下者不可胜数。三月廿二日,李军进迫常州城,以大炮及炸药轰城,城崩数十丈,选死士数百人,梯以登。陈坤书骁悍善战,躬率悍卒出战拒之,修补缺口,官军死者数百人。鸿章愤怒,督众益治攻具,筑长围,连日猛攻,两军创巨相当。经十余日,李鸿章自督阵,刘铭传、郭松林、刘士奇、王永胜等,身先士卒,奋战登城,敌始乱。陈坤书犹不屈,与其将费天将共率悍党,叱咤巷战,松林遂力战擒坤书,天将亦为盛波所擒。铭传大呼传令,投兵器降者赦之,立降万余。官军死者亦千数。常州遂复,时四月六日也。至是江苏军(李军)与金陵军(曾军)之联络全通,江苏全省中,除金陵府城内无一敌踪矣。自同治元年壬戌春二月,李鸿章率八千人下上海,统领淮军、常胜军,转斗各地,大小数十战,始于松江,终于嘉兴、常州,凡两周岁,至同治三年甲子夏四月,平吴功成。

案李鸿章平吴大业,固由淮军部将骁勇坚忍,而其得力于华尔、戈登者实多,不徒常胜军之战胜攻取而已。当时李秀成智勇绝伦,军中多用西式枪炮,程、刘、郭、周、张、潘诸将,虽善战,不过徒恃天禀之勇谋,而未晓新法之作用。故淮军初期,与敌相遇,屡为所苦。李鸿章有鉴于是,故诸将之取法常胜军,利用其器械者亦不少焉。而左宗棠平浙之功,亦得力于法国将官托格比、吉格尔之徒甚多。本朝之绝而复续,盖英法人大有功焉。彼等之意,欲藉以永保东亚和平之局,而为商务之一乐园也。而岂料其至于今日,犹不先自振,而将来尚恐不免有 Great revolution 在其后乎。

先是曾国荃军水陆策应,围金陵既已二稔,至甲子正月,拔钟山之石垒,敌失其险,外围始合,内外不通,粮道已绝,城中食尽。洪秀全知事不可为,于四月二十七日饮药死。诸将拥立其子洪福。当时官军尚未之觉。朝旨屡命李鸿章移江苏得胜之师助剿金陵，曾国荃以为城贼既疲，粮弹俱尽，歼灭在即，耻借鸿章之力，而李鸿章亦不顾分曾之功，深自抑退，乃托言盛暑不利用火器，固辞不肯进军。朝廷不喻鸿章之旨，再三敦促，国荃闻之，忧愤不自胜，乃自五月十八日起，日夜督将士猛攻地保城，即龙膊子，山阴之坚垒，险要第一之地也。遂拔之。更深穿地道，自五月三十至六月十五，隧道十余处皆成。乃严戒城外各营，各整战备，别悬重赏募死士，约乘缺以先登。

时李秀成在金陵，秀全死后，号令一出其手。秀成知人善任，恩威并行，人心服之，若子于父。五月十五日，秀成自率死士数百人，自太平门缺口突出，又别遣死士数百冒官兵服式，自朝阳门突出，冲人曾营，纵火哗噪。时官军积劳疲惫，战力殆尽，骤遇此警，几于瓦解兽散，幸彭毓橘诸将率新兵驰来救之，仅乃获免。

六月十六日正午，隧道内所装火药爆裂，万雷轰击，天地为动，城壁崩坏廿余丈。曾军将叱咤奋登，敌兵死抗，弹丸如雨，外兵立死者四百余人。众益奋发，践尸而过，遂入城。李秀成至是早决死志，以所爱骏马赠幼主洪福，使出城遁，而秀成自督兵巷战，连战三日夜，力尽被擒，敌大小将弁战死焚死者三千余人。城郭宫室连烧，三日不绝，城中兵民久随洪氏者男女十余万人，无一降者。自咸丰三年癸丑秀全初据金陵，至是凡十二年始平。

案李秀成真豪杰哉。当存亡危急之顷，满城上下，命在旦夕，犹能驱役健儿千数百，突围决战，几歼敌师。五月十五日之役，曾军之不亡，天也。及城已破，复能以爱马救幼主，而慷慨决死，有国亡与亡之志。虽古之大臣儒将，何以过之，项羽之乌骓不逝，文山之漆室无灵，天耶人耶？吾闻李秀成之去苏州也，苏州之民，男女老幼，莫不流涕。至其礼葬王有龄，优恤败将降卒，俨然有文明国战时公法之意焉。金陵城中十余万人,无一降者,以视田横之客五百人,其志同,其事同,而魄力之大,又百倍之矣,此有史以来战争之结局所未曾有也。使以秀成而处洪秀全之地位,则今日之域中,安知为谁家之天下耶!秀成之被擒也,自六月十七日至十九日凡三日间,在站笼中慷慨吮笔,记述数万言。虽经官军删节,不能备传,而至今读之,犹凛凛有生气焉。呜呼!刘兴骂项,成败论人,今日复谁肯为李秀成扬伟业发幽光者?百年而后,自有定评,后之良史,岂有所私。虽然,物竞天择,适者生存,曾、左、李亦人豪矣。

金陵克复,论功行赏。两江总督曾国藩,加太子太保衔,封世袭一等侯。浙江巡抚曾国荃、江苏巡抚李鸿章,皆封世袭一等伯,其余将帅恩赏有差。国荃之克金陵也,各方面诸将咸嫉其功,诽谤谗言,蜂起交发,虽以左宗棠之贤,亦且不免,惟李鸿章无间言,且调护之功甚多云。

案此亦李文忠之所以为文也,诏会剿而不欲分人功于垂成,及事定而不怀嫉妒于荐主,其德量有过人者焉。名下无虚,非苟焉已耳。

第五章　兵家之李鸿章 下

捻乱之猖獗　李鸿章以前平捻诸将之失机　曾李平捻方略　东捻之役　西捻之役

金陵克复,兵气半销。虽然,捻乱犹在,忧未歇也。捻之起也,始于山东游民。及咸丰三年,洪秀全陷安庆、金陵,安徽全省大震,捻党乘势起于宿州、亳州、寿州、蒙县诸地,横行皖、齐、豫一带,所到掠夺,官军不能制。其有奉命督师者,辄被逆击,屡败衄,以故其势益猖。及咸丰七年冬，其游骑遂扰及直隶之大名府等地，北京戒严。

今将捻乱初起以迄李鸿章督师以前，迭次所派平捻统帅，列表如下：

人	官	任官年份	屯驻地
善　禄	河南提督	咸丰三年	永城县
周天爵	钦差大臣	同	宿州
吕贤基	工部左侍郎	同	安徽
陆应谷	河南巡抚	同	开封府
舒兴阿	陕甘总督	同	陈州
袁甲三	钦差大臣	同	宿州周天爵卒代之
英　桂	河南巡抚	同　四年	开封府
武隆额	安徽提督	同　五年	亳州
胜　保	钦差大臣	同　七年	督江北军
史荣春	提督	同　八年	曹州兖州
田在田	总兵	同	同
邱联恩	同	同	鹿邑
朱连泰	同	同	亳州
傅振邦	同	同　九年	宿州
伊兴额	都统	同	同
关　保	协领	同	督河南军
德楞额	同	同	曹州

续 表

人	官	任官年份	屯驻地
胜 保	都统钦差大臣	同 十年	督河南军关保副之
穆腾阿	副都统	同	安徽副袁甲三
毛昶照	团练大臣	同	河南
僧格林沁	蒙古亲王	同	
曾国藩	钦差大臣	同治三年	

庚申之役,文宗北狩热河,捻党乘之,侵入山东,大掠济宁。德楞额与战,大败。始以蒙古科尔沁亲王僧格林沁督师,追蹑诸捻,号称骁勇。同治二年,发党诸酋陈得才、蓝成昌、赖汶洸等合于捻。捻酋张总愚、任柱、牛落江、陈大喜等各拥众数万,出没于山东、河南、安徽、湖北各州县,来往倏忽,如暴风疾雨,不可捉摸,官军疲于奔命。同治三年九月,捻党一股入湖北,大掠襄阳、随州、京山、德安、应山、黄州、蕲州等处。舒保战死,僧王之师屡溃。僧王之为人,勇悍有余,而不学无术,军令太不整肃,所至淫掠残暴,与发、捻无异,以故湖北人民大失望。

其时金陵新克复,余党合于捻者数万人,又转入河南、山东,掠城市。四年春,僧王锐意率轻骑,追逐其酋,一日夜驰三百里。至曹州,部下多怨叛。四月廿五日,遂中捻首之计,大败,力战堕马死,朝廷震悼。忽以曾国藩为钦差大臣,督办直隶山东河南军务,而命李鸿章署理两江总督,为国藩粮运后援。

先是官军之剿捻也,惟事追蹑,劳而无功,间讲防堵,则弥缝一时耳。要之无论为攻为守,非苟且姑息以养敌锋则躁进无谋以钝兵力,未尝全盘打算,立一定之方略,以故劳师十五年,而无所成。自曾国藩受事以后,始画长围圈制之策,谓必蹙敌一隅,然后可以聚歼。李鸿章秉承之，遂定中原。

曾国藩，君子人也，常兢兢以持盈保泰急流勇退自策厉。金陵已复，素志已偿，便汲汲欲自引退。及僧王之亡，捻氛迫近京畿，情形危急，国藩受命于败军之际，义不容辞，遂强起就任。然以为湘军暮气渐深，恐不可用，故渐次遣撤，而惟用淮军以赴前敌。盖国藩初拜大命之始，其意欲虚此席以待李鸿章之成功，盖已久矣。及同治五年十二月，遂以疾辞，而李鸿章代为钦差大臣。国藩回江督本任，筹后路粮饷。

鸿章剿捻方略，以为捻贼已成流寇，逼之不流，然后会师合剿，乃为上策。明孙传庭谓剿流寇当驱之于必困之途，取之于垂死之日，如但一彼一此，争胜负于矢石之间，即胜亦无关于荡平。鸿章即师此意。故四年十一月，曾奏称须蹙之于山深水复之处，弃地以诱其入，然后合各省之兵力，三四面围困之。后此大功之成，实由于是。

其年五月，任柱、赖汶洸等大股深入山东。鸿章命潘鼎新、刘铭传尽力追蹑，欲蹙之于登莱海隅，然后在胶莱咽喉设法扼逼，使北不得窜入畿疆，南不得蔓延淮南。六月，亲督师至济宁，相度形势，以为任、赖各股，皆百战之余，兼游兵散勇裹胁之众，狡猾剽悍，未可易视，若兵力未足兜围，而迫之过紧，画地过狭，使其窥破机关，势必急图出窜，稍纵即逝，全局又非。于是定策先防运河以杜出路，次扼胶莱以断咽喉。乃东抚丁宝桢，一意欲驱贼出境，于鸿章方面，颇多龃龉。七月，敌军突扑潍河，东省守将王心安方驻防戴庙，任敌偷渡，而胶莱之防遂溃。是时蜚谤屡起，朝廷责备綦严，有罢运防之议。鸿章复奏，以为运河东南北三面，贼氛来往窜扰，官军分路兜逐，地方虽受蹂躏，然受害者不过数府县之地，驱过运西，则数省流毒无穷。同是疆土，同是赤子，而未便歧视也。乃坚持前议不少变。十月十三日，刘铭传在安邱、潍县之交，大战获胜。二十四日，追至赣榆，铭传与马步统将善庆力战，阵毙任柱，于是东捻之势大衰。

二十八日,潘鼎新海州上庄一战,毙悍贼甚夥。十一月十一二日,刘铭传、唐仁廉等在潍县寿光抄击一昼夜,敌众心携,投降遂多。郭松林、杨鼎勋、潘鼎新继之,无战不捷。至二十九日,铭传、松林、鼎勋等,蹑追七十里,至寿光、弥河间,始得接仗。战至数十回合,又追杀四十余里,斩获几三万人,敌之精锐器械骡马辎重抛尽。鸿章奏报中,谓军士回老营者,臣亲加拊慰,皆饥惫劳苦,面无人色云。赖汶洸在弥河败后,落水未死,复纠合千余骑,冲出六塘河防。黄翼升、刘秉璋、李昭庆等,水陆马步,衔尾而下,节节追剿,只剩数百骑,逼入高室水乡。鸿章先派有统带华字营淮勇之吴毓兰在扬州运河扼守。诸军戮力,前截后追,十二月十一日,毓兰生擒汶洸。东捻悉平,东苏皖豫鄂五省,一律肃清。

鸿章奏捷后,附陈所属诸军剿捻以来,驰逐数省,转战终年,日行百里,忍饥耐寒,忧谗畏讥,多人生未历之苦境。刘铭传、刘秉璋、周盛波、潘鼎新、郭松林、杨鼎勋,皆迭乞开缺,请稍为休养,勿调远役。并以刘铭传积劳致病,代为请假三月。乃七年正月,西捻张总愚大股,忽由山右渡河北窜,直逼畿辅,京师大震。初七初八日,叠奉寄谕饬催刘铭传、善庆等马步各营,迅赴河北进剿。鸿章以铭传疾病,正在假期,不忍遽调,乃率周盛波、盛传马步十一营,潘鼎新鼎字全军,及善庆、温德克勒西马队,陆续进发,由东阿渡河,饬郭松林、杨鼎勋整饬大队,随后继进。

西捻之役,有较东捻更难图功者,一则黄河以北,平坦千里,无高山大河以限之,张总愚狡猾知兵,窜扰北地平原,掳马最多,飙忽往来,瞬息百里,欲设长围以困之,然地势不合,罗网难施,且彼鉴于任、赖覆辙,一闻围扎,立即死力冲出,不容官军闲暇,次第施工,此一难也;二则淮军全部,皆属南人,渡河以北,风气悬殊,南勇性情口音,与北人均不相习,且谷食面食,习惯不同,而马队既单,麸料又缺，此二难也。鸿章乃首请饬行坚壁清野之法，以为“前者任、赖捻股，流窜中原数省，畏墟寨甚于畏兵。豫东淮北，民气强悍，被害已久，逐渐添筑墟寨，到处与城池相等，故捻逆一过即走，不能久停。近年惟湖北陕西，被扰最甚，以素无墟寨，筹办不及，贼得盘旋饱掠，其势愈张。直晋向无捻患，民气朴懦，未能筑寨自守。张总愚本极狡猾，又系穷寇，南有黄河之阻，必致纵横驰突，无处不流，百姓惊徙蹂躏，讵有已时，可为浩叹（中略）。自古用兵，必以彼此强弱饥饱为定衡。贼未必强于官军，但彼马多而我马少，自有不相及之势；彼可随地掳粮，我须随地购粮，贼常饱而兵常饥，又有不能及之理。今欲绝贼粮，断贼马，惟有苦劝严谕河北绅民，赶紧坚筑墟寨，一有警信，收粮草牲畜于内，既自固其身家，兼以制贼死命。”云云。西捻之平，实赖于是。

四月，奏请以刘铭传总统前敌各军，温旨敦促起行。使淮军与直东民团，沿黄河、运河，筑长墙浚濠以蹙敌。拣派各军，轮替出击，更番休息，其久追疲乏须暂休息之军，即在运河东岸择要屯驻，俟敌窜近，立起迎击，以剿为防。又派张曜、宋庆分扎夏津、高唐一带，程文炳扎陵县、吴桥一带，为运防遮护。左宗棠亦派刘松山、郭宝昌等军，自连镇北至沧州一带减河东岸分扎，与杨鼎勋等军就近策应，布置略定，然后进剿。

五月，捻股窜向西北，各军分投拦击，叠次获胜。鸿章乃趁黄河伏汛盛涨时，缩地围扎，以运河为外圈；而就恩县、夏津、高唐之马颊河，截长补短，划为里圈。逼贼西南，层层布置。五六月间，各军迭次大捷，敌势蹙衰，降散渐多。六月十九至二十二等日，乘胜尾追，每战皆捷。二十三日，张总愚涉水，向西南逃窜。二十四日，由平原向高唐。二十五日，潘鼎新追百二十里，冒雨至高唐，敌已向博平、清平一带，图扑运河。而官军早于马颊河西北岸筑长墙数百里，足限戎马。敌方诇知已入彀中,窜地愈狭,死期近矣。是时各军已久追疲乏,鸿章乃派刘铭传生力马军助战,军势大振。二十八日,将敌圈在徒骇黄运之间,铭传调集马步迎击,追剿数里,值郭松林东来马步全军,拦住去路,又兼河道分歧,水溜泥陷,刘、郭两军马队五六千人,纵横合击,擒斩无算。张总愚仅带数十骑北逃,旋自沉于河以死。西捻肃清,中原平。八月,李鸿章入觐京师。

鸿章之用兵也,谋定后动,料敌如神,故在军中十五年,未尝有所挫衄。虽曰幸运,亦岂不以人事耶?其剿发也,以区区三城之立足地,仅一岁而荡平全吴。其剿捻也,以十余年剽悍之劲敌,群帅所束手无策者,亦一岁而歼之,盖若有天授焉。其待属将也,皆以道义相交,亲爱如骨肉,故咸乐为用命,真将将之才。虽然,李鸿章兵事之生涯,实与曾国藩相终始,不徒荐主之感而已。其平吴也,由国藩统筹大局,肃清上流,曾军合围金陵,牵掣敌势,故能使李秀成疲于奔命,有隙可乘。其平捻也,一承国藩所定方略,而所以千里馈粮士有宿饱者,又由有良江督在其后,无狼顾之忧也。不宁惟是,鸿章随曾军数年,砥砺道义,练习兵机,盖其一生立身行己耐劳任怨坚忍不拔之精神,与其治军驭将推诚布公团结士气之方略,无一不自国藩得之,故有曾国藩然后有李鸿章。其事之如父母,敬之如神明,不亦宜乎?

第六章　洋务时代之李鸿章

洋务之治绩　北洋海陆兵力　李鸿章办理洋务失败之由

洋务二字,不成其为名词也。虽然,名从主人,为李鸿章传,则不得不以洋务二字总括其中世二十余年之事业。

李鸿章所以为一世俗儒所唾骂者以洋务，其所以为一世鄙夫所趋重者亦以洋务，吾之所以重李责李而为李惜者亦以洋务。谓李鸿章不知洋务乎？中国洋务人士，吾未见有其比也。谓李鸿章真知洋务乎？何以他国以洋务兴，而吾国以洋务衰也？吾一言以断之，则李鸿章坐知有洋务，而不知有国务，以为洋人之所务者，仅于如彼云云也。今试取其平定发捻以后日本战事以前所办洋务各事列表如下：

设外国语言文字学馆于上海	同治二年正月
设江南机器制造局于上海	同　四年八月
设机器局于天津	同　九年十月
筹通商日本并派员往驻	同　九年闰十二月
拟在大沽设洋式炮台	同　十年四月
挑选学生赴美国肄业	同　十一年正月
请开煤铁矿	同　十一年五月
设轮船招商局	同　十一年十一月
筹办铁甲兵船	光绪元年十一月
请遣使日本	同　同
请设洋学局于各省，分格致测算、舆图、火轮机器、兵法、炮法、化学、电学诸门，择通晓时务大员主之，并于考试功令稍加变通，另开洋务进取一格	光绪元年十二月
派武弁往德国学水陆军械技艺	同二年三月
派福建船政生出洋学习	同　　年十一月
始购铁甲船	同　六年二月

续 表

设水师学堂于天津	同　　年七月
设南北洋电报	同　　年八月
请开铁路	同　　年十二月
设开平矿务商局	光绪七年四月
创设公司船赴英贸易	同　　年六月
招商接办各省电报	同　　年十一月
筑旅顺船坞	同　八年二月
设商办织布局于上海	同　　年四月
设武备学堂于天津	同　十一年五月
开办漠河金矿	同　十三年十二月
北洋海军成军	同　十四年
设医学堂于天津	同　二十年五月

以上所列李鸿章所办洋务,略具于是矣。综其大纲,不出二端:一曰军事,如购船、购械、造船、造械、筑炮台、缮船坞等是也;二曰商务,如铁路、招商局、织布局、电报局、开平煤矿、漠河金矿等是也。其间有兴学堂派学生游学外国之事,大率皆为兵事起见,否则以供交涉翻译之用者也。李鸿章所见西人之长技,如是而已。

海陆军事,是其生平全力所注也。盖彼以善战立功名,而其所以成功,实由与西军杂处,亲睹其器械之利,取而用之,故事定之后,深有见夫中国兵力,平内乱有余,御外侮不足,故兢兢焉以此为重,其眼光不可谓不加寻常人一等,而其心力之瘁于此者亦至矣。计中日战事以前,李鸿章手下之兵力大略如下:

北洋海军兵力表

分职 队别	船名	船式	吨数	马力	速力	炮数	船员	进水年分
主战舰队	定远	铁甲	七三三五	六〇〇〇	一四五	二二	三三〇	光绪　八　一八八二
	镇远	同	七三五五	六〇〇〇	一四五	二二	三三〇	同
	经远	同	二九〇〇	三〇〇〇	一五五	一四	二〇二	同　十三　一八八七
	来远	同	二九〇〇	五〇〇〇	一五五	一四	二〇二	同
防守舰队	致远	巡洋	二三〇〇	五五〇〇	一八〇	二三	二〇二	同　十二一八八六
	靖远	同	二三〇〇	五五〇〇	一八〇	二三	二〇二	同
	济远	同	二三〇〇	五五〇〇	一八〇	二三	二〇三	同　九一八八三
	平远	同	二二〇〇	一五〇〇	一四五	一一	……	……
	超勇	同	一三五〇	二四〇〇	一五〇	一八	一三〇	同　七一八八一
	扬威	同	一三五〇	二四〇〇	一五五	一八	一三〇	同
	镇东	炮船	四四〇	三五〇	八〇	五	五五	同　五一八七九
	镇西	同	四四〇	三五〇	八〇	五	五五	同
	镇南	同	四四〇	四四〇	八〇	五	五五	同
	镇北	同	四四〇	四四〇	八〇	五	五五	同
	镇中	同	四四〇	七五〇	八〇	五	五五	同　七一八八一
	镇边	同	四四〇	八四〇	八〇	五	五五	同
练习舰 补助舰	康济	同	一三〇〇	七五〇	九五	一一	一二四	同　七一八八一
	威远	同	一三〇〇	八四〇	一二〇	一一	一二四	同　三一八七七
	泰安	同	一二五八	六〇〇	一〇〇	五	一八〇	同　二一八七六
	镇海	同	九五〇	四八〇	九〇	五	一〇〇	同治　十一八七一
	操江	同	九五〇	四〇〇	九〇	五	九一	同　五一八六五
	湄云	同	五七八	四〇〇	九〇	四	七〇	同　八一八六九

附水雷船

(船名)	(船式)	(吨数)	(速力)
左队一号	一等水雷	一〇八	二四
同　二号	同	同	一九
同　三号	同	同	一九
右队一号	同	同	一八
同　二号	同	同	一八
同　三号	同	同	一八

直隶练军淮勇表

当中日战事时代,直隶淮军练勇二万余人,其略如下:

军　队	营　数	人　数	将　领	驻　地
盛军	十八	九千	卫汝贵	小　站
铭军	十二	四千	刘盛休	大连湾
毅军	十	四千	宋　庆	旅顺口
芦防淮勇	四	二千	叶志超　聂士成	芦台北塘山海关
仁字虎勇	五	二千五百	聂士成	营　口
合计四十九营二万五千人之间				

李鸿章注全副精神以经营此海陆二军,自谓确有把握。光绪八年,法越肇衅之时,朝议饬筹畿防,鸿章覆奏,有"臣练军简器,十余年于兹,徒以经费太绌,不能尽行其志,然临敌因应,尚不至以孤注贻君父忧"等

语。其所以自信者,亦可概见矣。何图一旦中日战开,艨艟楼舰或创或痍,或以资敌,淮军练勇,屡战屡败,声名一旦扫地以尽。所余败鳞残甲,再经联军、津沽一役,随罗荣光、聂士成同成灰烬。于是直隶总督北洋大臣三十年所蓄所养所布划,烟消云散,殆如昨梦。及于李之死,而其所摩抚卵翼之天津,尚未收复。呜呼!合肥合肥,吾知公之不瞑于九原也。

至其所以失败之故,由于群议之掣肘者半,由于鸿章之自取者亦半,其自取也,由于用人失当者半,由于见识不明者亦半。彼其当大功既立,功名鼎盛之时,自视甚高,觉天下事易易耳。又其裨将故吏,昔共患难,今共功名,徇其私情,转相汲引,布满要津,委以重任,不暇问其才之可用与否,以故临事偾机,贻误大局,此其一因也。又惟知练兵,而不知有兵之本原,惟知筹饷,而不知有饷之本原,故支支节节,终无所成,此又其一因也。下节更详论之。

李鸿章所办商务,亦无一成效可睹者,无他,官督商办一语,累之而已。中国人最长于商,若天授焉,但使国家为之制定商法,广通道路,保护利权,自能使地无弃财,人无弃力,国之富可立而待也。今每举一商务,辄为之奏请焉,为之派大臣督办焉,即使所用得人,而代大臣断者,固未有不伤其手矣。况乃奸吏舞文,视为利薮,凭挟狐威,把持局务,其已入股者安得不寒心,其未来者安得不裹足耶?故中国商务之不兴,虽谓李鸿章官督商办主义,为之厉阶可也。

吾敢以一言武断之曰:李鸿章实不知国务之人也。不知国家之为何物,不知国家与政府有若何之关系,不知政府与人民有若何之权限,不知大臣当尽之责任。其于西国所以富强之原,茫乎未有闻焉,以为吾中国之政教文物风俗,无一不优于他国,所不及者惟枪耳炮耳船耳铁路耳机器耳,吾但学此,而洋务之能事毕矣。此近日举国谈时务者所异口同声,而李鸿章实此一派中三十年前之先辈也。是所谓无盐效西子之鞶,邯郸学寿陵之步,其适形其丑,终无所得也,固宜。

虽然,李鸿章之识,固有远过于寻常人者矣。尝观其同治十一年五月覆议制造轮船未可裁撤折云:

臣窃惟欧洲诸国,百十年来,由印度而南洋,由南洋而中国,闯入边界腹地,凡前史所未载,亘古所未通,无不款关而求互市。我皇上如天之度,概与立约通商,以牢笼之,合地球东西南朔九万里之遥,胥聚于中国,此三千余年一大变局也。西人专恃其枪炮轮船之精利,故能横行于中土,中国向用之器械,不敌彼等,是以受制于西人。居今日而曰攘夷,曰驱逐出境,固虚妄之论,即欲保和局守疆土,亦非无具而能保守之也。(中略)士大夫囿于章句之学,而昧于数千年来一大变局,狃于目前苟安,而遂忘前二三十年之何以创巨而痛深,后千百年之何以安内而制外,此停止轮船之议所由起也。臣愚以为国家诸费皆可省,惟养兵设防练习枪炮制造兵轮之费万不可省。求省费则必屏除一切,国无与立,终不得强矣。

光绪元年,因台湾事变筹画海防折云:

兹总理衙门陈请六条。目前当务之急,与日后久远之图,业经综括无遗,洵为救时要策。所未易猝办者,人才之难得,经费之难筹,畛域之难化,故习之难除。循是不改,虽日事设防,犹画饼也。然则今日所急,惟在力破成见,以求实际而已。何以言之?历代备边,多在西北,其强弱之势,主客之形,皆适相埒,且犹有中外界限。今则东南海疆万余里,各国通商传教,往来自如,麕集京师,及各省腹地,阳托和好之名,阴怀吞噬之计,一国生事,诸国构煽,实惟数千年来未有之变局。轮船电报之速,瞬息千里,军器机事之精,工力百倍,又为数千年来未有之强敌。外患之乘,变幻如此,而我犹欲以成法制之,譬如医者疗疾,不问何症,概投之以古方,诚未见其

> 效也。庚申以后，夷势骎骎内向，薄海冠带之伦，莫不发愤慷慨，争言驱逐。局外之訾议，既不悉局中之艰难，及询以自强何术，御侮何能，则茫然靡所依据。臣于洋务，涉历颇久，闻见较广，于彼己长短相形之处，知之较深。而环顾当世饷力人才实有未逮，又多拘于成法，牵于众议，虽欲振奋而末由。易曰：穷则变，变则通。盖不变通则战守皆不足恃，而和亦不可久也。

又云：

> 近时拘谨之儒，多以交涉洋务为浼人之具，取巧之士，又以引避洋务为自便之图。若非朝廷力开风气，破拘挛之故习，求制胜之实济，天下危局，终不可支，日后乏才，且有甚于今日者。以中国之大，而无自强自立之时，非惟可忧，抑亦可耻。

由此观之，则李鸿章固知今日为三千年来一大变局，固知狃于目前之不可以苟安，固尝有意于求后千百年安内制外之方，固知古方不可医新症，固知非变法维新则战守皆不足恃，固知畛域不化、故习不除则事无一可成，甚乃知日后乏才，且有甚于今日，以中国之大，而永无自强自立之时。其言沈痛，吾至今读之，则泪涔涔其承睫焉。夫以李鸿章之忠纯也若彼，其明察也若此，而又久居要津，柄持大权，而其成就乃有今日者，何也？则以知有兵事而不知有民政，知有外交而不知有内治，知有朝廷而不知有国民。日责人昧于大局，而已于大局，先自不明；日责人畛域难化，故习难除，而己之畛域故习，以视彼等，犹不过五十步与百步也。殊不知今日世界之竞争，不在国家而在国民，殊不知泰西诸国所以能化畛域除故习布新宪致富强者，其机恒发自下而非发自上，而求其此机之何以能发，则必有一二先觉有大力者，从而导其辕而鼓其锋，风气既成，然后因而用之，未有不能济者也。李鸿章而不知此不忧此则亦已耳，亦既知之，亦既忧之，以彼之地位彼之声望，上之可以格君心以臂使百僚,下之可以造舆论以呼起全国,而惜乎李之不能也。吾故曰:李之受病,在不学无术。故曰:为时势所造之英雄,非造时势之英雄也。

虽然,事易地而殊,人易时而异。吾辈生于今日,而以此大业责李,吾知李必不任受。彼其所谓局外之訾议,不知局中之艰难,言下盖有余痛焉。援春秋责備贤者之义,李固咎无可辞,然试问今日四万万人中,有可以 Cast the first stone 之资格者,几何人哉?吾虽责李,而必不能为所谓拘谨之儒、取巧之士,囿于章句、狃于目前者稍宽其罪,而又决不许彼辈之随我而容喙也。要而论之,李鸿章不失为一有名之英雄,所最不幸者,以举国之大,而无所谓无名之英雄以立乎其后,故一跃而不能起也。吾于李侯之遇,有余悲焉耳。

自此章以后,李鸿章得意之历史终,而失意之历史方始矣。

第七章　中日战争时代之李鸿章

中日战事祸胎　李鸿章先事之失机　大东沟之战　平壤之战　甲午九十月以后大概情形　致败之由　李鸿章之地位及责任

中国维新之萌蘖,自中日之战生,李鸿章盖代之勋名,自中日之战没。惜哉!李鸿章以光绪十九年,七十赐寿,既寿而病,病而不死,卒遇此变,祸机重垒,辗转相继,更阅八年之至艰极险殊窘奇辱,以死于今日。彼苍者天,前之所以宠此人者何以如是其优,后之所以厄此人者何以如是其酷耶?吾泚笔至此,不禁废书而叹也。

中日之战,起于朝鲜,推原祸始,不得不谓李鸿章外交遗恨也。朝鲜本中国藩属也。初同治十一年,日本与朝鲜有违言,日人遣使间问中国,盖半主之邦,其外交当由上国主之,公法然也。中国当局以畏事之故，遽答之曰：朝鲜国政，我朝素不与闻，听贵国自与理论可也。日本遂又遣使至朝鲜，光绪元年正月与朝鲜订立和约，其第一条云：日本以朝鲜为自主之国，与日本之本系自主者相平等云云。是为日本与朝鲜交涉之嚆矢。光绪五年，英美德法诸国相继求互市于朝，朝人惊惶，踌躇不决。李鸿章乃以函密劝其太师李裕元，令与各国立约，其奏折谓藉此以备御俄人牵制日本云云。光绪六年，驻日使臣何如璋致书总理衙门，倡主持朝鲜外交之议，谓中国当于朝鲜设驻扎办事大臣。李鸿章谓若密为维持保护，尚觉进退绰如，倘显然代谋，在朝鲜未必尽听吾言，而各国或将惟我是问，他日势成骑虎，深恐弹丸未易脱手云云。光绪八年十月，侍读张佩纶复奏，请派大员为朝鲜通商大臣，理其外交之政。鸿章复奏，亦如前议。是则鸿章于属邦无外交之公法知之未悉，徒贪一时之省事，假名器以畀人，是实千古之遗恨也。自兹以往，各国皆不以中国藩属待朝鲜也久矣。光绪十一年，李鸿章与伊藤博文在天津订约，载明异日朝鲜有事，中日两国欲派兵往，必先互行知照。于是朝鲜又似为中日两邦公同保护之国，名实离奇，不可思议。后此两国各执一理，纠葛不清，酿成大衅，实基于是。而其祸本不得不谓外交遗策胎之，此为李鸿章失机第一事。

光绪二十年三月，朝鲜有东学党之乱，势颇猖獗。时袁世凯驻朝鲜，为办理商务委员。世凯者，李鸿章之私人也，屡致电李，请派兵助剿，复怂恿朝王来乞师。鸿章遂于五月初一日派海军济远、扬威二舰赴仁川、汉城护商，并调直隶提督叶志超带淮勇千五百人向牙山，一面遵依《天津条约》，先照会日本。日本随即派兵前往。至五月十五日，日兵到仁川者已五千。韩廷大震，请中国先行撤兵以谢日本。中国不允，乃与日本往复会商一齐撤兵之事，盖是时乱党已解散矣。日本既发重兵，有进无退，乃议与中国同干预朝鲜内政，助其变法，文牍往来，词意激昂，战机伏于眉睫间矣。

是役也,在中国之意,以为藩属有乱,卑词乞授,上国有应代靖乱之责任,故中国之派兵是也;在日本之意,则以既认朝鲜为自主,与万国平等,今中国急派兵而代平等之国靖乱,其意不可测,故日本之派兵以相抵制,亦是也。此二国者各执一说,咸曲彼而直我,皆能持之有故,言之成理焉。但其中有可疑者,当未发兵之先也,袁世凯屡电称乱党猖獗,韩廷决不能自平,其后韩王乞救之咨文,亦袁所指使,乃何以五月初一日始发兵,而初十日已有乱党悉平之报?其时我军尚在途中,与乱党风马牛不相及,然则朝乱之无待于代剿明矣。无待代剿,而我无端发兵,安得不动日本之疑耶?故我谓曲在日本,日本不任受也。论者谓袁世凯欲借端以邀战功,故张大其词,生此波澜,而不料日本之蹑其后也。果尔,则是以一念之私,遂至毒十余万之生灵,隳数千年之国体。袁固不能辞其责,而用袁听袁者,不谓失知人之明哉?此为李鸿章失机第二事。

日本屡议协助干预而华不从,中国屡请同时撤兵而日不允。李鸿章与总理衙门,方日冀俄英出为调处。北京、伦敦、圣彼得堡,函电纷驰,俄英亦托必为出力,冀获渔人之利。迁延经日,战备未具。及五月下旬,而日本之兵调到韩境者已万余人矣。平时兵力既已不能如人,而临时战备,又复着着落后,使敌尽扼要冲,主客易位,盖未交绥而胜负之数已见矣。此为李鸿章失机第三事。

三机既失,战事遂开。六月十二日,李鸿章奉廷寄筹战备。乃派总兵卫汝贵统盛军马步六营进平壤,提督马玉昆统毅军二千进义州,分起由海道至大东沟登岸,而饬叶志超军移扎平壤,皆淮军也。所派往各兵,雇英商三轮船分运,而以济远、广丙二兵轮卫之。廿五晨为日兵轮袭击,济远管带方伯谦,见敌近,惶恐匿铁甲最厚处,继遭日炮毁其舵,即高悬白旗,下悬日旗,逃回旅顺。高升击沉,我军死者七百余。二十七日,布告各国,饬驻日公使汪凤藻撤旗归国。二十九日,牙山失守,叶志超退回平壤，捏报胜仗，称于二十五六七等日，迭次歼毙倭兵五千余人，得旨赏给军士银二万两，将弁保奖者数十人焉。自兹以往，海军淮军之威望，始渐失坠矣。

方五六月间，日本兵船麕集朝鲜，殆如梭织。而各华舰避匿于威海卫，逍遥河上。迨京外交章参劾，始佯遣偏师，开出口外，或三十里而止，或五十里而止，大抵启碇出口，约历五六点钟，便遽回轮，即飞电北洋大臣，称某船巡逻至某处，并无倭兵踪迹云云。种种情形，可笑可叹。八月初旬，北洋叠接军电，请济师以壮声威。遂以招商局船五艘，载运兵丁银米，以海军兵舰护送。凡铁甲船、巡洋舰各六艘，水雷船四艘，合队同行。中秋日，安抵鸭绿江口。五运船鼓轮直入，浅水兵船及水雷船与之偕，余舰小住于离江十里或十六里之地。炉中之煤未熄也，十六晨，瞭见南方黑烟缕缕，知日舰将至。海军提督丁汝昌传令列阵作人字形，镇远、定远两铁舰为人字之首，靖远、来远、怀远、经远、致远、济远、超勇、扬威、广甲、广丙及水雷船，张人字之两翼，兼以号旗招鸭绿江中诸战船悉出助战。俄而，敌舰渐近，列阵作一字营，向华军猛扑，共十一艘，其巡洋船之速率，过于华军。转瞬间又易而为太极阵，裹人字于其中。华舰先开巨炮以示威，然距日船者九里，不中宜也。炮声未绝，敌船麕至，与定远、镇远相去恒六里许，盖畏重甲而避重炮，且华炮之力不能及，日兵之弹已可至也。与人字阵末二舰相逼较近，欺炮略小而甲略薄也。有顷，日舰圈入人字阵脚，致远、经远、济远三艘皆被挖出圈外。致远失群后，船身叠受重伤，势将及溺，其管带邓世昌，开足汽机，向日舰飞驰欲撞与同沉，未至而已覆溺，舟中二百五十人同时殉难。盖中日全役，死事者以邓君为最烈云。其同时被圈出之经远，船群甫离，火势陡发，管带林永升发炮以攻敌，激水以救火，依然井井有条。遇见一日舰，似已受伤，即鼓轮追之，乃被放水雷相拒，闪避不及，遽被轰裂，死难者亦二百七十人。呜呼惨矣。至管带济远之方伯谦，即七月间护送高升至牙山,途遇日舰逃回旅顺者也。是日两阵甫交,方伯谦先挂本船已受重伤之旗,以告主将,旋因图遁之故,亦被日船划出圈外。致、经两船,与日苦战,方伯谦置而不顾,如丧家狗,遂误至水浅处,时扬威铁甲先已搁浅,不能转动,济远撞之,裂一大穴,遂以沉没。扬威遭此横逆,死者百五十余人。方伯谦惊骇欲绝,飞遁入旅顺口。越日,李鸿章电令缚伯谦军前正法云。同时效方伯谦者,有广甲一舰,逃出阵外,未知其受伤与否,然以只防后追,不顾前路,遂误撞于岛石,为日军发水雷轰碎之。阵中自经远、致远、扬威、超勇沉,济远、广甲逃,与日舰支持者仅七艘耳。是役也,日舰虽或受重伤,或遭小损,然未丧一艘,而华军之所丧盖五船矣。

海军既在大东沟被夷,陆军亦在平壤同时失事。平壤为朝鲜要镇,西南东三面均有大江围绕,北面则枕崇山,城倚山崖,城东江水,绕山南迤西而去,西北隅则无山无水,为直达义州之孔道。我军叶志超、聂桂林、丰升阿、左宝贵、卫汝贵、马玉昆六将,共统勇丁三十四营,自七月中会齐此地,皆李鸿章部下也。当中国之初发兵于牙山也,副将聂士成曾建议,以为当趁日兵未入韩地之先,先以大兵渡鸭绿江,速据平壤,而以海军舰队扼仁川港口,使日本军舰不得逞。牙山成欢之兵,与北洋海军,既牵制日军,然后以平壤大军南袭韩城云云。李鸿章不能用。及七月廿九日,牙山败绩,此策遂废。

虽然,日兵之入韩也,正当溽暑铄金之时。道路险恶狭隘,行军非常艰险,又沿途村里贫瘠,无从因粮。韩人素慑我威,所至供给,呼应云动,其待日兵则反是。故敌军进攻平壤之际,除干粮之外,无所得食,以一匙之盐供数日云。当此之时,我军若晓兵机,乘其劳惫,出奇兵以迎袭之,必可获胜。乃计不出此,惟取以主待客、以逸待劳之策,恃平壤堡垒之坚,谓可捍敌,此失机之大者也。李鸿章于八月十四日所下令,精神全在守局而不在战局。盖中日全役皆为此精神所误也。

时依李鸿章之部署，马玉昆率所部毅军四营绕出江东，为犄角势。卫、丰二军十八营驻城南江岸，左军六营守北山城上，叶、聂两帅居城中。十二、三、四等日，日兵已陆续齐集平壤附近。互相挑战，彼此损伤不多。至十五日晚，敌部署已定，以右翼队陷大同江左岸桥里之炮台，更渡江以冲平壤之正面，而师团长本队为其后援，以左翼队自羊角岛下渡大同江，冲我军之右。十六日，在大同江岸与马军相遇剧战，敌军死伤颇多，炮台卒被陷。时左宝贵退守牡丹台，有七响之毛瑟枪及快炮等，鏖战颇力，敌军连发开花炮，宝贵负伤卒，兵遂大乱。午后四点半钟，叶志超急悬白旗，乞止战。是夜全师纷纷宵遁，从义州、甑山两路，为敌兵截杀，死者二千余人，平壤遂陷。

是役也，李鸿章二十余年所练之兵，以劲旅自夸者，略尽矣。中国军备之弛，固久为外国所熟知，独淮军、奉军、正定练军等，素用洋操，鸿章所苦心经营者，故日本慑其威名，颇惮之。既战胜后，其将领犹言非始愿所及也。其所以致败之由，一由将帅阘冗非人，其甚者如卫汝贵克扣军饷，临阵先逃，如叶志超饰败为胜，欺君邀赏，以此等将才临前敌，安得不败。一由统帅六人，官职权限皆相等，无所统摄，故军势散涣，呼应不灵。盖此役为李鸿章用兵败绩之始，而淮军声名，亦从此扫地以尽矣。

久练之军，尚复尔尔，其他仓卒新募，纪律不谙，器械不备者，更何足道。自平壤败绩以后，庙算益飘摇无定，军事责任，不专在李鸿章一人，兹故不详叙之，仅列其将帅之重要者如下：

一、依克唐阿	奉天将军	满洲马队	以光绪二十年八月派为钦差大臣。
二、宋庆	提督	新募军	以光绪二十年　月派总统前敌各军。
三、吴大澂	湖南巡抚	湘军	以光绪二十年十二月派为

			帮办军务大臣。
四、刘坤一	两江总督	湘军	以光绪二十年十二月派为钦差大臣。

其余先后从军者，则有承恩公桂祥（慈禧太后之胞弟），副都统秀吉之神机营马步兵；按察使陈湜、布政使魏光焘、道员李光久、总兵刘树元、编修曾广钧、总兵余虎恩、提督熊铁生等之湘军；按察使周馥、提督宗德胜等之淮军；副将吴元恺之鄂军；提督冯子材之粤勇；提督苏元春之桂勇；郡王哈咪之回兵；提督闪殿魁新募之京兵；提督丁槐之苗兵；侍郎王文锦，提督曹克忠奉旨团练之津胜军；某蒙员所带之蒙古兵。其间或归李鸿章节制，或归依克唐阿节制，或归宋庆节制，或归吴大澂节制，或归刘坤一节制，毫无定算，毫无统一。识者早知其无能为役矣。

九连城失，凤凰城失，金州失，大连湾失，岫岩失，海城失，旅顺口失，盖平失，营口失，登州失，荣城失，威海卫失，刘公岛失，海军提督丁汝昌，以北洋败残兵舰，降于日本，于是中国海陆兵力遂尽。兹请更将李鸿章生平最注意经营之海军，重列一表，以志末路之感：

经远	铁甲船	沉	黄海
致远	钢甲船	同	同
超勇	同	同	同
扬威	同	火	同
捷顺	水雷船	夺	大连湾
失名	同	沉	旅顺口外
操江	木质炮船	夺	丰岛冲
来远	铁甲船	沉	威海卫
威远	练习船	同	同
福龙	水雷船	夺	刘公岛外
靖远	钢甲船	沉	同

定远	铁甲船	降	刘公岛中
镇远	同	同	同
平远	同	同	同
济远	钢甲船	同	同
威远	木质船	同	同

其余尚有康济、湄云之木质小兵船，镇化、镇边、镇西、镇中之四蚊子船，又水雷船五，炮船三，凡刘公岛湾内或伤或完之船，大小二十三艘，悉为日有。其中复有广东水师之广甲、广丙、广乙三船，或沉或降。自兹以往，而北洋海面数千里，几不复有中国之帆影轮声矣。

当中日战事之际，李鸿章以一身为万矢之的，几于身无完肤，人皆欲杀。平心论之，李鸿章诚有不能辞其咎者，其始误劝朝鲜与外国立约，昧于公法，咎一；既许立约，默认其自主，而复以兵干涉其内乱，授人口实，咎二；日本既调兵势固有进无退，而不察先机，辄欲倚赖他国调停，致误时日，咎三；聂士成请乘日军未集之时，以兵直捣韩城以制敌而不能用，咎四；高丽事未起之前，丁汝昌请以北洋海军先鏖敌舰，而不能用，遂令反客为主，敌坐大而我愈危，综其原因，皆由不欲衅自我开，以为外交之道应尔，而不知当甲午五六月间，中日早成敌国，而非友邦矣，误以交邻之道施诸兵机，咎五；鸿章将自解曰：量我兵力不足以敌日本，故惮于发难也。虽然，身任北洋整军经武二十年，何以不能一战？咎六；彼又将自解曰：政府掣肘，经费不足也。虽然，此不过不能扩充已耳，何以其所现有者，如叶志超、卫汝贵诸军，素以久练著名，亦脆弱乃尔，且克减口粮、盗掠民妇之事，时有所闻，乃并纪律而无之也，咎七；枪或苦窳，弹或赝物，弹不对枪，药不随械，谓从前管军械局之人皆廉明，谁能信之？咎八；平壤之役，军无统帅，此兵家所忌，李乃蹈之，咎九；始终坐待敌攻，致于人而不能致人，畏敌如虎，咎十；海军不知用快船快炮，咎十一；旅顺天险，西人谓以数百兵守之，粮食苟足，三年不能破,乃委之于所亲昵阘冗恇怯之人,闻风先遁,咎十二。此皆可以为李鸿章罪者。若夫甲午九、十月以后,则群盲狂吠,筑室道谋,号令不出自一人,则责备自不得归于一点。若尽以为李鸿章咎,李固不任受也。

又岂惟不任受而已,吾见彼责李罪李者,其可责可罪,更倍蓰于李而未有已也。是役将帅无一人不辱国,不待言矣。然比较于百步五十步之间,则海军优于陆军,李鸿章部下之陆军,又较优于他军也。海军大东沟一役,彼此鏖战五点余钟,西人观战者咸啧啧称赞焉。虽其中有如方伯谦之败类(或谓伯谦实为救火保船,海军兵机当尔云),然余船之力斗者固可以相偿,即敌军亦起敬也。故日本是役,惟海军有敌手,而陆军无敌手。及刘公岛一役,食尽援绝,降敌以全生灵,殉身以全大节,盖前后死难者,邓世昌、林泰曾、丁汝昌、刘步蟾、张文宣,虽其死所不同,而咸有男儿之概,君子愍之。诸人者皆北洋海军最要之人物也,以视陆军之全无心肝者何如也,陆军不忍道矣。然平壤之役,犹有左宝贵、马玉昆等一二日之剧战,是李鸿章部下之人也,敌军死伤相当。云其后欲恢复金州、海城、凤凰城等处,及防御盖平,前后几度,皆曾有与日本苦战之事,虽不能就,然固已尽力矣,主之者实宋庆,亦李鸿章旧部也。是固不足以偿叶志超、卫汝贵、黄仕林、赵怀业、龚照玙等之罪乎。虽然,以比诸吴大澂之出劝降告示,未交锋而全军崩溃者何如?以视刘坤一之奉命专征,逗留数月不发者何如?是故谓中国全国军旅皆腐败可也,徒归罪于李鸿章之淮军不可也。而当时盈廷虚骄之气,若以为一杀李鸿章则万事皆了,而被峨冠博带、指天画地者,遂可以气吞东海,舌撼三山,盖湘人之气焰尤咻咻焉。此用湘军之议所由起也。乃观其结局,岂惟无以过淮军而已,又更甚焉。嘻,可以愧矣。吾之为此言,非欲为淮军与李鸿章作冤词也。吾于中日之役,固一毫不能为李淮恕也,然特患夫虚骄嚣张之徒,毫无责任,而立于他人之背后,摭其短长以为快谈,而迄未尝思所以易彼之道,盖此辈实亡国之利器也。李固可责,而彼辈又岂能责李之人哉？

是役也，李鸿章之失机者固多，即不失机而亦必无可以幸胜之理。盖十九世纪下半纪以来，各国之战争，其胜负皆可于未战前决之。何也？世运愈进于文明，则优胜劣败之公例愈确定。实力之所在，即胜利之所在，有丝毫不能假借者焉。无论政治、学术、商务，莫不皆然，而兵事其一端也。日本三十年来，刻意经营，上下一心，以成此节制敢死之劲旅，孤注一掷以向于我，岂无所自信而敢乃尔耶？故及其败然后知其所以败之由，是愚人也，乃或及其败而犹不知其致败之由，是死人也。然则徒罪李鸿章一人，乌呼可哉？

西报有论者曰：日本非与中国战，实与李鸿章一人战耳。其言虽稍过，然亦近之。不见乎各省大吏，徒知画疆自守，视此事若专为直隶、满洲之私事者然，其有筹一饷出一旅以相急难者乎？即有之，亦空言而已。乃至最可笑者，刘公岛降舰之役，当事者致书日军，求放还广丙一舰，书中谓此舰系属广东，此次战役，与广东无涉云云。各国闻者，莫不笑之，而不知此语实代表各省疆臣之思想者也。若是乎，日本果真与李鸿章一人战也。以一人而战一国，合肥合肥，虽败亦豪哉！

自是而李鸿章兵事上之声誉终，而外交上之困难起。

第八章　外交家之李鸿章 上

天津教案　法越之役　中日天津条约　议和日本　停战条约及遇刺　中日和约及其功罪

李鸿章之负重望于外国也以外交，李鸿章之负重谤于中国也亦以外交。要之李鸿章之生涯，半属外交之生涯也。欲断定其功罪，不可不以外交为最大之公案。故于此事特留意焉。

李鸿章办外交以天津教案为首。时值发捻初平,内忧甫弭,无端而有津民戕教焚法国领事馆之事起(同治九年)。法人藉端要挟,联英美以迫政府,其欲甚奢。曾国藩方任直隶总督,深察此事之曲在我,而列国蹊田夺牛手段,又非可以颟顸对付也。乃曲意弥缝,镇压津民,正法八人,议罪二十余人。而法人之心犹未厌,必欲重索赔款,且将天津知府、知县置诸重典。国藩外之应付西人,已极竭蹶,而内之又为京师顽固党所掊击,呼为卖国贼,京师湖广会馆将国藩匾落拔除摧烧,即此时也。白简纷纭,举国欲杀。于是通商大臣崇厚,恐事决裂,请免国藩而以鸿章代之。明诏敦促赴任,是为李鸿章当外交冲要之滥觞,实同治九年八月也。

彼时之李鸿章,殆天之骄子乎,顺风张帆,一日千里,天若别设一位置以为其功名之地。当其甫受任留直隶也,普法之战顿起,法人仓皇自救不复他及,而欧美各国亦复奔走相顾,且汗且喘,以研究西方之大问题,而此东方小问题,几莫或措意。于是天津教案遂销沉于若有若无之间。中国当时之人,无一知有世界大局者,以普法一役如此惊天动地之大事,固咸熟视无睹,以为是李鸿章之声望韬略,过于曾国藩万万也。于是鸿章之身价顿增。

天津教案以后,日本战事以前,李鸿章所办交涉事件以十数,而其关系最重者,为法国安南之役、日本朝鲜之役。光绪八年,法国有事于安南,眈眈逐逐,思大有所逞。与中国既定约,而复借端毁弃之。于是中法战事开,法水师提督格鲁比,预定战略,其海军先夺海南,次据台湾,直捣福州,歼我舰队,其陆军则自越之东京,出略云南贵州,如是则水陆两者必大有所获,将来东方权力,可以与英国争衡。于是格鲁比一面电达本国,请给军需并增派军队,一面乘福州之无备,轰我船厂,坏我兵船,一面以陆军迫东京。当时南方之天地,大有风云惨淡之观,李鸿章乃行伐谋伐交之策，思嗾英德以牵制法人。时曾纪泽方充英使，受命办此事。虽未能成，而法政府因之有所顾忌，增兵筹饷之案，在议院否决。格鲁比时方攻台湾之淡水不能下，安南之陆兵，又为黑旗军所持，不得行其志，忽接此案否决之报，大愤几死。法人乃先请和于我。李鸿章此役以后，其外交手段，始为欧人所注视矣。

当法事之方殷也，朝鲜京城又有袭击日本使馆之事，盖华兵、韩兵皆预有谋焉。朝鲜之为藩属、为自主，久已抗议于中日两国间。纠葛未定，日本乘我多事之际，派伊藤博文来津交涉。乃方到而法人和局已就，李鸿章本有一种自大之气，今见虎狼之法，尚且帖耳就范，蕞尔日本，其何能为？故于伊藤之来也，傲然以临之。彼伊藤于张邵议和之时，私语伍廷芳，谓前在天津见李中堂之尊严，至今思之犹悸，盖得意时泄宿憾之言也。伊藤此行，亦不能得志，仅约他日朝鲜有事，甲国派兵往，须先照会乙国而已，所谓《天津条约》者是也。虽然，此约竟为后此中日开衅之引线矣。

李鸿章对朝鲜之外交，种种失策，前章已言之矣。然因此之故，《天津条约》，遂至变为《马关条约》。呜呼！庄生有言：其作始也简，其将毕也钜。善弈者每于至闲之着，断断不肯放过。后有当此局者，可无慎欤。战事至甲午之冬，中国舍求和外，更无长策。正月，乃派张荫桓、邵友濂讲于日本。日本以其人微言轻也，拒不纳。乃更派李鸿章。二月遂行，随带参赞李经方等，以二十四日抵马关，与日本全权大臣伊藤博文、陆奥宗光开议。翌日首议停战条件，日本首提议以大沽、天津、山海关三处为质。辩论移时，不肯少让，乃更议暂搁停战之议，即便议和。伊藤言：既若尔则须将停战之节略撤回，以后不许再提及。彼此磋磨未决。及二十八日第三次会议，归途中突遇刺客，以枪击鸿章，中左颧，枪子深入左目下，一晕几绝。日官闻警来问状者，络绎不绝，伊藤、陆奥亦躬诣慰问，谢罪甚恭，忧形于色。日皇及举国臣民同深震悼，遂允将中国前提出之停战节略画押。口舌所不能争者,藉一枪子之伤而得之。于是议和前一节,略有端绪。当遇刺之初,日皇遣御医、军医来视疾,众医皆谓取出枪子,创乃可疗,但须静养多日,不劳心力云。鸿章慨然曰:国步艰难,和局之成,刻不容缓,予焉能延宕以误国乎?宁死无割刺。之明日,或见血满袍服,言曰:此血所以报国也。鸿章潸然曰:舍予命而有益于国,亦所不辞。其慷慨忠愤之气,君子敬之。

遇刺后得旨慰劳,并派李经方为全权大臣,而李鸿章实一切自行裁断,虽创剧偃卧,犹口授事机,群医苦之。三月初七日,伊藤等将所拟和约底稿交来。十一日,李备覆文,将原约综其大纲分四款,一朝鲜自主,二让地,三兵费,四通商权利。除第一朝鲜自主外,余皆极力驳议。十五日,复另拟一约底送去,即拟请赔兵费一万万两,割奉天南四厅县地方等,日本亦条条驳斥。十六日,伊藤等又备一改定约稿寄来,较前稍轻减,即《马关条约》之大概也。是日鸿章创已愈,复至春帆楼与日本全权大臣面议,刻意磋磨,毫无让步。惟有声明若能于三年内还清偿款,则一律免息,及威海卫驻兵费,减一半耳。今将其条约全文列下:

大日本帝国大皇帝陛下,及大清帝国大皇帝陛下,为订定和约,俾两国及其臣民重修平和,共享幸福,且杜绝将来纷纭之端,大日本帝国大皇帝陛下,特简大日本帝国全权办理大臣内阁总理大臣从二位勋一等伯爵伊藤博文,大日本帝国全权办理大臣外务大臣从二位勋一等子爵陆奥宗光,大清帝国大皇帝陛下,特简大清帝国钦差头等全权大臣太子太傅文华殿大学士北洋通商大臣直隶总督一等肃毅伯爵李鸿章,大清帝国钦差全权大臣二品顶戴前出使大臣李经方,为全权大臣,彼此较阅所奉谕旨,认明均属妥实无阙,会同议定各条款,开列于左:

第一款　中国认明朝鲜国确为完全无缺之独立自主,故凡有亏损独立自主体制，即如该国向中国所修贡献典礼等，嗣后全行废绝。

第二款　中国将管理下开地方之权，并将该地方所有堡垒军器工厂，及一切属公物件，永远让与日本。〇一、下开划界以内之奉天省南边地方，从鸭绿江口，溯该江以抵安平河口，又从该河口，划至凤凰城海城及营口而止。画成折线以南地方，所有前开各城市邑，皆包括在划界线内。该线抵营口之辽河后，即顺流至海口止，彼此以河中心为分界。辽东湾东岸及黄海北岸，在奉天所属诸岛屿，亦一并在所让界内。〇二、台湾全岛，及所有附属各岛屿。〇三、澎湖列岛，即英国格林尼次东经百十九度起，至百二十度止，北纬二十三度起，至二十四度之间诸岛屿。

第三款　前款所载，及粘附本约之地图。所划疆界，俟本约批准互换之后，两国应各选派官员二名以上，为公同划定疆界委员，就地踏勘，确定划界。若遇本约所订疆界，于地形或治理所关，有碍难不便等情，各该委员等当妥为参酌更定。各该委员等当从速办理界务，以期奉委之后，限一年竣事。但遇各该委员等，有所更定划界，两国政府，未经认准以前，应据本约所定划界为正。

第四款　中国约将库平银二万万两交与日本，作为赔偿军费。该款分作八次交完，第一次五千万两，应在本约批准互换后六个月内交清，第二次五千万两，应在本约批准互换后十二个月内交清，余款平分六次，递年交纳，其法列下：第一次平分递年之款，于两年内交清，第二次于三年内交清，第三次于四年内交清，第四次于五年内交清，第五次于六年内交清，第六次于七年内交清。其年分均以本约批准互换之后起算。又第一次赔款交清后，未经交完之款，应按年加每百抽五之息。但无论何时，将应赔之款，或全数，或几分，先期交清，均听中国之便。如从条约批准互换之日起，三年之内,能全数清还,除将已付利息,或两年半,或不及两年半,于应付本银扣还外,余仍全数免息。

第五款　本约批准互换之后,限二年之内,日本准中国让与地方人民,愿迁居让与地方之外者,任便变卖所有产业,退去界外。但限满之后,尚未迁徙者,均宜视为日本臣民。又台湾一省,应于本约批准互换后,两国立即各派大员至台湾,限于本约批准互换后两个月内交接清楚。

第六款　日中两国所有约章,因此次失和,自属废绝。中国约俟本约批准互换之后,速派全权大臣,与日本所派全权大臣,会同订立通商行船条约及陆路通商章程。其两国新计约章,应以中国与泰西各国现行约章为本。又本约批准互换之日起,新订约章未经实行之前,所有日本政府官吏臣民,及商业工艺行船船只陆路通商等,与中国最为优待之国,礼遇护视,一律无异。中国约将下开让与各款,从两国全权大臣画押盖印日起,六个月后,方可照办。○第一、现今中国已开通商口岸之外,应准添设下开各处,立为通商口岸,以便日本臣民、往来侨寓,从事商业工艺制作。所有添设口岸,均照向开通商海口,或向开内地镇市章程一体办理,应得优例及利益等,亦当一律享受。一、湖北省荆州府沙市,二、四川省重庆府,三、江苏省苏州府,四、浙江省杭州府。日本政府得派遣领事官于前开各口驻扎。○第二、日本轮船得驶入下开各口,附搭行客,装运货物。一、从湖北省宜昌溯长江以至四州省重庆府,二、从上海驶进吴淞江及运河,以至苏州府、杭州府。日中两国,未经商定行船章程以前,上开各口行船,务依外国船只驶入中国内地水路现行章程照行。○第三、日本臣民在中国内地,购买经工货件,若自生之物,或将进口商货运往内地之时,欲暂行存栈,除勿庸输纳税钞、派征一切诸费外,得暂租栈房存货。○第四、日本臣民,得在中国通商口岸城邑任便从事各项工艺制造，又得将各项机器，任便装运进口，只交所订进口税。日本臣民，在中国制造一切货物，其于内地运送税、内地税、钞课杂派，以及在中国内地沾及寄存栈房之益，即照日本臣民运入中国之货物一体办理。至应享优例豁除，亦莫不相同。〇嗣后如有因以上加让之事，应增章程规条，即载入本款所称之行船通商条约内。

第七款　日本军队现驻中国境内者，应于本约批准互换之后三个月内撤回，但须照次款所定办理。

第八款　中国为保明认真实行约内所订条款，听允日本军队，暂行占守山东省威海卫。又于中国将本约所订第一、第二两次赔款交清，通商行船约章亦经批准互换之后，中国政府与日本政府确定周全妥善办法，将通商口岸关税作为剩款并息之抵押，日本可允撤回军队。倘中国政府不即确定抵押办法，则未经交清末次赔款之前，日本应不允撤回军队。但通商行船约章未经批准互换以前，虽交清赔款，日本仍不撤回军队。

第九款　本约批准互换之后，两国应将是时所有俘虏，尽数交还。中国约将由日本所还俘虏，并不加以虐待，若或置于罪戾。中国约将认为军事间谍，或被嫌逮系之日本臣民即行释放。并约此次交仗之间，所有关涉日本军队之中国臣民概予宽贷，并饬有司不得擅为逮系。

第十款　本约批准互换日起，应按兵息战。

第十一款　本约奉大日本帝国大皇帝陛下及大清帝国大皇帝陛下批准之后，定于明治二十八年五月初八日，即光绪二十一年四月十四日在烟台互换。

观李鸿章此次议和情状，殆如春秋齐国佐之使于晋，一八七〇年法爹亚士之使于普。当戎马压境之际,为忍气吞声之言,旁观犹为酸心,况鸿章身历其境者。回视十年前天津定约时之意气,殆如昨梦。嗟乎!应龙入井,蝼蚁困人;老骥在枥,驽骀目笑,天下气短之事,孰有过此者耶?当此之际,虽有苏张之辩,无所用其谋;虽有贲育之力,无所用其勇。舍卑词乞怜之外,更有何术?或者以和议之速成为李鸿章功,固非也,虽无鸿章,日本亦未有不和者也,而或者因是而丛诟于李之一身,以为是秦桧也、张邦昌也,则盍思使彼辈处李之地位,其结局又将何如矣。要之李之此役,无功焉,亦无罪焉。其外交手段,亦复英雄无用武之地。平心论之,则李之误国,在前章所列失机之十二事,而此和议,不过其十二事之结果,无庸置论者也。

第九章　外交家之李鸿章 下

三国代索辽东　中俄密约　李鸿章历聘欧洲　任外交官时代　胶州之役　旅顺大连威海广州湾九龙之役　李鸿章出总署

十九世纪之末,有中东一役,犹十八世纪之末,有法国革命也。法国革命开出十九世纪之欧罗巴,中东一役开出二十世纪之亚细亚。譬犹红日将出,鸡乃先鸣,风雨欲来,月乃先晕,有识者所能预知也。当中日未战以前,欧人与华人之关系,不过传教、通商二事。及战后数年间,而其关系之紧密,视前者骤增数倍。至今日,则中国之一举一动,皆如与欧人同体相属,欲分而不能分矣。此其故由于内治之失政者半,由于外交之无谋者亦半。君子读十年来中外交涉史,不禁反面掩袖涕涔涔下也。

战事之前,中国先求调停于英俄,此实导人以干涉之渐也。其时日人屡言，东方之事，愿我东方两国自了之，无为使他国参于其间。顾我政府蓄愤已甚，不能受也，惟欲嗾欧人以力胁日本。俄使回言：俄必出力，然今尚非其时。盖其处心积虑，相机以逞，固早有成算矣。乙未三月，李鸿章将使日本，先有所商于各国公使。俄使喀希尼曰：吾俄能以大力拒日本，保全中国疆土，惟中国必须以军防上及铁路交通上之利便以为报酬。李乃与喀希尼私相约束，盖在俄使馆密议者数日夜云。欧力东渐之机，盖伏于是。

当时中国人欲借欧力以拒日者，不独李鸿章而已，他人殆有甚焉。张之洞时署江督，电奏争和议曰：若以赂倭者转而赂俄，所失不及其半，即可转败为胜。恳请饬总署及出使大臣，与俄国商订密约，如肯助我攻倭，胁倭尽废全约，即酌量划分新疆之地以酬之，许以推广商务。如英肯助我，报酬亦同，云云。当时所谓外交家者，其眼光手段，大率类是，可叹。

马关定约未及一月，而俄国遂有与德法合议逼日本还我辽东之事。俄人代我取辽，非为我计，自为计也。彼其视此地为己之势力范围，匪伊朝夕。故决不欲令日本得鼾睡于其卧榻之侧也。故使我以三十兆两代彼购还辽东于日本之手，先市大恩于我，然后徐收其成。俄人外交手段之巧，真不可思议。而李鸿章一生误国之咎，盖未有大于是者，李鸿章外交之历史，实失败之历史也。

还辽事毕，喀希尼即欲将前此与李私约者，提出作为公文，以要求于总署。值物议沸腾，皇上大怒，鸿章罢职，入阁闲居，于是暂缓其请，以待时机。丙申春间，有俄皇加冕之事，各国皆派头等公使往贺。中国亦循例派遣，以王之春尝充唁使，故贺使即便派之。喀希尼乃抗言曰：皇帝加冕，俄国最重之礼也，故从事斯役者，必国中最著名之人，有声誉于列国者方可。王之春人微言轻，不足当此责，可胜任者，独李中堂耳。

于是乃改派李为头等公使。喀希尼复一面贿通太后,甘诱威迫,谓还辽之义举,必须报酬,请假李鸿章以全权,议论此事。而李鸿章请训时,太后召见,至半日之久,一切联俄密谋,遂以大定。

李鸿章抵俄京圣彼得堡,遂与俄政府开议喀希尼所拟草约底稿。及加冕之期已近,往俄旧都莫斯科,遂将议定书画押。当其开议也,俄人避外国之注目,不与外务大臣开议,而使户部大臣当其冲。遂于煌煌矩典、万宾齐集之时,行明修栈道暗度陈仓之计。而此关系地球全局之事,遂不数日而取决于樽俎之间矣。俄人外交手段之剽悍迅疾,真可羡可畏哉。时丙申四月也。

密约之事,其办订极为秘密,自中俄两国当事之数人外,几于无一知者。乃上海《字林西报》,竟于李鸿章历聘未归之时,得其密约原文,译录以登报上,盖闻以重金购之于内监云。其全文如下:

> 大清国大皇帝前于中日肇衅之后,因奉大俄罗斯国大皇帝仗义各节,并愿将两国边疆及通商等事,于两国互有益者,商定妥协,以固格外和好,是以特派大清国钦命督办军务处王大臣为全权大臣,会同大俄罗斯国钦差出使中国全权大臣一等伯爵喀,在北京商定,将中国之东三省火车道接连俄国西伯里亚省之火车道,以冀两国通商往来迅速,沿海边防坚固,并议专条以答代索辽东等处之义。
>
> 第一条　近因俄国之西伯里亚火车道竣工在即,中国允准俄国将该火车道一由俄国海参崴埠续造至中国吉林珲春城,又向西北续至吉林省城止,一由俄国境某城之火车站续造至中国黑龙江之爱珲城,又向西北续至齐齐哈尔省城,又至吉林伯都讷地方,又向东南续造至吉林省城止。
>
> 第二条　凡续造进中国境内黑龙江及吉林各火车道,均由俄

国自行筹备资本，其车道一切章程，亦均依俄国火车章程，中国不得与闻。至其管理之权，亦暂行均归俄国，以三十年为期。过期后，准由中国筹备资本估价将该火车道并一切火车机器厂房屋等赎回。惟如何赎法，容后再行妥酌。

第三条　中国现有火车路拟自山海关续造至奉天盛京城，由盛京接续至吉林。倘中国日后不便即时造此铁路者，准由俄国备资由吉林城代造，以十年为期赎回。至铁路应由何路起造，均照中国已勘定之道接续至盛京并牛庄等处地方止。

第四条　中国所拟续造之火车道，自奉天至山海关至牛庄至盖平至金州至旅顺口以及至大连湾等处地方，均应仿照俄国火车道，以期中俄彼此来往通商之便。

第五条　以上俄国自造之火车道所经各地方，应得中国文武官员照常保护，并应优待火车道各站之俄国文武各官，以及一切工匠人等。惟由该火车道所经之地，大半荒僻，犹恐中国官员不能随时保护周详，应准俄国专派马步各兵数队驻扎各要站，以期妥护商务。

第六条　自造成各火车道后，两国彼此运进之货，其纳税章程，均准同治元年二月初四日《中俄陆路通商条约》完纳。

第七条　黑龙江及吉林长白山等处地方所产五金之矿，向有禁例，不准开挖。自此约定后，准俄国以及本国商民随时开采，惟须应先行禀报中国地方官具领护照，并按中国内地矿务条程，方准开挖。

第八条　东三省虽有练军，惟大半军营仍系照古制办理，倘日后中国欲将各省全行改仿西法，准向俄国借请熟悉营务之武员来中国整顿一切，其章程则与两江所请德国武员条程办理无异。

第九条　俄国向来在亚细亚洲无周年不冻之海口，一时该洲若有军务,俄国东海以及太平洋水师诸多不便,不得随时驶行。今中国因鉴于此,是以情愿将山东省之胶州地方暂行租与俄国,以十五年为限,其俄国所造之营房、栈房、机器厂、船坞等类,准中国于期满后估价备资买入。但如无军务之急,俄国不得即时屯兵据要,以免他国嫌疑。其赁租之款,应得如何办理,日后另有附条酌议。

第十条　辽东之旅顺口以及大连湾等处地方,原系险要之处,中国极应速为整顿各事,以及修理各炮台等诸要务,以备不虞。既立此约,则俄国允准将此二处相为保护,不准他国侵犯。中国之允准,将来永不能让与他国占踞。惟日后如俄国忽有军务,中国准将旅顺口及大连湾等处地方,暂行让与俄国水陆军营泊屯于此,以期俄军攻守之便。

第十一条　旅顺口、大连湾等处地方,若俄国无军务之危,则中国自行管理,与俄国无涉。惟东三省火车道,以及开挖五金矿诸务,准于换约后即时便宜施行。俄国文武官员以及商民人等所到之处,中国官员理应格外优待保护,不得阻滞其游历各处地方。

第十二条　此约奉两国御笔批准后,各将条约照行。除旅顺口、大连湾及胶州诸款外,全行晓谕各地方官遵照。将来换约,应在何处,再行酌议。自画押之日起,以六个月为期。

《中俄密约》以前为一局面,《中俄密约》以后为一局面。盖近年以来列国之所以取中国者,全属新法:一曰借租地方也,二曰某地不许让于他国也,三曰代造铁路也,而其端皆自此密约启之。其第九条借租胶州湾,即后此胶、威、广、旅、大成嚆矢也。其第十条旅顺、大连不许让于他人,即各国势力范围之滥觞也。而铁路一端,断送祖宗发祥之地,速西伯利亚大路之成,开各国觊觎纷争之渐者,固无论矣。呜呼!牵一发,动全身,合九州,铸大错,吾于此举,不能为李鸿章恕焉矣。

或曰，此约由太后主之，督办军务处王大臣赞之，非鸿章本意云。虽然，莫斯科草约，定于谁氏之手乎？此固万无能为讳者也！自此约原文既登报章后，各国报馆，电书纷驰，疑信参半，无论政府民间，莫不惊心动色。鸿章游历欧洲时，各国交相诘问，惟一味支吾搪塞而已。其年七月，莫斯科画押之草约达北京，喀希尼直持之以与总署交涉。皇上与总署皆不知有此事，愕怒异常，坚不肯允。喀希尼复贿通太后，甘言法语，诱胁万端。太后乃严责皇上，直命交督办军务处速办，不经由总理衙门。西历九月三十日，皇上挥泪批准密约。

李鸿章之贺俄加冕也，兼历聘欧洲，皆不过交际之常仪，若其有关于交涉者，则定密约与议增税两事而已。中国旧税则，凡进口货物，值百抽五。此次以赔款之故，欲增至值百抽七五。首商诸俄国，俄允之。次商诸德法，德法云待英国取进止。既至英，与宰相沙士勃雷提议。其时英与中国之感情甚冷落，且以《中俄密约》之故，深有疑于李鸿章。沙氏乃托言待商诸上海各处商人，辞焉。此事遂无所成。

李之历聘也，各国待之有加礼，德人尤甚，世以为此行必将大购船炮枪弹，与夫种种通商之大利，皆于是乎在。及李之去，一无所购，欧人盖大失望云。李之至德也，访俾斯麦，其至英也，访格兰斯顿，咸相见甚欢，皆十九世纪世界之巨人也。八月，鸿章自美洲归国。九月十八日，奉旨在总理各国事务衙门行走。自兹以讫光绪廿四年戊戌七月，实为李鸿章专任外交时代。而此时代中，则德据胶州，俄据旅顺口、大连湾，英据威海卫、九龙，法据广州湾，实中国外交最多事最危险之时代也。

还辽之役，倡之者俄，而赞之者德、法也。俄人既结密约，得绝大无限之权利于北方，踌躇满志，法人亦于光绪廿二年春夏间，得滇、缅、越间之瓯脱地，又得广西镇南关至龙州之铁路，惟德国则寂寂未有所闻。廿三年春，德使向总理衙门索福建之金门岛，峻拒不许，至十月而胶州之事起。

是役也,德国之横逆无道,人人共见,虽然,中国外交官固有不得辞其咎者。夫始而无所倚赖于人,则亦已耳,既有倚赖,则固不得不酬之。能一切不酬则亦已矣,既酬甲酬乙,则丙亦宜有以酬之。三国还辽,而惟德向隅,安有不激其愤而速其变者?不特此也,《中俄密约》中声明将胶州湾借与俄人,是俄人所得权利,不徒在东三省而直侵入山东也。方今列国竞争优胜劣败之时,他国能无妒之?是德国所以出此横逆无道之举者,亦中国有以逼之使然也。岁十月,曹州教案起,德教士被害者二人。德人闻报,即日以兵船闯进胶州湾,拔华帜树德帜,总兵章高元掳焉。警报达总署,与德使开议。德使海靖惟威吓恐喝,所有哀乞婉商者,一切拒绝。欲乞援于他国,无一仗义责言为我讼直者。迁延至两月有余,乃将所要挟六事,忍气吞声,一一允许,即将胶澳附近方百里之地,租与德国九十九年,山东全省铁路矿务,归德国承办等事,是也。

胶事方了,旋有一重大之波澜起焉。初李鸿章之定《马关条约》也,约以三年内若能清还,则一概免息,而前者所纳之息,亦以还我,又可省威海卫戍兵四年之费,共节省得银二千三百二十五万两。至是三年之期限将满,政府欲了此公案,议续借款于外国。廿三年十一月,俄人议承借此项,而求在北方诸省设铁路,及罢斥总税务司赫德二事。英人闻之,立与对抗,亦欲承借此项,利息较轻,而所要求者,一、监督中国财政,二、自缅甸通铁路于扬子江畔,三、扬子江一带不许让与他国,四、开大连湾为通商口岸,五、推广内地商务,六、各通商口岸皆免厘金。时总理衙门欲诺之,俄法两国忽大反对,谓若借英国款,是破列国均势之局也,日以强暴之言胁总署,总署之人,不胜其苦。正月,乃回绝各国,一概不借,而与日本商议,欲延期二十年摊还,冀稍纾此急难。不意日本竟不允许。当此之时,山穷水尽,进退无路,乃以赫德之周旋,借汇丰银行、德华银行款一千六百万磅,吃亏甚重,仅了此局。

胶州湾本为《中俄密约》圈内之地,今德国忽攫诸其怀而夺之,俄人之愤愤，既已甚矣，又遇有英德阻俄借款一事，俄人暴怒益烈。于是光绪二十四年正二月间，俄国索旅顺、大连湾之事起。李鸿章为亲订密约之人，欲办无可办，欲诿无可诿，卒乃与俄使巴布罗福新结一约，将旅顺口、大连湾两处及邻近相连之海面租与俄国，以二十五年为期，并准俄人筑铁路从营口、鸭绿江中间接至滨海方便之处。

俄人既据旅顺、大连，英国借口于均势之局，遂索威海卫。时日本之赔款方清，戍兵方退，英人援俄例借租此港，二十五年为期，其条约一依旅顺、大连故事。时李鸿章与英使反复辩难，英使斥之曰：君但诉诸俄使，勿诉诸我。俄使干休，我立干休。李无词以对焉，狼狈之情，可悯可叹。所承其半点哀怜者，惟约他日中国若重兴海军，可借威海卫泊船之一事而已。

至是而中国割地之举，殆如司空见惯浑闲事矣。当俄、法与英为借款事冲突也，法人借俄之力，要求广州湾，将以在南方为海军根据地。其时英国方迫我政府开西江一带通商口岸，将以垄断利权，法人见事急，乃效德国故智，竟闯入广州湾，而后议借租之，以九十九年为期。中国无拒之力，遂允所谓。

英国又援均势之说，请租借九龙以相抵制，其期亦九十九年。定议画押之前一日，李鸿章与英使窦纳乐抗论激烈，李曰：虽租九龙，不得筑炮台于其山上。英使愤然拍案曰：无多言！我国之请此地，为贵国让广州湾于法以危我香港也！若公能废广州湾之约，则我之议亦立刻撤回。鸿章吞声饮泪而已。实光绪二十四年四月十七日也。

至五月间，尚有英俄激争之一事起，即芦汉铁路与牛庄铁路事件是也。初盛宣怀承办芦汉铁路，于廿三年三月，与比利时某公司订定借款，约以本年西正月交第一次。及德占胶州后，该公司忽渝前盟，谓非改约，则款无所出。盛宣怀与李鸿章、张之洞等商，另与结约。而新结之约，不过以比利时公司为傀儡，而实权全在华俄银行之手。华俄银行者实不啻俄国政府银行也。以此约之故,而黄河以北之地,将尽入俄国主权之内,而俄人西伯利亚之铁路,将以彼得堡为起点,以汉口为终点矣。英人大妒之,乃提议山海关至牛庄之铁路归英国承办,将以横断俄国之线路。俄公使到总署,大争拒之,英俄两国,几于开战,间不容发,而皆以中国政府为磨心,万种难题,集于外交官数人之身。其时皇上方亲裁大政,百废具举,深恨李鸿章以联俄误国,乃以七月廿四日,诏鸿章毋庸在总理各国事务衙门行走,于是外交之风浪暂息,而李鸿章任外交官之生涯亦终矣。

案义和团时代李鸿章之外交,于第十一章论之。

西人之论曰:李鸿章大手段之外交家也;或曰:李鸿章小狡狯之外交家也。夫手段狡狯,非外交家之恶德。各国并立,生存竞争,惟利是视,故西哲常言个人有道德,而国际无道德。试观列国之所称大外交家者,孰不以手段狡狯得名哉。虽然,李鸿章之外交术,在中国诚为第一流矣,而置之世界,则瞠乎其后也。李鸿章之手段,专以联某国制某国为主,而所谓联者,又非平时而结之,不过临时而嗾之,盖有一种《战国策》之思想横于胸中焉。观其于法越之役,则欲嗾英德以制法,于中日之役,则欲嗾俄英以制日,于胶州之役,则又欲嗾俄英法以制德,卒之未尝一收其效,而往往因此之故,所失滋多。胶州、旅顺、大连、威海、广州湾、九龙之事,不得不谓此政策为之厉阶也。夫天下未有徒恃人而可以自存者。泰西外交家,亦尝汲汲焉与他国联盟,然必我有可以自立之道,然后,可以致人而不致于人。若今日之中国,而言联某国联某国,无论人未必联我,即使联我,亦不啻为其国之奴隶而已矣,鱼肉而已矣。李鸿章岂其未知此耶?吾意其亦知之而无他道以易之也。要之,内治不修,则外交实无可办之理。以中国今日之国势,虽才十倍于李鸿章者,其对外之策,固不得不隐忍迁就于一时也。此吾所以深为李鸿章怜也。虽然，李鸿章于他役，吾未见其能用手段焉，独《中俄密约》，则其对日本用手段之结果也。以此手段，而造出后此种种之困难，自作之而自受之，吾又何怜哉？

案胶州以后诸役，其责任不专在李鸿章，盖恭亲王、张荫桓，皆总理衙门重要之人，与李分任其咎者也，读者不可不知。

第十章　投闲时代之李鸿章

日本议和后入阁办事　巡察河工　两广总督

自同治元年以迄光绪二十七年，凡四十年间，李鸿章无一日不在要津。其可称为闲散时代者，则乙未三月至丙申三月间，凡一年，戊戌八月至庚子八月间凡两年而已。戊己庚之间，鸿章奉命治河，旋授商务大臣总督两广，在他人则有最优之差，而按之李鸿章一生历史，不得不谓为投闲也。其闲之又闲者，为乙丙之间入阁办事，及戊戌八月至十一月退出总理衙门，无可论述，至其治河治粤，固亦有异于常人者焉。附论及之，亦作史者之责任也。

中国黄河，号称难治。数千年政论家，皆以之为一大问题，使非以西人治密士失必河之法治之，则决不可以断其害而收其利。当戊戌八月以后，李鸿章方无可位置，于是政府以此役任之。此亦可为河防史上添一段小小公案也。今录其奏议所用比国工程师卢法尔勘河情形原稿如下。（略）

李鸿章之督粤也，承前督李瀚章、谭钟麟之后，百事废弛已极，盗贼纵横，萑苻遍地。鸿章至，风行雷厉，复就地正法之例，以峻烈忍酷行之，杀戮无算，君子病焉。然群盗慑其威名，或死或逃，地方亦赖以小安。而其最流毒于粤人者,则赌博承饷一事是也。粤中盗风之炽,其源实由赌风而来。盗未有不赌,赌未有不盗。鸿章之劝赌也,美其名曰缉捕经费,其意谓以抽赌之金为治盗之用也。是何异恐民之不为盗而以是诲之?既诲之,而复诛之,君子谓其无人心矣。孟子曰:乃陷于罪,然后从而刑之,是罔民也。夫不教而刑,犹谓罔民,况劝之使人于刑哉?扬汤止沸,拖薪救火,其老而悖耶?不然,何晚节末路,乃为此坏道德损名誉之业以遗后人也。或曰:鸿章知赌风之终不可绝,不如因而用之以救政费之急。夫淫风固未易绝,而未闻官可以设女闾;盗风未易绝,而未闻官可以设山泊。此等义理,李鸿章未必不知之。知之而复为之,则谓之全无心肝而已。

鸿章莅粤,拟行警察法于省城,盖从黄遵宪之议也。业未竟而去。

粤中华洋杂处,良莠不齐。狡黠之徒,常藉入教为护符,以鱼肉乡里,而天主教及其他教会之牧师,常或袒庇而纵恣之。十年以来,大吏皆阘冗无能,老朽濒死,畏洋如虎,以故其焰益张。李鸿章到粤,教民尚欲逞故技以相尝试。鸿章待其牧师等,一据正理,严明权限,不稍假借。经一二次后,无复敢以此行其奸者。噫嘻!以数十年老练之外交家,虽当大敌或不足,然此么么者,则诚不足以当其一嘘矣。今之地方官,以办教案为畏途者,其亦太可怜耳。

鸿章之来粤也,盖朝旨以康党在海外气势日盛,使之从事于镇压云。鸿章乃捕系海外义民之家族三人焉。无罪而孥,骚扰百姓,野蛮政体,莫此为甚。或曰:非李鸿章之意也。虽然,吾不敢为讳。

第十一章　李鸿章之末路

义和团之起　李鸿章之位置　联军和约　中俄满洲条约　李

鸿章薨逝　身后恤典

李鸿章最初之授江苏巡抚也，仅有虚名，不能到任；其最后之授直隶总督也，亦仅有虚名，不能到任。造化小儿，若故为作弄于其间者然。虽然，今昔之感，使人短气矣。鸿章莅粤未一年，而有义和团之事。义和团何自起？戊戌维新之反动力也。初，今上皇帝既以新政忤太后，八月之变，六贤被害。群小竞兴，而康有为亡英伦，梁启超走日本。盈廷顽固党，本已疾外人加仇雠矣，又不知公法，以为外国将挟康梁以谋己也，于是怨毒益甚。而北方人民，自天津教案以至胶州割据以来，愤懑不平之气蓄之已久，于是假狐鸣篝火之术，乘间而起。顽固党以为可借以达我目的也，利而用之。故义和团实政府与民间之合体也，而其所向之鹄各异：民间全出于公，愚而无谋，君子怜之；政府全出于私，悖而不道，普天嫉之。

使其时李鸿章而在直隶也，则此祸或可以不作，或祸作而鸿章先与袁、许辈受其难，皆未可知。而天偏不使难之早平，偏不令李之早死。一若特为李设一位置，使其一生历史更成一大结果者。至六月以后，联军迫京师，于是李鸿章复拜议和全权大臣之命。

当是时，为李鸿章计者曰，拥两广自立为亚细亚洲开一新政体，上也；督兵北上，勤王剿拳，以谢万国，中也；受命入京，投身虎口，行将为顽固党所甘心，下也。虽然，第一义者，惟有非常之学识，非常之气魄，乃能行之，李鸿章非其人也。彼当四十年前方壮之时，尚不敢有破格之举，况八十老翁安能语此？故为此言者，非能知李鸿章之为人也。第二义近似矣，然其时广东实无一兵可用，且此举亦涉嫌疑，万一廷臣与李不相能者，加以称兵犯阙之名，是骑虎而不能下也，李之衰甚矣！方日思苟且迁就，以保全身名，斯亦非其所能及也。虽然，彼固曾熟审于第三义，而有以自择，彼知单骑入都之或有意外，故迟迟其行，彼知非破京城后则和议必不能成,故逗留上海,数月不发。

两宫既狩,和议乃始。此次和议虽不如日本之艰险,而纠葛亦过之。鸿章此际,持以镇静,徐为磋磨,幸各国有厌乱之心,朝廷有悔祸之意,遂于光绪二十七年七月定为和约十二款如下:

第一款　一、大德国钦差男爵克大臣被戕害一事,前于西历本年六月初九日即中历四月二十三日,奉谕旨(附件二)亲派醇亲王载沣为头等专使大臣,赴大德国大皇帝前,代表大清国大皇帝暨国家惋惜之意。醇亲王已遵旨于西历本年七月十二日即中历五月二十七日自北京起程。二、大清国国家业已声明,在该处遇害所竖立铭志之碑,与克大臣品位相配,列叙大清国大皇帝惋惜凶事之旨,书以辣丁、德、汉各文。前于西历本年七月二十二日即中历六月初七日,经大清国钦差全权大臣文致大德国钦差全权大臣(附件三)。现于遇害处所建立牌坊一座,足满街衢,已于西历本年六月二十五日即中历五月初十日兴工。

第二款　一、惩办伤害诸国国家及人民之首祸诸臣。将西历本年二月十三、二十一等日即中历上年十二月二十五日本年正月初三等日,先后降旨,所定罪名,开列于后(附件四、五、六)。端郡王载漪,辅国公载澜,均定斩监候罪名,又约定如皇上以为应加恩贷其一死,即发往新疆永远监禁,永不减免;庄亲王载勋,都察院左都御史英年,刑部尚书赵舒翘,均定为赐令自尽;山西巡抚毓贤,礼部尚书启秀,刑部左侍郎徐承煜,均定为即行正法,协办大学士吏部尚书刚毅,大学士徐桐,前四川总督李秉衡,均已身死,追夺原官,即行革职。又兵部尚书徐用仪,户部尚书立山,吏部左侍郎许景澄,内阁学士兼礼部侍郎衔联元,太常寺卿袁昶,因上年力驳殊悖诸国义法极恶之罪被害,于西历本年二月十三日即中历上年十二月二十五日奉上谕开复原官，以示昭雪（附件七）。庄亲王载勋已于西历本年二月二十一日即中历正月初三日，英年、赵舒翘已于二十四日即初六日均自尽。毓贤已于念二日即初四日，启秀、徐承煜于念六日即初八日均正法。又西历本年二月十三日即中历上年十二月念五日上谕将甘肃提督董福祥革职，俟应得罪名，定谳惩办。西历本年四月念九日、六月初三、□月□□等日即中历三月十一、四月十七、□月□□等日先后降旨，将上年夏间凶惨案内所有承认获咎之各外省官员分别惩办。二、上谕将诸国人民遇害被虐之城镇停止文武各等考试五年（附件八）。

第三款　因大日本国使馆书记生杉山彬被害，大清国大皇帝从优荣之典，已于西历本年六月十八日即中历五月初三日降旨简派户部侍郎那桐为专使大臣，赴大日本国大皇帝前，代表大清国大皇帝及国家惋惜之意（附件九）。

第四款　大清国国家允定在于诸国被污渎及挖掘各坟墓建立涤垢雪侮之碑，已与诸国全权大臣合同商定，其碑由各该国使馆督建，并由中国国家付给估算各费银两，京师一带，每处一万两，外省每处五千两。此项银两，业已付清。兹将建碑之坟墓，开列清单附后（附件十）。

第五款　大清国国家允定不准将军火暨专为制造军火各种器料运入中国境内，已于西历一千九百一年八月十七日即中历本年七月初四日降旨禁止进口二年。嗣后如诸国以为有仍应续禁之处，亦可降旨将二年之限续展（附件十一）。

第六款　上谕大清国大皇帝允定付诸国偿款海关银四百五十兆两，此款系西历一千九百年十二月二十二日即中历光绪二十六年十一月初一日条款内第二款所载之各国各会各人及中国人民之赔偿总数（附件十二）。（甲）此四百五十兆系海关银两，照市价易为金款,此市价按诸国各金钱之价易金如左:海关银一两,即德国三马克零五五,即奥国三克勒尼五九五,即美国圆零七四二,即法国三佛郎克五,即英国三先令,即日本一圆四零七,即荷兰国一弗乐零七九六,即俄国一鲁布四一二。俄国鲁布,按金平算即十七多理亚四二四。此四百五十兆,按年息四厘正,本由中国分三十九年按后附之表各章清还(附件十三)。本息用金付给,或按应还日期之市价易金付给。还本于一千九百零二年正月初一日起至千九百四十年终止。还本各款,应按每届一年付还,初次定于一千九百零一年正月初一日。付还利息,由一千九百零一年七月初一日起算。惟中国国家亦可将所欠首六个月至一千九百零一年十二月三十一日之息,展在自一千九百零二年正月初一日起,于三年内付还。但所展息款之利,亦应按年四厘付清。又利息每届六个月付给,初次定于一千九百零二年七月初一日付给。(乙)此欠款一切事宜,均在上海办理。如后诸国各派银行董事一名会同将所有由该管之中国官员付给之本利总数收存,分给有干涉者,该银行出付回执。(丙)中国国家将全数保票一纸交驻京诸国钦差领衔手内。此保票以后分作零票,每票上各由中国特派之官员画押。此节以及发票一切事宜,应由以上所述之银行董事各遵本国饬令而行。(丁)付还保票财源各进款,应每月给银行董事收存。(戊)所定承担保票之财源,开列于后:一、新关各进款,俟前已作为担保之借款各本利付给之后,余剩者又进口货税增至切实值百抽五,将所增之数加之。所有向例进口免税各货,除外国运来之米及各杂色粮面并金银以及金银各钱外,均应列入切实值百抽五货内。二、所有常关各进款,在各通商口岸之常关,均归新关管理。三、所有盐政各进项,除归还泰西借款一宗外,余剩一并归入,至进口货税增至切实值百抽五。诸国现允可行,惟须二端:一将现在照估价抽收进口各税，凡能改者皆当急速改为按件抽税几何。改办一层如后，以为估算货价之基，应以一千八百九十七、八、九三年卸货时各货牵算价值，乃开除进口及杂货总数之市价。其未改以前，各该税仍照估价征收。二北河、黄浦两水路均应改善，中国国家亦应拨款相助。至增税一层，俟此条款画押两个月后即行开办，除在此画押日期后至迟十日已在途间之货外，概不得免抽。

第七款 大清国国家允定各使馆境界以为专与住用之处。并独由使馆管理。中国民人，概不准在界内居住。亦可自行防守，使馆界线于附件之图上标明如后(附件十四)：东面之线，系崇文门大街，图上十、十一、十二等字；北面图上系五、六、七、八、九、十等字之线，西面图上系一、二、三、四、五等字之线；南面图上系十二、一等字之线，此线循城墙南址随城垛而画。按照西历一千九百零一年正月十六日即中历上年十一月二十六日文内后附之条，中国国家应允诸国分应自主，常留兵队分保使馆。

第八款 大清国国家应允将大沽炮台及有碍京师至海通道之各炮台一律削平，现已设法照办。

第九款 按照西历一千九百零一年正月十六日即中历上年十一月二十六日文内后附之条款，中国国家应允由诸国分应主办，会同酌定数处留兵驻守，以保京师至海通道无断绝之处。今诸国驻防之处，系黄村、郎坊、杨村、天津军粮城、塘沽、芦台、唐山、滦州、昌黎、秦王岛、山海关。

第十款 大清国国家允定两年之久，在各府厅州县将以后所述之上谕颁行布告：一、西历本年二月初一日即中历上年十二月十三日上谕以永禁或设、或入与诸国仇敌之会，违者皆斩(附件十五)。二、西历本年□月□□日即中历□月□□日上谕一道，犯罪之人如何惩办之处，均一一载明。三、西历本年□月□□日即中历□月□□日上谕，以诸国人民遇害被虐，各城镇停止文武各等考试。四、西历本年二月初一日即中历上年十二月十三日上谕，各省抚督文武大吏暨有司各官，于所属境内均有保平安之责，如复滋伤害诸国人民之事，或再有违约之行，必须立时弹压惩办，否则该管之员，即行革职，永不叙用，亦不得开脱别给奖叙(附件十六)。以上谕旨现于中国全境渐次张贴。

第十一款　大清国国家允定将通商行船各条约内，诸国视为应行商改之处，及有关通商各他事宜，均行议商，以期妥善简易。按照第六款赔偿事宜，约定中国国家应允襄办改善北河黄浦两水路，其襄办各节如左：一、北河改善河道，在一千八百九十八年会同中国国家所兴各工，尽由诸国派员兴修，一俟治理天津事务交还之后，即可由中国国家派员与诸国所派之员会办，中国国家应付海关银每年六万以养其工。一、现设立黄浦河道局经管整理改善水道各工，所派该局各员，均代中国及诸国保守在沪所有通商之利益。预估后二十年，该局各工及经管各费应每年支用海关银四十六万两，此数平分，半由中国国家付给，半由外国各干涉者出资。该局员差并权责进款之详细各节，皆于后附文件内列明(附件十七)。

第十二款　西历本年七月二十四日即中国六月初九日降旨，将总理各国事务衙门按照诸国酌定改为外务部，班列六部之前。此上谕内已简派外务部各王大臣矣(附件十八)。且变通诸国钦差大臣觐见礼节，均已商定由中国全权大臣屡次照会在案。此照会在后附之节略内述明(附件十九)。

兹特为议明以上所述各语，及后附诸国全权大臣所发之文牍，均系以法文为凭。大清国国家既如此按以上所述，西历一千九百年十二月二十二日即中历光绪二十六年十一月初一日文内各款，足适诸国之意妥办，则中国愿将一千九百年夏间变乱所生之局势完结，诸国亦照允随行。是以诸国全权大臣奉各本国政府之命代为声明，除第七款所述之防守使馆兵队外，诸国兵队即于西历一千九百零一年□月□□日即中历□月□□日全由京城撤退。并除第九款所述各处外，亦于西历一千九百零一年□月□□日即中历□□年□月□□日由直隶省撤退。今将以上条款缮定同文十二份，均由诸国全权大臣画押，诸国全权大臣各存一份，中国全权大臣收存一份。

联军和约既定，尚有一事为李鸿章未了之债者，则俄人满洲事件是也。初《中俄密约》所订，俄人有自派兵队保护东方铁路之权，至是义和团起，两国疆场之间有违言焉，俄人即藉端起衅，掠吉林、黑龙江之地，达于营口北。京方有联军之难，莫能问也。及和议开，俄人坚持此事归中俄两国另议，与都中事别为一谈。不得已许之。及列国和约定，然后满洲之问题起。李鸿章其为畏俄乎？为亲俄乎？抑别有不得已者乎？虽不可知，然其初议之约，实不啻以东三省全置俄国势力范围之下，昭昭然也。今录其文如下：

第一条　俄国交还满洲于中国，行政之事，照旧办理。

第二条　俄国留兵保护满洲铁路，俟地方平静后，并本条约之枢要四条一概履行后，始可撤兵。

第三条　若有事变，俄国将此兵助中国镇压。

第四条　若中国疑指满洲铁路。铁路未开通之间，中国不能驻兵于满洲。即他日或可驻兵，其数目亦须与俄国协定，且禁止输入兵器于满洲。

第五条　若地方大官处置各事，不得其宜，则须由俄国所请，将此官革职。满洲之巡察兵，须与俄国相商，定其人数，不得用外国人。

第六条　满洲、蒙古之陆军、海军,不得聘请外国人训练。

第七条　中国宜将在旅顺口之北金州之自主权抛弃之。

第八条　满洲、蒙古、新疆伊犁等处之铁路、矿山及其他之利益,非得俄国许可,则不得让与他国,或中国自为之,必亦须经俄国允许。牛庄以外之地,不得租借与他国。

第九条　俄国所有之军事费用,一切皆由中国支出。

第十条　若满洲铁路公司有何损害,须中国政府与该公司议定。

第十一条　现在所损害之物,中国宜为赔偿,或以全部利益,或以一部利益以为担保。

第十二条　许中国由满洲铁路之支路修一铁路以达北京。

此草约一布,南省疆吏士民,激昂殊甚,咸飞电阻止,或开演说会,联名抗争。而英、美、日各国,亦复腾其口舌,势将干涉。俄使不得已,自允让步。经数月,然后改前约数事如下:

第一条　同

第二条　同

第三条　同

第四条　中国虽得置兵于满洲,其兵丁多寡,与俄国协议,俄国协定多少,中国不得反对。然仍不得输入兵器于满洲。

第五条　同

第六条　删

第七条　删

第八条　在满洲企图开矿山、修铁路及其他何等之利益者,中国非与俄国协议,则不许将此等利益许他国臣民为之。

第九条　同

第十条　同。并追加“此乃驻扎北京之各国公使协议，而为各国所采用之方法”字样。

第十一条　同

第十二条　中国得由满洲铁路之支路修一铁路至直隶疆界之长城而止。

至是而李鸿章病且殆矣。鸿章以八十高年，久经患难，今当垂暮，复遭此变，忧郁积劳，已乖常度。本年以来，肝疾增剧，时有盛怒，或如病狂，及加以俄使，助天为虐，恫喝催促，于邑难堪，及闻徐寿朋之死，拊心呕血，遂以大渐，以光绪二十七年九月廿七日薨于京师之贤良寺。闻薨之前一点钟，俄使尚来催促画押云。卒之此约未定，今以付诸庆亲王王文韶。临终未尝口及家事，惟切齿曰：可恨毓贤误国至此。既而又长吁曰：两宫不肯回銮。遂瞑焉长逝，享年七十八岁。行在政府得电报，深宫震悼。翌日奉上谕：

> 朕钦奉懿旨。大学士一等肃毅伯直隶总督李鸿章，器识渊深，才猷宏远，由翰林倡率淮军，戡平发捻诸匪，厥功甚伟，朝廷特沛殊恩，晋封伯爵，翊赞纶扉。复命总督直隶兼充北洋大臣，匡济艰难，辑和今外，老成谋国，具有深衷。去年京师之变，特派该大学士为全权大臣，与各国使臣妥定和约，悉合机宜。方冀大局全定，荣膺懋赏。遽闻溘逝，震悼良深。李鸿章著先行加恩，照大学士例赐恤，赏给陀罗经被。派恭亲王溥伟带领侍卫十员，前往奠醊。予谥文忠，追赠太傅，晋封一等侯爵，入祀贤良祠，以示笃念荩臣至意。其余饰终之典，再行降旨。钦此。

其后复赏银五千两治丧。赏其子李经述以四品京堂，承袭一等侯爵，李经迈以京堂候补，其余子孙，优赏有差。赐祭两坛。又命于原籍及立功省份及京师建立专祠,地方官岁时致祭,列入祀典。朝廷所以报其勋者亦至矣。而此一代风云人物,竟随北洋舰队、津防练勇,同长辞此世界、此国民。吾闻报之日成一挽联云:

太息斯人去,萧条徐泗空,莽莽长淮,起陆龙蛇安在也;
回首山河非,只有夕阳好,哀哀浩劫,归辽神鹤竟何之。

第十二章　结　论

李鸿章与古今东西人物比较　李鸿章之轶事　李鸿章之人物

李鸿章必为数千年中国历史上一人物,无可疑也;李鸿章必为十九世纪世界史上一人物,无可疑也。虽然,其人物之位置果何等乎?其与中外人物比较,果有若何之价值乎?试一一论列之。

第一,李鸿章与霍光。史家评霍光曰不学无术,吾评李鸿章亦曰不学无术。然则李鸿章与霍光果同流乎?曰:李鸿章无霍光之权位,无霍光之魄力。李鸿章谨守范围之人也,非能因于时势行吾心之所安而有非常之举动者也。其一生不能大行其志者以此,安足语霍光?虽然,其于普通学问,或稍过之。

第二,李鸿章与诸葛亮。李鸿章忠臣也,儒臣也,兵家也,政治家也,外交家也。中国三代以后,具此五资格,而永为百世所钦者,莫如诸葛武侯。李鸿章所凭藉,过于诸葛,而得君不及之。其初起于上海也,仅以区区三城,而能奏大功于江南,创业之艰,亦略相类。后此用兵之成就,又远过之矣。然诸葛治崎岖之蜀,能使士不怀奸,民咸自厉,而李鸿章数十年重臣,不能辑和国民,使为己用。诸葛之卒,仅有成都桑八百株，而鸿章以豪富闻于天下，相去何如耶？至其鞠躬尽瘁，死而后已，犬马恋主之诚，亦或仿佛之。

第三，李鸿章与郭子仪。李鸿章中兴靖乱之功，颇类郭汾阳，其福命亦不相上下。然汾阳于定难以外，更无他事，鸿章则兵事生涯，不过其终身事业之一部分耳。使易地以处，汾阳未必有以过合肥也。

第四，李鸿章与王安石。王荆公以新法为世所诟病，李鸿章以洋务为世所诟病，荆公之新法与鸿章之洋务，虽皆非完善政策，然其识见规模决非诟之者所能及也。号称贤士大夫者，莫肯相助，且群焉哄之，掣其肘而议其后，彼乃不得不用佥壬之人以自佐，安石、鸿章之所处同也。然安石得君既专，其布划之兢兢于民事，局面宏远，有过于鸿章者。

第五，李鸿章与秦桧。中国俗儒骂李鸿章为秦桧者最多焉。法越、中日两役间，此论极盛矣。出于市井野人之口，犹可言也，士君子而为此言，吾无以名之，名之曰狂吠而已。

第六，李鸿章与曾国藩。李鸿章之于曾国藩，犹管仲之鲍叔、韩信之萧何也。不宁惟是，其一生之学行见识事业，无一不由国藩提携之而玉成之。故鸿章实曾文正肘下之一人物也。曾非李所及，世人既有定评。虽然，曾文正，儒者也，使以当外交之冲，其术智机警，或视李不如，未可知也。又文正深守知止、知足之戒，常以急流勇退为心，而李则血气甚强，无论若何大难，皆挺然以一身当之，未曾有畏难退避之色，是亦其特长也。

第七，李鸿章与左宗棠。左李齐名于时，然左以发扬胜，李以忍耐胜。语其器量，则李殆非左所能及也。湘人之虚骄者，尝欲奉左为守旧党魁以与李抗，其实两人洋务之见识不相上下，左固非能守旧，李亦非能维新也。左文襄幸早逝十余年，故得保其时俗之名，而以此后之艰巨谤诟，尽附于李之一身。文襄福命亦云高矣。

第八，李鸿章与李秀成。二李皆近世之人豪也。秀成忠于本族，鸿章忠于本朝,一封忠王,一谥文忠,皆可以当之而无愧焉。秀成之用兵之政治之外交,皆不让李鸿章,其一败一成,则天也。故吾求诸近世,欲以两人合传而毫无遗憾者,其惟二李乎。然秀成不杀赵景贤,礼葬王有龄,鸿章乃绐八王而骈戮之,此事盖犹有惭德矣。

第九,李鸿章与张之洞。十年以来,与李齐名者,则张之洞也。虽然,张何足以望李之肩背。李鸿章实践之人也,张之洞浮华之人也。李鸿章最不好名,张之洞最好名。不好名故肯任劳怨,好名故常趋巧利。之洞于交涉事件,著著与鸿章为难,要其所画之策,无一非能言不能行。鸿章尝语人云:不图香涛作官数十年,仍是书生之见。此一语可以尽其平生矣。至其虚骄狭隘,残忍苛察,较之李鸿章之有常识、有大量,尤相去霄壤也。

第十,李鸿章与袁世凯。今后承李鸿章之遗产者,厥惟袁世凯。世凯,鸿章所豢养之人也,方在壮年,初膺大任,其所表见盖未著,今难悬断焉。但其人功名心重,其有气魄敢为破格之举,视李鸿章或有过之。至其心术如何,其毅力如何,则非今之所能言也。而今日群僚中,其资望才具,可以继鸿章之后者,舍袁殆难其人也。

第十一,李鸿章与梅特涅。奥宰相梅特涅(Metternich),十九世纪第一大奸雄也。凡当国四十年,专出其狡狯之外交手段,外之以指挥全欧,内之以压制民党。十九世纪前半纪,欧洲大陆之腐败,实此人之罪居多。或谓李鸿章殆几似之,虽然,鸿章之心术,不如梅特涅之险,其才调亦不如梅特涅之雄。梅特涅知民权之利而压之,李鸿章不知民权之利而置之,梅特涅外交政策能操纵群雄,李鸿章外交政策不能安顿一朝鲜,此其所以不伦也。

第十二,李鸿章与俾斯麦。或有称李鸿章为东方俾斯麦者,虽然,非谀词,则妄言耳。李鸿章何足以望俾斯麦。以兵事论,俾斯麦所胜者敌国也,李鸿章所夷者同胞也;以内政论,俾斯麦能合向来散漫之列国而为一大联邦，李鸿章乃使庞然硕大之支那降为二等国；以外交论，俾斯麦联奥意而使为我用，李鸿章联俄而反堕彼谋。三者相较，其霄壤何如也。此非以成败论人也，李鸿章之学问智术胆力，无一能如俾斯麦者，其成就之不能如彼，实优胜劣败之公例然也。虽李之际遇，或不及俾，至其凭藉则有过之。人各有所难，非胜其难，则不足为英雄。李自诉其所处之难，而不知俾亦有俾之难，非李所能喻也。使二人易地以居，吾知其成败之数亦若是已耳。故持东李西俾之论者，是重诬二人也。

第十三，李鸿章与格兰斯顿。或又以李、俾、格并称三雄。此殆以其当国之久、位望之尊言之耳，李与格固无一相类者。格之所长，专在内治，专在民政，而军事与外交，非其得意之业也。格兰斯顿，有道之士也，民政国人物之圭臬也，李鸿章者，功名之士也，东方之人物也，十八世纪以前之英雄也。二者相去盖远甚矣。

第十四，李鸿章与爹亚士。法总统爹亚士（Thiers），巴黎城下盟时之议和全权也。其当时所处之地位，恰与李鸿章乙未、庚子间相仿佛，存亡危急，忍气吞声，诚人情所最难堪哉。但爹亚士不过偶一为之，李鸿章则至再至三焉，爹亚士所当者只一国，李鸿章则数国，其遇更可悲矣。然爹亚士于议和后能以一场之演说，使五千兆佛郎立集而有余，而法兰西不十年，依然成为欧洲第一等强国，若李鸿章则为偿款所困，补救无术，而中国之沦危，且日甚一日。其两国人民爱国心之有差率耶？抑用之者不得其道也。

第十五，李鸿章与井伊直弼。日本大将军柄政时，有幕府重臣井伊直弼者，当内治外交之冲，深察时势，知闭关绝市之不可，因与欧美各国结盟，且汲汲然欲师所长以自立。而当时民间，尊王攘夷之论方盛，井伊以强力镇压之，以效忠于幕府，于是举国怨毒，集彼一身，卒被壮士刺杀于樱田门外，而日本维新之运乃兴。井伊者，明治政府之大敌，亦明治政府之功臣也。其才可敬,其遇可怜,日人至今皆为讼冤。李鸿章之境遇,殆略似之,然困难又较井伊万万也。井伊横死,而鸿章哀荣,其福命则此优于彼焉。然而日本兴矣,然而中国如故也。

第十六,李鸿章与伊藤博文。李鸿章与日相伊藤,中日战役之两雄也。以成败论,自当右伊而左李,虽然,伊非李之匹也。日人常评伊藤为际遇最好之人,其言盖当。彼当日本维新之初,本未尝有大功,其栉风沐雨之阅历,既输一筹,故伊藤之轻重于日本,不如鸿章之轻重于中国,使易地以处,吾恐其不相及也。虽然,伊有优于李者一事焉,则曾游学欧洲,知政治之本原是也。此伊所以能制定宪法为日本长治久安之计,李鸿章则惟弥缝补苴,画虎效颦,而终无成就也。但日本之学如伊藤者,其同辈中不下百数,中国之才如鸿章者,其同辈中不得一人,则又不能专为李咎者也。

李鸿章之治事也,案无留牍,门无留宾,盖其规模一仿曾文正云。其起居饮食,皆立一定时刻,甚有西人之风。其重纪律,严自治,中国人罕有能及之者。不论冬夏,五点钟即起,有家藏一宋拓《兰亭》,每晨必临摹一百字,其临本从不示人。此盖养心自律之一法。曾文正每日在军中,必围棋一局,亦是此意。每日午饭后,必昼寝一点钟,从不失时。其在总理衙门时,每昼寝将起,欠伸一声,即伸一足穿靴,伸一手穿袍,服役人一刻不许迟误云。

养生一用西医法,每膳供双鸡之精汁,朝朝经侍医诊验,常上电气。戈登尝访李鸿章于天津,勾留数月。其时俄国以伊犁之役,颇事威吓,将有决裂之势。鸿章以询戈登,戈登曰:中国今日如此情形,终不可以立于往后之世界。除非君自取之,握全权以大加整顿耳。君如有意,仆当执鞭效犬马之劳。鸿章瞿然改容,舌矫而不能言。

李鸿章接人常带傲慢轻侮之色,俯视一切,揶揄弄之,惟事曾文正如严父,执礼之恭,有不知其然而然者。

李鸿章与外国人交涉，尤轻侮之，其意殆视之如一市侩，谓彼辈皆以利来，我亦持筹握算、惟利是视耳。崇拜西人之劣根性，鸿章所无也。

李鸿章于外国人中，所最敬爱者惟两人，一曰戈登，一曰美国将军格兰德，盖南北美之战立大功者也。格兰德游历至津，李鸿章待以殊礼。此后接见美国公使，辄问询其起居。及历聘泰西时，过美国，闻美人为格兰德立纪功碑，即赠千金以表敬慕之情。

李鸿章之治事最精核，每遇一问题，必再三盘诘，毫无假借，不轻然诺，既诺则必践之，实言行一致之人也。

李鸿章之在欧洲也，屡问人之年及其家产几何。随员或请曰：此西人所最忌也，宜勿尔。鸿章不恤。盖其眼中直无欧人，一切玩之于股掌之上而已。最可笑者，尝游英国某大工厂，观毕后，忽发一奇问问于其工头曰：君统领如许大之工场，一年所入几何？工头曰：薪水之外无他入。李徐指其钻石指环曰：然则此钻石从何来？欧人传为奇谈。

世人竟传李鸿章富甲天下，此其事殆不足信，大约数百万金之产业，意中事也，招商局、电报局、开平煤矿、中国通商银行，其股份皆不少。或言南京、上海各地之当铺银号，多属其管业云。

李鸿章之在京师也，常居贤良寺。盖曾文正平江南后，初次入都陛见，即僦居于此，后遂以为常云。将来此寺当为《春明梦余录》添一故实矣。

李鸿章生平最遗恨者一事，曰未尝掌文衡。戊戌会试时在京师，谓必得之，卒不获。虽朝殿阅卷大臣，亦未尝一次派及，李颇怏怏云。以盖代勋名，而恋恋于此物，可见科举之毒入人深矣。

以上数条，不过偶所触及，拉杂记之，以观其人物之一斑而已。著者与李鸿章相交既不深，不能多识其遗闻轶事，又以无关大体，载不胜载，故从缺如。然则李鸿章果何等之人物乎？吾欲以两言论断之曰：不学无术，不敢破格，是其所短也；不避劳苦，不畏谤言，是其所长也。

呜呼！李鸿章往矣，而天下多难，将更有甚于李鸿章时代者，后之君子，何以待之？

吾读日本报章，有德富苏峰著论一篇，其品评李鸿章有独到之点，兹译录如下：

支那之名人物李鸿章逝，东洋之政局，自此不免有寂寞，不独为清廷起乔雕柱折之感而已。

概而言之，谓李鸿章人物之伟大，事功之崇隆，不如谓其福命之过人也。彼早岁得科第，入词馆，占清贵名誉之地位，际长发之乱，为曾国藩幕僚，任淮军统帅，赖戈登之力以平定江苏。及其平捻也，亦禀承曾国藩之遗策，遂成大功。及为直隶总督，办天津教案，正当要挟狼狈之际，忽遇普法战起，法、英、俄、美皆奔走喘息于西欧大事，而此教案遂销沉于无声无影之间。迩来二十有五年，彼总制北洋，开府天津，综支那之大政，立世界之舞台，此实彼之全盛时代也。

虽然，彼之地位，彼之势力，非悉以侥幸而得之者。彼在支那文武百僚中，确有超卓之眼孔，敏捷之手腕，而非他人之所能及也。彼知西来之大势，识外国之文明，思利用之以自强，此种眼光，虽先辈曾国藩恐亦让彼一步，而左宗棠、曾国荃更无论也。

彼屯练淮军于天津，教以洋操；兴北洋水师，设防于旅顺、威海、大沽；开招商局，以便沿海河川之交通；置机器局，制造兵器；办开平煤矿；倡议设铁路。自军事商务工业，无一不留意。虽其议之发自彼与否暂勿论，其权全在彼与否暂勿论，其办理之有成效与否暂勿论，然要之导清国使前进以至今日之地位者谁乎？固不得不首屈一指曰：李鸿章也。

世界之人，殆知有李鸿章，不复知有北京朝廷。虽然，北京朝廷之于彼，必非深亲信者。不宁惟是，且常以猜疑憎嫉之眼待之，不过因外部之压迫，排难解纷，非彼莫能，故不得已而用之耳。况各省督抚，满廷群僚，其不释然于彼者，所在皆是。盖虽其全盛时代，而其在内之势力，固已甚微薄，而非如对外之有无限权力、无限光荣也。

中日之役是彼一生命运之转潮也。彼果自初蓄意以主战乎？不能深知之。但观其当事机将决裂之际，忽与俄使喀希尼商，请其干涉弭兵，则其始之派兵于朝鲜，或欲用威胁手段，不战而屈日本，亦未可知。大抵彼自视过高，视中国过大，而料敌情颇有不审者，彼盖未知东亚局面之大势，算有遗策，不能为讳也。一言蔽之，则中日之役，实彼平生之孤注一掷也。而此一掷不中，遂至积年之劳绩声名扫地几尽。

寻常人遇此失意，其不以忧愤死者几希。虽然，彼以七十三岁之高龄，内则受重谴于朝廷，外则任支持于残局，挺出以任议和之事，不幸为凶客所狙，犹能从容，不辱其命，更舆榇赴俄国，贺俄皇加冕，游历欧美，于前事若无一毫介意者，彼之不可及者，在于是。

彼之末路，萧条甚矣。彼之前半生，甚亲英国，其后半生，最亲俄国，故英人目彼为鬻身于俄廷。以吾论之，彼之亲俄也，以其可畏乎？以其可信乎？吾不得而知之。要之，彼认俄国为东方最有势力之国，宁赂关外之地，托庇于其势力之下，以苟安于一时，此其大原因也。彼之《中俄密约》《满洲条约》等事，或视之与秦桧之事金，同为卖国贼臣。此其论未免过酷。盖彼之此举，乃利害得失之问题，非正邪善恶之问题也。

彼自退出总理衙门后，或任治河而远出于山东，或任商务而僻驻于两广，直至义和团事起，乃复任直隶总督，与庆王同任议和全权，事方定而溘然长逝，此实可称悲惨之末路，而不可谓耻辱之末路也。何也？彼其雄心，至死未消磨尽也。

使彼而卒于中日战事以前，则彼为十九世纪之一伟人，作世界史者必大书特书而无容疑也。彼其容貌堂堂，其辞令巧善，机锋锐敏，纵擒自由，使人一见而知为伟人。虽然，彼之血管中，曾有一点英雄之血液否乎？此吾所不敢断言也。彼非如格兰斯顿有道义的高情，彼非如俾斯麦有倔强的男性，彼非如康必达有爱国的热火，彼非如西乡隆盛有推心置腹的至诚。至其经世之识量，亦未有能令我感服而不能已者。要而论之，彼非能为鼓吹他人崇拜英雄心之偶像也。

虽然，彼之大横著，有使人惊叹者。彼支那人也！彼大支那人也!!! 彼无论如何之事，不惊其魂，不恼其心，彼能忍人所不能忍，无论若何失望之事，视之如浮云过空，虽其内心或不能无懊恼乎，无悔恨乎，然其痕迹，从何处求之见之？不观乎铁血宰相俾斯麦乎？一旦失意退隐，其胸中瞋恚之火，直喷出如焰。而李鸿章则于其身上之事，若曾无足以挂其虑者然，其容忍力之伟大，吾人所尊敬膜拜而不能措者也。

若使彼如诸葛孔明之为人，则决无可以久生于此世界之理。何也？彼一生之历史，实支那帝国衰亡史也，如剥笋皮，一日紧一日，与彼同时代之人物，雕落殆尽。彼之一生以前光后暗而终焉，而彼之处此，曾不以扰动其心。或曰：彼殆无脑筋之人也！虽然，天下人能如彼之无脑筋者有几乎？无脑筋之绝技一至此，宁非可叹赏者耶？

陆奥宗光尝评彼曰：谓彼有豪胆，有逸才，有决断力，宁谓彼分伶俐有奇智，妙察事机之利害得失也。此言殆可谓铁案不移。虽然，彼从不畏避责任，是彼之不可及也，此其所以数十年为清廷最要之人，濒死而犹有绝大关系、负中外之望也。或曰：彼自视如无责任，故虽如何重大之责任，皆当之而不辞。然此之一事，则亦彼之所以为大也。

彼可谓支那人之代表人也。彼纯然如凉血类动物，支那人之性也，彼其事大主义，支那人之性也，其容忍力之强，支那人之性也，其硬脑硬面皮，支那人之性也，其词令巧妙，支那人之性也，其狡狯有城府，支部人之性也，其自信自大，支那人之性也。彼无管仲之经世的识量，彼无孔明之治国的诚实，虽然，彼非如王安石之学究。彼其以逸待劳，机智纵横，虚心平气，百般之艰危纠纷，能从容以排解之，舍胜海舟外，殆未见有其比也。

以上之论，确能摹写李鸿章人物之真相而无所遗，褒之不过其当，贬之不溢其短，吾可无复赞一辞矣。至其以李鸿章为我国人物之代表，则吾四万万人不可不深自反也。吾昔为《饮冰室自由书》，有《二十世纪之新鬼》一篇，今择其论李鸿章者附录于下：

呜呼！若星氏、格氏可不谓旷世之豪杰也哉？此五人者，指域多利亚、星亨、格里士比、麦坚尼、李鸿章。于其国皆有绝大之关系。除域多利亚为立宪政府国之君主，君主无责任，不必论断外，若格里士比，若麦坚尼，皆使其国一新焉，若星亨，则欲新之而未能竟其志者也。以此论之，则李鸿章之视彼三人有惭德矣。李鸿章每自解曰：吾被举国所掣肘，有志焉而未逮也，斯固然也。虽然，以视星亨、格里士比之冒万险忍万辱排万难以卒达其目的者何如？夫真英雄恒不假他之势力，而常能自造势力。彼星氏、格氏之势力，皆自造者也。若李鸿章则安富尊荣于一政府之下而已。苛其以强国利民为志也，岂有以四十年之勋臣耆宿，而不能结民望以战胜旧党者？惜哉！李鸿章之学识不能为星亨，其热诚不能为格里士比，所凭藉者十倍于彼等，而所成就乃远出彼等下也。质而言之，则李鸿章实一无学识、无热诚之人也。虽然,以中国之大,其人之有学识、有热诚能愈于李鸿章者几何?十九世纪列国皆有英雄,而我国独无一英雄,则吾辈亦安得不指鹿为马、聊自解嘲、翘李鸿章以示于世界曰:此我国之英雄也。呜呼!亦适成为我国之英雄而已矣,亦适成为我国十九世纪以前之英雄而已矣。

要而论之,李鸿章有才气而无学识之人也,有阅历而无血性之人也。彼非无鞠躬尽瘁死而后已之心,后彼弥缝偷安以待死者也。彼于未死之前,当责任而不辞,然未尝有立百年大计以遗后人之志。谚所谓做一日和尚撞一日钟,中国朝野上下之人心,莫不皆然,而李亦其代表人也。虽然,今日举朝二品以上之大员,五十岁以上之达官,无一人能及彼者,此则吾所敢断言也。嗟乎,李鸿章之败绩,既已屡见不一见矣,后此内忧外患之风潮,将有甚于李鸿章时代数倍者,乃今也欲求一如李鸿章其人者,亦渺不可复睹焉。念中国之前途,不禁毛发栗起,而未知其所终极也。

九州生气恃风雷,万马齐喑究可哀。
我劝天公重抖擞,不拘一格降人才。